KB152448

자본주의는
왜 멈추는가?

일러두기

* 카를 마르크스의 저서 《Das Kapital》의 옳은 번역은 《자본》이다. 그러나 일본어 중역인 《자본론》이 대중에게 더 익숙하고, 일반명사인 '자본'과도 혼돈될 수 있으므로 표지에 한해 《자본론》으로 표기했다. 본문에는 정확한 번역인 《자본》으로 썼다.
* 이 책에 사용한 《자본》 인용문은 강신준(2008, 도서출판 길)의 번역이다.

자본주의는 왜 멈추는가

초판 1쇄 발행 2021년 1월 25일

지은이 한지원

펴낸이 조기흠
편집이사 이홍 / **책임편집** 임지선 / **기획편집** 유소영, 정선영, 박단비
마케팅 정재훈, 박태규, 김선영, 홍태형, 배태욱 / **디자인** 표지 박진범, 본문 박보희
제작 박성우, 김정우

펴낸곳 한빛비즈(주) / **주소** 서울시 서대문구 연희로2길 62 4층
전화 02-325-5506 / **팩스** 02-326-1566
등록 2008년 1월 14일 제 25100-2017-000062호

ISBN 979-11-5784-478-4 (03320)

이 책에 대한 의견이나 오탈자 및 잘못된 내용에 대한 수정 정보는 한빛비즈의 홈페이지나
이메일(hanbitbiz@hanbit.co.kr)로 알려주십시오. 잘못된 책은 구입하신 서점에서 교환해드립니다.
책값은 뒤표지에 표시되어 있습니다.

⌂ hanbitbiz.com 📘 facebook.com/hanbitbiz Ⓝ post.naver.com/hanbit_biz
▶ youtube.com/한빛비즈 Ⓞ instagram.com/hanbitbiz

Published by Hanbit Biz, Inc. Printed in Korea
Copyright ⓒ 2021 한지원 & Hanbit Biz, Inc.
이 책의 저작권과 출판권은 한지원과 한빛비즈(주)에 있습니다.
저작권법에 의해 한국 내에서 보호를 받는 저작물이므로 무단전재와 복제를 금합니다.

지금 하지 않으면 할 수 없는 일이 있습니다.
책으로 펴내고 싶은 아이디어나 원고를 메일(hanbitbiz@hanbit.co.kr)로 보내주세요.
한빛비즈는 여러분의 소중한 경험과 지식을 기다리고 있습니다.

자본주의는 왜 멈추는가?

자본론으로 21세기 경제를 해설하다

한지원 지음

CAPITALISM

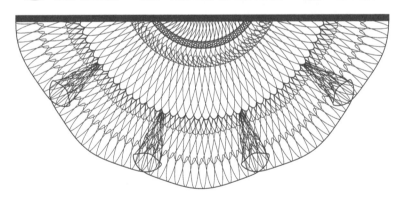

HB 한빛비즈
Hanbit Biz, Inc.

자본주의의 경제적 특성을 이해하는 것이 그 어느 때보다도 중요해지고 있다. 우리 시대의 경제가 유례없는 혼란을 겪고 있어서이다. 산업화 이후 가장 지지부진한 노동생산성, 인류 역사상 최대치로 늘어난 정부 부채, 봉건 시대와 견줄 만한 빈부격차, 제1차 세계대전 전후를 방불케 하는 무역갈등, 주기가 짧아지고 강도는 높아지는 경제침체. 그야말로 지금의 경제는 '시계視界 제로' 상황이다. 더군다나 코로나19 사태가 발발한 이후에는 자신만만했던 경제학자들조차 "앞으로는 어쩔지 모르겠다."라는 말을 입에 달고 다닐 지경이다. 하루하루 살아가는 평범한 서민부터 세계를 책상 위에 올려놓고 중요한 결정을 내리는 엘리트들까지, 자본주의의 미래에 대해 불안한 질문을 이어가고 있다.

이 책은 《자본Das Kapital》에서 집대성된 카를 마르크스의 경제이론으로 자본주의 경제의 최근 특성을 분석한 후 그 미래를 전망한다. 《자본》이 가지는 강점은 경제학이 불문에 부치는 전제들을 철저하게 비판했다는 점이다. 《자본》의 부제는 '경제학 비판'이다.

경제학은 사적 소유권과 상품 시장을 절대적 전제로 삼는다. 하지만 이러한 전제 위에서 만들어진 이론은 "그것이 다루는 소재의 독특한 성격 때문에 인간의 가슴에 가장 격렬하고, 가장 편협하며, 가장 악의에 찬 감정, 즉 사적 이해라는 복수의 여신을 싸움터로 불러냄으로써 자유로운 과학적 탐구를 가로막는다."[1] 사실 경제학자들은 2000년대 내내 여러 대안을 제시했었다. 하지만 세계 경제는 대안이 나올 때마다 마치 그것을 비판이라도 하듯 더욱 심각한 위기에 빠져들었다. 2004년 미국 연방준비은행FRB 의장 벤 버냉키가 '대안정기Great Moderation'를 주창하자 2008년 대침체Great Recession가 발발했고, 2010년대 세계적 경제학자들이 4차 산업혁명이라는 장밋빛 미래를 전망하자 2020년 코로나 경제위기라는 잿빛 미래가 세계를 지배하기 시작했다. 21세기 경제학은 현실을 분석하고 미래를 예측하는 일에 반복해서 실패하고 있다.

《자본》은 "사적 이해라는 복수의 여신"까지도 과학적 탐구의 대상으로 삼았다. 사적 소유권과 시장은 자연적 권리나 영원불멸의 원리가 아니라 인간이 만든 역사적이며 특수한 제도일 뿐이다. 이 둘의 결함이 경제가 지속적으로 성장하는 것을 가로막고, 나아가 경제를 수습 불가능한 혼란 상태로 이끈다. 《자본》의 최종 결론은 자본주의 경제가 이런 결함 탓에 필연적으로 작동중지breakdown 상태에 도달한다는 것이다.

경제의 작동중지 상태는 엔진이 멈춘 후 관성과 바람의 힘으로 활공하는 비행기와 비슷하다. 엔진이 멈춘 비행기는 당장 추락하지는 않지만, 그렇다고 자력으로 다시 상승할 수도 없다. 땅을 향해 급격히, 때로는 바람을 타고 잠깐 상승한 후 다시 하강한다. 작동중지 상태의 경제도 이와 비슷하다. 위기는 반복해서 커지는데 어떠한 개혁으로도 상황을 반전시키지 못한다. 자본주의 경제는 최악의 경우 아르헨티나처럼 국부가 소실되는 붕괴 상태로 나아가고, 최선의 경우조차 일본처럼 제로 성장이 계속되는 '잃어버린 시대'로 진입한다. 《자본》이 예측하는 자본주의의 종착지는 아르헨티나와 일본 사이의 어떤 상태이다.

경제학자들은 《자본》의 이런 결론을 종교적 종말론이라고 비난하기도 한다. 경제학의 세계는 경제가 영원한 균형 위에서 지속해서 성장하는 것이다. 심지어 경제학은 장기간에 걸쳐 균형이 깨져 있어도 그것을 붕괴가 아니라 새로운 정상—뉴노멀new normal이라고 부른다. 그러나, 인간이 만든 것을 포함해 우주 만물 중에 불멸의 체계system는 존재하지 않는다. 영구적 작동 체계야말로 오히려 종교적 발상이다. 현실의 체계는 잘 작동하다가도 내적 결함(완벽한 원이 현실에 있을 수 없듯, 완전무결한 무엇은 개념적으로만 존재한다.)이 어느 순간 임계에 다다르면, 작동이 중지된다. 《자본》은 '모순의 전개'라는 변증법을 이용해 내적 결함이 어떻게 체계 전체에 영향을 미치는지를 분석했다.

보수로 분류되는 신고전파든, 진보로 분류되는 케인스주의든, 경제학은 좌우를 가리지 않고 지속적 성장론을 전제한다. 지속적 성장론은 생산자원인 자본, 토지, 노동의 배분이 잘 이뤄지면 경제는 지속해서 성장할 수 있다는 이론이다. 보수파와 진보파 사이의 쟁점은 어떻게 해야 시장이 제대로 생산자원을 배분하느냐에 있다. 보수파는 정부 개입이 없어야, 진보파는 정부 개입이 있어야 시장이 제대로 자원을 배분할 수 있다고 주장한다. 규제개혁론이 전자의 입장이고, 복지국가론이 후자의 입장이다. 그런데 보수파는 미국에서 20세기 후반부터 시작된 규제철폐가 현재의 경제적 혼란으로 이어졌다는 사실을, 진보파는 시장이 아니라 정부 개입이 정점에 이른 이후에 1970~1980년대 경제침체가 시작됐다는 사실을 무시한다. 경제학은 좌든 우든, 역사적 실패를 무시한 뒤에야 미래의 대안으로 행세할 수 있다.

이 책은 오늘날의 경제 상태가 지속적 성장론이 아니라 《자본》의 작동중지론을 통해 좀 더 잘 설명될 수 있음을 보여줄 것이다. 《자본》이 분석한 자본주의의 결함은 기술진보의 자본 편향성으로부터 시작된다. 기술진보의 자본 편향성은 기업들이 노동을 절약(노동생산성 향상)하기 위해 자본 투자를 동반하는 기술혁신에 집중한다는 의미이다. 그런데 여기서 문제는 이 경쟁적 기술혁신이 결과적으로 전체 기업의 자본 투자 수익률(이윤율)을 낮춘다는 점이다. 투자와 고용의 유인이 기업의 이윤에 있는 자본주의 경제에서는 이윤율 하락이 투자와 고용의 감소, 즉 남아도는 자본과 인구의 증가로 이어진다. 자본과 인구의 과잉이 계속 확대되면 당연히 경제도 제대로 작동할 수 없다. 케인스주의 정책이 실패한 1970년대, 신고전파 정책이 실패한 2000년대는 세계자본주의의 구심인 미국에서 이윤율이 하락했던 시기였다. 따져보면 경제학은 이윤율이 상승하는 특수한 국면에서만 설명력을 가진다.

이윤율 하락은 산업혁명으로 불리는 자본의 변혁을 통해 일시적으로 해결할 수 있다. 노동생산성 향상에 필요한 자본 투자의 양을 획기적으로 줄이는 기술진보와, 그 기술을 충분하게 사용할 수 있는 제도가 출현하는 것이 산업혁명이다. 그런데 여기서 또 문제는 '혁명'이라는 말이 의미하는 것처럼, 그런 기술진보와 제도혁신은 쉽지 않다는 점이다. 혁명은 짧고 평시는 길다. 혁명의 효과가 사라지면 이윤율은 다시 하락한다. 최근 경제학이 경제적 대혼란에 직면해 '4차 산업혁명'에 집착하는 것도 이런 이유이다. 경제학은 이윤율 하락 법칙을 인정하지 않지만, 본능적으로 산업혁명만이 자신을 구원할 수 있다는 점을 잘 안다.

자본의 변혁이 불가능할 때는 그 반대편에서 노동의 변혁이 시도될 수도 있다. 사회주의는 역사적으로 이런 변혁의 간판 역할을 해왔다. 하지만 20세기 사회주의 혁명은 개인의 소유를 공산당의 소유로, 경쟁 시장을 공산당의 독점 시장(계획)으로 대체했을 뿐이었다. 변화의 속도는 엄청났지만, 변화의 방향은 그다지 진보적이지 않았다. 오히려 20세기 미국 자본주의 혁신보다도 퇴행적이었다. 소련과 중국으로 대표되는 현실의 사회주의는 자유, 평등, 풍요, 그 어떤 것에서도 미국 자본주의보다 진보적이지 않았다. 노동의 변혁은 아직 성공하지 못했다.

변혁이란 변화의 속도 이전에 방향을 지칭하는 것이다. 점진적 개혁을 통해서든 아니면 급격한 교체를 통해서든, 중요한 것은 속도가 아니라 그 변화가 어디를 향해서 가는지다. 우리가 자본주의의 결함을 집요하게 분석해야 하는 이유도 여기에 있다. 결함을 제대로 알아야 변화의 방향도 정확히 알 수 있다.

자본주의는 자유, 평등, 풍요라는 현대modern time[2]의 이상을 실현하는 경제 체계로 300년 가까이 발전해왔다. 소유할 자유가 인신의 구속을 없앴고, 시장 거래의 평등이 신분적 차별을 없앴으며, 소유와 시장을 통해 발전한 생산력이 풍요를 극대화했다. 하지만 자본주의는 진보하면서 동시에 퇴보할 수밖에 없는 운명이다. 풍요는 이윤율 하락이라는 결함으로 인해 계속될 수 없고, 자유는 임금 노예로 살아야만 얻을 수 있는 조건부 권리가 되었으며, 평등은 인간 사이의 평등이 아니라 1원의 평등으로 축소되었다. 그리고 21세기에 들어서 자본주의를 통한 자유, 평등, 풍요의 추구는 변곡점을 지나 퇴보하는 단계로 들어섰다. 나는 자본주의가 만든 진보가 무엇이고, 또 자본주의가 어떤 점에서 어떻게 퇴보하고 있는지를 오늘날의 정세를 분석하며 평가할 것이다.

...

나는 이 책이 《자본》을 좀 더 쉽게 접하려는 독자들에게도 도움이 될 것이라 생각한다. 《자본》이 어려운 이유는 그 내용의 복잡성 탓도 있지만, 150여 년 전 세계가 오늘날과 많이 다르기 때문이기도 하다. 나는 최근의 경제현상을 분석하고 현대 경제학을 비판하면서 이 150여 년의 세월을 이어보려 노력했다. 《자본》의 현재화가 이 책의 또 다른 목표이다. 다만, 현대 경제학과 워낙 다른 전제로 이론이 전개되다 보니 책의 시작이 어려울 수는 있다. 하지만 케인스John Maynard Keynes가 말했던 것처럼, 어려움은 새로운 생각을 하는 데 있는 것이 아니라 낡은 생각에서 벗어나는 데 있다.

이 책은 《자본》을 현재화하기 위해 금융, 생산, 성장을 종합적으로 설명한다. 《자본》의 속류적 해설서들은 마르크스의 경제이론을 "착취받는 노동자를 위한 경제학적 위안"으로 설명하는 경향이 있다. 하지만, 《자본》의 정수는 생산과 분배의 체계가 작동하는 근본적 원리를 탐구하는 데 있다. 오늘날의 경제학 교과서들은 이를 상품시장·요소시장을 다루는 미시경제학과, 금융·경기순환·경제성장을 다루는 거시경제학으로 설명한다. 《자본》 역시 이 주제 모두를 다룬다. 다만 경제학의 프레임과 달리 화폐론(금융), 착취론(생산), 축적론(성장)으로 그 주제들을 다룰 뿐이다. 이 셋을 잘 엮어야 경제적 현상들을 정확하게 분석할 수 있다. 나는 이 책을 통해 《자본》이 "착취받는 노동자를 위한 위안"이 아니라, 오늘날의 위기를 해결할 수 있는 "노동하는 시민을 위한 과학"으로 받아들여지기를 바란다.

이 책의 1부는 〈상품과 화폐〉이다. 《자본》 1권의 1~2편과 《자본》 3권의 3편에 해당한다. 노동가치론으로 인공지능 로봇, 디지털 경제, 비트코인, 재정확장 등 기술변화와 관련된 쟁점을 분석한다. 2부는

〈이윤과 임금〉이다. 《자본》 1권 3~6편의 내용이다. 착취 법칙으로 직장 갑질, 공정임금, 임금분배율, 귀족노조 등의 노동 이슈들을 살펴본다. 3부는 〈성장과 위기〉이다. 《자본》 2권 전체와 《자본》 3권 5~6편의 내용을 담았다. 자본순환론으로 부동산 가격, 규제개혁성장, 임금주도성장 등의 경제성장론 쟁점을 따져본다. 4부는 〈역사법칙〉이다. 《자본》 1권 7편에 해당한다. 《자본》의 결론인 '자본축적의 일반법칙'으로 경제적 불평등, 현실 사회주의의 실패, 최근 이슈인 코로나19 사태 등의 자본주의 장기 비전과 관련된 쟁점을 분석한다.

《자본》은 대안 사회의 원리를 제시하지는 않았다. 나도 이 책에서 자본주의를 지양하는 대안을 자세히 설명하지는 않았다. 다만 에필로그에서 《자본》에 함축되어 있는 대안을 짧게 정리해볼 것이다. 대안사회에 관한 제안은 조만간 이 책의 후속으로 써볼 계획이다.

2021년 1월 청주, 한지원

차례

상품과 화폐

오늘날 사회의 풍요는 거대한 상품 집적으로 나타난다. 상품을 생산하고 소비하는 것을 경제활동이라 부른다. 그래서 우리의 분석은 상품과 그 상품을 표현하는 화폐를 분석하는 것에서부터 시작한다.

사람들은 상품과 화폐에 너무 익숙한 나머지 그것을 분석 대상으로 여기지 않는다. 하지만 최근의 경제현상들은 상품과 화폐가 무엇인지 헷갈려 발생하는 경우가 많다. 인간과 비슷한 능력을 갖춘 인공지능 시대가 열리면 인간은 어떻게 경제활동에 참여할 수 있는지, 공짜 디지털 서비스가 많아지면 상품가격으로 측정되는 경제성장률은 하락하는지, 비트코인 같은 디지털 거래수단이 새로운 화폐가 될 수 있는지, 미국의 양적(수량)완화처럼 돈을 마구 풀어도 문제가 생기지 않는지 등이 그런 사례다.

1부에서 우리는 노동가치론을 통해 상품과 화폐에 관련된 최근 쟁점들을 분석해본다.

1장

4차 산업혁명이
오고 있는가?

노동가치론과 편향적 기술진보론의 설명력

요즘만큼 미래에 대한 전망이 극단적으로 갈리는 경우도 흔치 않다. 일부 경제학자들은 4차 산업혁명으로 새로운 시대가 도래할 것이라 전망하는 반면, 다른 경제학자들은 장기불황이 계속돼 자본주의가 위기에 빠지리라 전망한다. 어떤 책들은 인공지능 로봇 덕에 하루 두 시간만 일하는 유토피아를 묘사하고, 또 어떤 책들은 로봇에 일자리를 빼앗긴 사람들이 실업과 빈곤에 허덕이는 디스토피아를 묘사한다. 신문 사회면에서는 지식기반사회가 도래할 것이라고 이야기하지만, 같은 신문의 국제면에서는 광산과 신발공장에서 일하는 제3세계 미숙련 육체노동자의 참상이 소개된다.

유토피아와 디스토피아가 엇갈리고 새로운 성장과 장기적 불황이 교차하는 오늘날, 우리의 논의는 이런 극단의 시대를 분석하는 것에서

부터 출발한다. 《자본》의 핵심 테마는 기계, 자연, 인간이 자본주의적 생산에서 맺는 관계를 분석하는 것이다.

┃슈퍼스타만 살아남는 새로운 세계?

여러 경제학자들이 인공지능 같은 새로운 기술이 현 사회를 근본적으로 변화시킬 것이라 예상한다. 대런 아제모글루Daron Acemoglu, 에릭 브린욜프슨Erik Brynjolfsson, 앤드루 맥아피Andrew McAfee 같은 미국 MIT대학 경제학자들이 이런 논의를 이끄는 선봉장이다. 그들의 주장을 간략하게 살펴보겠다.

아제모글루는 기술진보의 형태를 두 가지로 나눈다. 인간의 작업 능력을 증진시키는 기술enabling technology과 인간의 작업 능력을 대체하는 기술replacing technology이 그 둘이다.[3] 증진기술과 대체기술의 중요한 차이점은 일자리에 미치는 영향이다. 증진기술은 작업자의 직무 생산성 향상으로 이어지지만, 대체기술은 직무 자체를 없애버린다. 그는 20세기가 증진기술의 시대였다면, 21세기는 대체기술의 시대가 될 것이라 예상한다.

두 기술진보의 차이를 자동차를 예로 들어 설명해보겠다. 자동차가 보급됐을 때 운전기사의 생산성은 마차 마부보다 월등하게 향상됐다. 마부가 하루에 1톤 화물을 10킬로미터 운반했다면, 화물차 운전기사는 하루에 20톤 화물을 200킬로미터 운반할 수 있다. 운전기사가 하루에 운반하는 화물의 거리와 양, 즉 노동생산성이 400배 증가한 것이다. 운송할 화물량에 변화가 없다면 운전자 수가 400분의 1로 줄어들 것이다. 하지만 화물량이 400배 증가하면 운전자 수는 줄어들지 않는다. 그리고 노동생산성 향상 덕에 기사의 임금은 마부 때보다 높아진다. 이렇게 노동생산성과 생산량이 함께 증가할 때 일자리는 감소하지 않는 것이 증진기술의 특징이다.

이번에는 화물차가 무인차로 바뀌는 경우를 생각해보자. 이 경우 운전이라는 일 자체가 필요 없어진다. 화물량이 아무리 늘어도 운전기사 일자리는 늘어나지 않는다. 동시에 운전기사의 임금 또한 하락한다. 운전기사 임금이 무인차 유지비용보다 낮아져야 하는데, 기술이 발전할수록 무인차 가격과 유지비용은 하락할 수밖에 없어서다. 이렇게 생산량과 관계없이 일자리가 줄어드는 것이 대체기술의 특징이다.

2014년《제2의 기계시대》로 인공지능, 디지털 경제 논쟁을 일으킨 브린욜프슨과 맥아피는 아예 기술발전으로 인간 노동의 성격도 변한다고 주장한다.[4] 그들에 따르면 인공지능 기계의 발전으로 미래에는 기계로 대체 불가능한 기술을 가진 사람만 성공하는 시대가 열린다. 더군다나 디지털 기술은 특출한 재능을 네트워크를 통해 확대하고 무제한으로 복제한다. 소비자는 1등을 갖지 못해 2등을 소비해야 했던 제약에서 해방된다. 소비자 모두가 1등 상품을 소비할 수 있다. 그 결과 특출한 1등이 시장을 독점하고 소득도 독식한다. 이름 붙이자면 이런 기술변화는 '재능 편향적 기술변화'라 말할 수 있을 것이다.

재능 편향적 기술변화는 소수 뛰어난 사람과 기업이 부를 독점하는 슈퍼스타 경제를 만든다. 예로 검색기술 우위에 있는 구글은 손쉽게 세계시장의 90퍼센트를 독점한다. 소비자들은 언제 어디서나 사용할 수 있는 구글을 두고 다른 검색엔진을 사용할 필요가 없다. 뛰어난 최고경영자가 중간관리자 수백 명보다 더 많은 연봉을 받는 것도 그런 예다. 적당한 지식과 노하우를 가진 중간관리자들은 인공지능으로 대체되는 데 반해, 인공지능으로 대체 불가능한 최고경영자는 희소성 덕분에 중간 관리자들의 임금까지도 독식할 수 있다. 기계로 대체 불가능한 최고의 가수, 최고의 변호사, 최고의 의사가 디지털로 시장을 독점하는 것 역시 슈퍼스타 경제의 사례이다.

인공지능과 디지털 기술을 강조하는 경제학자들은 오늘날의 경제적 불평등에 대해서도 사회 제도보다는 기술변화에서 그 원인을 찾는 경향이 있다. 아제모글루는 노동시장에서 임금이 양극화되는 이유는 대체기술의 발전 때문이라고 주장한다. 그에 따르면 20세기 후반부터 중간 숙련도에 중간 임금을 받는 일자리들이 대량으로 자동화되었고, 그 결과 자동화 불가능한 고임금 숙련 일자리와 자동화가 불필요할 정도로 임금이 낮은 저임금 일자리로 노동시장이 양극화되었다. 브린욜프슨과 맥아피는 경제적 불평등이 그들이 말한 슈퍼스타 경제의 근거라고 이야기한다.

│ 기술진보가 노동과 자본을 절약할 수 있을까?

스피드팩토리SpeedFactory로 불리는 아디다스 독일 신발공장은 생산직 노동자가 없는 무인 로봇 공장이다. 전통적 공장에서 400명의 생산직이 하던 일을 로봇 공장에서는 열 명의 로봇 오퍼레이터가 처리한다. 노동 절약이라는 점에서 보면 그야말로 신발 생산의 혁명이다. 그런데 흥미로운 점은 이 독일 공장의 생산비가 중국, 인도네시아의 전통적 공장들보다 결코 낮지 않다는 것이다. 이유는 간단하다. 절약된 인건비 이상으로 로봇이 비싸기 때문이다.

사실 스피드팩토리의 목적은 생산비 절약이 아니다. 이 공장의 역할은 3D프린팅 기술을 이용해 신제품을 소량 생산해 시장에 빨리 내놓는 것이다. 아시아 공장들에서는 신발 한 켤레 생산에 두 달이 걸리고, 또 소비지로 이동하는 데 두 달이 걸린다. 하지만, 독일 스피드팩토리 공장에서는 이 모든 과정이 한 달도 걸리지 않는다. 이 공장에서는 디자인만 넣으면 신발이 완성된다. 하지만 가격은 일반 신발보다 두 배 이상 비싸다. 그래서 이 공장이 타깃으로 삼는 소비자는 일반 대중이 아니라 최신 제품에 돈을 아끼지 않는 이른바 얼리어댑터들이다.

호사가들은 아디다스의 스피드팩토리가 아시아의 노동집약적 공장들을 머지않은 미래에 대체할 것이라고 주장한다. 하지만 그들의 장담과 달리 찬찬히 따져보면 스피드팩토리 같은 공장이 기존 공장들을 대체할 가능성이 당장은 크지 않아 보인다. 현재 기술로는 로봇 투자가 수익률 높은 투자가 되지 못하기 때문이다. 2018년 말 독일과 미국의 로봇 신발공장 생산량은 아디다스 전체 생산량의 0.2퍼센트에 불과했다. 로봇이 비싸다 보니 고가의 사치성 신발만 생산 중이다. 그런데 사치성 신발은 대량으로 판매되기 어렵다. 연 4억 켤레의 대중용 신발을 생산하는 아디다스 공장을 사치재 공장으로 바꿀 수는 없는 노릇이다. 만약 로봇 공장으로 대중용 신발을 생산하려면 당연히 로봇 가격이 충분히 싸야 한다. 더구나 나이키 같은 경쟁사들이 비슷한 방법으로 생산을 시작했을 때도 이전보다 높은 수익성이 보장되어야 한다. 이런 조건을 모두 만족해야 로봇 공장이 기존 공장을 대체할 수 있다.

다음과 같은 상황을 가정해보자. A기업이 5년간 쓸 수 있는 인공지능 기계를 개발하고 설치하는 데 10억 원이 들었다. 현재 5년 만기 적금의 이자율은 연 4퍼센트로, 10억 원을 적금에 넣으면 5년 뒤 원금에 이자 2억 원을 더해 12억 원을 받는다. 기계가 제값을 하려면 이 기계가 최소한 적금 이자보다 많은 이익을 가져다줘야 한다. 기술 선도 기업 A는 이 기계를 이용해 5년 동안 12억 원 이상을 더 벌어야 한다.

A기업은 인공지능 기계로 생산에 필요한 인건비를 줄였다. 경쟁사들은 아직 그런 기계를 가지고 있지 못했다. 그리고 상품의 시장가격은 이전과 같다. 같은 상품을 더 싼 비용으로 생산하니 당연히 선도 기업의 이익이 이전보다 커졌다. 기업은 투자한 10억 원에 대해 연 5퍼센트의 특별한 수익률을 챙겼다. 여기까지는 이 기업이 바라던 바였다. 그런데 시간이 지나 경쟁하는 기업들 모두가 비슷한 기계를 도입

했다. 이후 기업들은 시장점유율을 높이기 위해 가격할인에 나섰다. 경쟁이 격화되면서 상품의 시장가격이 낮아졌다. 기업들의 이익은 줄고, 새 기계에 대한 투자 수익률 역시 평준화되면서 하락했다. 이때 중요한 것이 기계의 가격이다. 만약 상품가격이 하락해도 기계 가격이 충분히 싸면, 기업들의 투자 수익률은 5퍼센트보다는 낮겠지만 그래도 4퍼센트보다는 높을 것이다. 하지만 기계 가격이 충분히 싸지 않다면, 기업들의 투자 수익률은 적금 이자만도 못한 4퍼센트 이하가 될 수 있다. 그리고 이렇게 기업 전체가 수익률 감소를 겪으면 이후 투자도 줄어들 수밖에 없다.

기술 선도 기업 A의 선택이 모든 기업에 일반적 혜택이 되려면, 기계가 싸지고 생산도 증가해야 한다. 그렇지 않으면 결과적으로 선도기업의 특별한 이익은 전체 기업의 일반적 손해로 이어지게 된다. 이런 상황이 바로 편향적 기술진보로 인한 이윤율 저하 경향이다. '편향적'이라 함은 자본주의적 기술이 인간 노동을 절약하기 위해 기계를 투자하는 방향으로 진보한다는 의미이다. '이윤율'은 기계의 가격 대비 이익의 비중, 즉 기계 투자의 수익률이다. '경향'은 기계의 가격이 충분히 하락하기 전까지, 즉 수익성 있는 기술진보가 있기 전까지 이윤율 저하가 계속된다는 뜻이다.

이윤율 저하가 이어지는 것은 기술진보에서 기계의 가격 자체를 낮추는 기술진보, 즉 노동을 절약하면서 동시에 기계도 절약하는 기술진보가 어렵기 때문이다. 보통 노동과 기계를 동시에 절약할 정도로 기술이 크게 진보하는 시기를 산업혁명기라고 부른다. 하지만 '혁명'이라는 말이 붙는 것에서 알 수 있듯 이런 기술진보는 어렵기 때문에 예외적으로만 발생한다.

산업혁명이 이뤄지면 이윤율은 높아진다. 노동도 자본도 모두 줄이니 당연하다. 하지만 시간이 흘러 혁명의 효과가 사라지면 노동을 절약하기 위한 기계의 가격이 다시 비싸진다. 그리고 이윤율은 낮아진다. 이것이 이윤율 경제의 작동 방식이다. 비행기가 중력 탓에 하락하지만, 상승기류나 엔진 추진력으로 상승할 수 있는 것과 비슷하다. 중력은 편향적 기술진보로 인한 이윤율 하락, 엔진 추진력은 산업혁명이다. 그런데 비행기는 추진력이 있어도 언젠가는 착륙해야 한다. 요컨대, 결국 이윤율은 하락할 수밖에 없다.

정리해보자. 인공지능 기계가 자본주의를 변화시키려면 그것이 산업혁명이어야 한다. 만약 인공지능이 기계의 가격만 높이고 만다면, 그것은 비행기를 상승시키는 추진력이 아니라 비행기를 오히려 바닥으로 더 끌어 내리는 무거운 화물이 될 뿐이다. 앞서 본 MIT 경제학자들은 인공지능 기계의 가격이 충분하게 하락할 것이라고 너무나 당연하게 전제하고 있다. 경제학은 관습적으로 기술진보가 노동과 자본을 동시에 줄인다고 전제한다. 보통 이를 중립적 기술진보론이라고도 부른다.

그렇다면 왜 자본주의적 기술진보는 편향적으로 발전할 수밖에 없을까? 이 답을 노동가치론에서 찾아보자.

| 노동, 기계, 자연의 차이점

노동가치론은 생산에 필요한 여러 자원 중 인간 노동에 특별한 지위를 부여한다. 예로 경제학은 기계의 일이 인간의 노동을 '대체'한다고 말하는 반면, 노동가치론은 기계의 일이 인간의 노동을 '절약'한다고 말한다. 말장난처럼 보일 수도 있겠지만, 이 차이는 경제를 이해하는 근본적 관점의 차이와 연관된다.

사회에서 생산이 어떻게 발전하는지부터 이해해보자. 운송수단의 발전을 예로 들어보겠다. 조선시대의 소달구지가 동네 사람들 몇몇이 모여 만들 수 있는 운송수단이었다면, 현대의 자동차는 수백만 노동자가 정교하게 분업해야 생산할 수 있는 운송수단이다. 우리나라에서 만들어지는 연 400만 대의 자동차는 2만 개의 부품을 생산하는 1만 개 기업과 40만 명의 시민이 수십만 개의 공정을 분업해 생산된다. 이 수십만 개의 공정이 착오 없이 이뤄져야 자동차가 생산된다. 이뿐만이 아니다. 자동차 부품에 사용되는 철강, 석유 같은 원자재 산업, 전기, 도로, 상하수도 등의 사회간접자본 그리고 이곳에서 일하는 시민을 키우는 데 필요한 다양한 소비재, 학교, 보건의료, 사회복지, 교통 등도 있어야 한다. 따져보면 자동차 생산에 필요한 분업에서 완전히 빠져 있는 시민이 드물 정도다. 이 거대하고 복잡한 분업을 조직할 능력이 사회에 없으면 자동차 생산도 불가능하다.

이렇게 인간은 분업을 통해 자신의 욕구를 충족할 수 있는 재화와 서비스를 생산한다. 우리가 보통 사회라고 부르는 범주도 이런 분업에 참여하는 인간들 사이의 관계로 볼 수 있다. 경제적 의미에서 사회는 생산에 필요한 분업을 조직하는 인간 사이의 관계다.

사회의 생산에는 인간의 노력, 토지 같은 자연자원 그리고 기계로 대표되는 생산수단이 필요하다. 이 중 인간의 육체적·정신적 노력이 '노동'이다. 여기서 주목할 것은 생산에 필요한 순(純)투입물은 노동뿐이라는 점이다. 생산수단은 생산의 결과이고, 자연자원은 인간 사회와 상관없이 지구가 만들어 놓은 것이다. 만약 사회를 하나의 닫힌계closed system로 본다면, 토지와 같은 자연자원은 외부에서 만들어진 것이다. 외부 조건에 변화가 없다면, 생산에 순수하게 투입되는 것은 인간의 육체적·정신적 노력인 노동뿐이다. 그래서 사회적인 생산력은 구성원이 얼마나 많은 노동을 지출하느냐에 따라 결정될 수밖에 없다. 자연자원 덕에 누리는 풍요는 사회적인 생산력의 결과가 아니다.

기계의 역할은 생산에 필요한 인간의 노동을 최대로 추출하는 것이다. 산업화 이후 인류는 기계를 이용해 이전과는 비교되지 않을 정도로 노동을 효과적으로 그리고 강도 높게 뽑아낼 수 있었다. 시간당 노동 지출이 증가하는 것을 노동생산성 상승이라고 부르는데, 영국의 경우 기계가 발명되기 전 500년 동안 상승한 노동생산성보다 기계 발명 이후 50년 동안 상승한 노동생산성이 더 컸다.

요컨대, 사회적 생산에서 노동, 기계(생산수단), 자연자원의 차이는 희소성이나 물리적 소재의 차이가 아니라 사회적 속성의 차이로 보아

그림 1 · 인간 노동의 지위

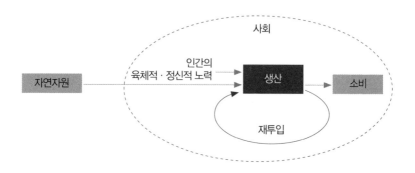

사회적으로 순수하게 투입되는 생산요소는 인간의 육체적·정신적 노력인 노동뿐이다.

야 한다. 사회를 하나의 닫힌계로 보고 생산요소의 성격을 생각해보자. 토지와 같은 자연자원은 지구가 사회 밖에서 제공하는 요소다. 기계와 같은 자본재는 생산물이 재투입된 것으로, 노동 지출을 돕는 요소다. 외부 조건에 변화가 없다면, 생산에 순수하게 투입되는 것은 인간의 육체적·정신적 노력인 노동뿐이다. 그래서 사회적인 생산력은 구성원이 얼마나 많은 노동을 지출하느냐에 따라 결정된다.

| 화폐로 인정받는 인간의 노력

자본주의 사회의 특징은 인간 노력을 상품 생산을 통해 분업으로 조직한다는 점이다. 상품은 자신의 욕구가 아니라 시장 판매를 목적으로 생산된다. 앞서 본 자동차 생산의 분업만 봐도, 자기가 자동차가 필요해서 일을 하는 사람은 없다.

상품은 시장에서 가격에 따라 교환되는 생산물이다. 자기 가족이 먹으려고 텃밭에서 키운 채소나 내가 쓰려고 만든 가구를 상품이라 부르지는 않는다. 우리는 가격이 있어 매매될 수 있는 것들만 상품이라 부른다. 가격은 상품과 교환되는 화폐의 양이다. 1,000원의 상품은 1원 1,000개와 교환된다는 의미다. 참고로 화폐 역시 하나의 상품이다. 다만 일반적 상품과는 다른 특수한 상품이다. 모든 상품은 화폐상품과 교환되는 양으로 시장에서 자신을 표현해야 한다. 그러므로 화폐는 생산물을 상품으로 완성하는, '상품을 위한 상품'이라 하겠다.

상품 생산이 조직하는 분업에서는 그 분업에 참여하는 인간의 정신적·육체적 노력, 즉 노동 역시 특수한 형태를 가진다. 상품이 화폐의 양으로 표현되기 때문에 그 생산에 필요한 노동 역시 화폐의 양으로 수량화된다. 예로 자동차 생산에 필요한 노동으로는 연구 개발을 하는 정신적 노력, 장치를 다루고 부품을 조립하는 육체적 노력 등 수만 가지의 서로 다른 노력이 있지만, 이런 노력은 최종적으로 개별적 차이를 잃고 상품가격으로 추상화(개별적 차이를 잃고 공통된 속성으로 나타남)된다. 즉 구체적 노력의 사회적 속성은 1원, 2원이라는 가격일 뿐이다. 시장에서 3,000만 원짜리 자동차는 1원의 화폐가 표현하는 어떤 노동이 3,000만 개 투입된 것으로 간주될 뿐이다. 노동 사이의 차이점은 오직 화폐의 수량적 차이로만 나타난다.

그림 2 · 구체적 노동의 추상화

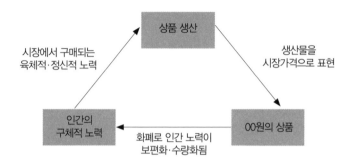

상품화폐 경제의 특징은 개인의 노동이 상품의 생산과 판매를 통해서만 사회적으로 인정받는다는 점이다. 생산물을 만드는 구체적 작업(노력)은 이 과정에서 화폐로 표현되는 상품가격으로 추상화되고 수량화된다.

이런 추상화 또는 수량화는 물리학의 양자화quantization와 비슷하다. 물리적 자연세계에서는 연속적이고 질적으로 달라 보이는 에너지가 특정 기본요소의 정수배로 표현된다. 이 기본요소를 양자quantum라고 부른다. 예로 다양한 색의 빛은 광자라는 양자 알갱이의 정수배로 그 세기가 표현될 수 있다. 이와 같은 방식으로 서로 다른 질의 노동이 물리학의 양자화와 같은 방법으로 수량적으로 표현된다. 그 양자는 바로 화폐다. 상품가격은 양자화된 노동의 정수배로 표현된다. 말하자면, 추상적 노동은 '원'이나 '달러' 같은 화폐로 수량화된 노동양자이다. 예로 1,000원은 1원의 노동양자 1,000개를 나타낸다.

그런데 여기서 주의점은 내 가족이 먹을 텃밭 배추를 키우는 노력이나, 가족 내 양육과 돌봄 노력은 노동이 아니라는 점이다. 노동은 상품 생산 과정에서 사회적으로 인정되는 노력이기 때문이다. 상품화폐 경제에서는 상품이 아니면 가격이 없고, 가격이 없으면 개인적 노력이 사회와 공유하는 공통된 특성을 가질 수도 없다. 즉, 상품과 무관한 개인의 노력은 사회적으로 인정되는 수량적 노동으로 양자화될 수 없다. 자본주의는 상품 생산으로 사회적 분업을 조직하기 때문에 상품 생산에 필요한 인간 노력만 사회적인 노동으로 인정한다. 얼마나 유용한지가 아니라 가격이 얼마인지가 사회성의 기준이 된다는 것이다.

참고로 《자본》 개론서 중 일부는 노동가치론을 상품 간 교환비율의 원리라고 설명하기도 한다. 이런 개론서들에 따르면 상품 교환비율은 생산에 필요한 노동시간에 따라 결정된다. 노동시간 1시간이 필요한 상품 A와 노동시간 2시간이 필요한 상품 B는 2대 1의 비율로 교환된다는 식이다. 경제학에서는 이런 상품 간 교환비율을 상대가격이라고 부른다. 이들은 노동가치론이 일종의 상대가격 이론이라고 설명하는 셈이다. 하지만 이는 《자본》의 노동가치론에 대한 왜곡이다.

개별 상품 생산에 필요한 물리적 노동시간(시계로 측정한 시간)은 같은 상품이라 하더라도 얼마나 많은 기계를 이용하느냐, 얼마나 강한 노동강도로 생산하느냐에 따라 제각각이다. 노동가치론의 수량적 기준으로서 노동시간은 전 사회의 평균적 노동생산성을 전제한 개념이다. 즉 모든 노동자가 같은 기계, 같은 강도로 일할 때의 노동시간이라는 것이다. 하지만 현실의 개별적 상품 생산에서는 이런 상황이 존재할 수 없다. 노동강도 또는 노동생산성은 기업마다, 상품마다 제각각이다.

《자본》에 나오는 노동시간은 물리학 상대성 이론의 시간 개념과 비슷하다. 영화 〈인터스텔라〉에서 몇몇 대원이 중력이 큰 행성에 잠깐 다녀온 사이에 행성 밖 우주선에 홀로 남았던 젊은 대원이 할아버지가 된 장면을 떠올려 봐도 좋을 것이다. 상대성 이론에서 시간은 중력에 따라 상대적으로 흐른다. 개별 상품의 생산에 필요한 물리적 노동시간도 절대적 시간이 아니라 상대적 시간으로 이해해야 한다. 기계가 많고 노동강도가 센 상품 생산에서는 중력이 강한 행성에서처럼 노동시간이 상대적으로 느리게 흐르고, 반대로 기계가 적고 노동강도가 약한 상품 생산에서는 행성 밖 우주선에서처럼 노동시간이 상대적으로 빠르게 흐른다. 물리학의 상대성 이론에서는 빛의 속도가 어떤 경우에도 변하지 않는 절대적 기준이 되는데, 상품 세계에서는 화폐가 그런 절대 기준이 된다. 예로, 시계로 측정한 100시간의 노동을 투입해 생산한 상품 A와, 마찬가지로 시계로 측정한 200시간의 노동을 투입한 상품 B의 상품가격이 같다면, 상품 B의 노동시간은 상품 A에 비해 두 배가 빠르게 흐르는 것이다.

요컨대, 노동가치론은 개별 상품의 생산에 필요한 노동시간 간의 교환비율, 즉 상대가격을 설명한 것이 아니라, 자본주의에서는 화폐를 통해서만 개별적 노동, 구체적 노동이 사회적인 노동, 추상적 노동이 된다는 점을 분석한 것이다.

| 기계 소유자가 노동을 지배한다

자본주의적 생산의 또 다른 특징은 사회적 분업의 조직가가 노동하는 사람이 아니라 기계의 소유자라는 점이다. 현대 사회에서는 기계를 법적으로 소유한 기업이 인간을 고용한다. 기업이 투자를 결정하고, 그 투자가 고용을 유발한다. 우리가 노동을 하려면, 우선은 기업에 고용되어야 한다. 그리고 고용된 뒤에도 어떤 노력을 어떻게 할지는 기업에서 명령을 받는다. 기계가 인간 노동을 지배한다.

기계가 인간 노동을 지배할 수 있는 것은 자본주의적 소유제도 때문이다. 오늘날 우리는 너무나 자연스럽게 기업에서 생산된 상품이 기업의 소유물이라고 인정한다. 경제학은 기업이 노동, 기계, 토지 같은 생산요소를 조직해 상품을 생산한다고 정의하는데, 이때 생산의 주체는 기업이고, 노동은 생산에 투입되는 요소 중 하나가 된다. 즉 법적 소유 관념과 경제학적 논리 속에서 기업은 부지불식간에 생산의 주체이자 생산물의 소유자가 된다. 심지어 노동법은 노동하는 사람의 권리를 생산물이 아니라 임금에 대한 것으로 제한하기도 한다. 기계와 같은 생산수단의 소유자가 생산물을 자기 것으로 차지하는 것을 영유_{appropriation}(취득이라고도 번역됨)법칙이라고 부른다.

생산수단 소유자가 생산물을 차지하는 소유법칙이 당연하게 여겨지는 것은 수천 년간 이어져 온 계급 지배의 역사와 관련이 깊다. 농업 경제의 봉건 질서에서는 왕이나 귀족이 토지를 소유하면서 무력으로 소작농에게 소작료를 걷었다. 그리고 이런 소유자 계급이 지배하는 질서는 봉건제가 무너지고 자본주의가 탄생할 때도 사라지지 않았다. 계급 지배는 형태만 바꿔 지속됐다. 토지를 이용한 농업경제가 기계를 이용한 산업경제로 바뀌었고, 위계적 신분제가 개인의 자유를 보장하는 자유주의로 바뀌었지만, 그럼에도 생산수단 소유자가 노동을 지배하는 것만은 변하지 않았다.

생산물 소유자는 생산을 이어가기 위해 생산과정에서 소모된 자원들을 복구시켜야 한다. 기계의 물리적·기술적 마모를 복구하고, 또한 인간이 육체적·정신적 능력을 유지·발전시킬 수 있도록 해야 한다. 전자는 회계에서 말하는 감가상각비이다. 후자에 필요한 비용은 일반적으로 임금에 포함된다.

그런데 생산물 소유자는 이런 복구비용을 지불하고도 생산에 지출된 노동 중 일부를 얻는다. 이를 잉여노동이라고 부른다. 기업 회계로 말하면, 기업들은 매출에서 감가상각비를 공제한 순매출을 얻고, 여기서 다시 한 번 인건비를 공제해 이윤profit을 얻는다. 이 이윤의 본질이 바로 잉여노동이다.

그렇다면 잉여노동은 어떻게 만들어지는가? 간단히 말해 무급노동unpaid labor(부불不拂노동으로 번역되기도 한다.)이 바로 잉여노동이다. 상품가격은 생산에 지출된 노동을 표현하는데, 이 중 기계의 복구를 위해 사용되어야 하는 부분을 제외하면, 나머지는 노동한 인간이 온전히 가져갈 수 있는 대가가 된다. 만약 이 부분을 임금으로 모두 받는다면 기업이 가져갈 수 있는 이윤은 없을 것이다. 따라서 기업이 잉여노동을 이윤으로 얻는다는 것은 임금이 상품 생산에 지출된 노동보다 작다는 의미다. 요컨대 잉여노동은 인간이 생산에 지출한 노동 중 임금 형태로 지급되지 않은 무급노동이다.

자본주의적 소유의 특징은 잉여노동을 기계의 소유자가 생산물과 함께 취득한다는 점이다. 이런 식으로 취득되는 무급노동을 착취라고 부른다.

| 자본이 집어삼킨 노동의 생산력

자본은 무급노동을 취득하는 수단이다. 인간 노동을 추출하는 수단인 기계는 그 소유자가 무급노동을 취득할 권리를 가질 때 자본이 된다. 즉 생산성 향상이 목적인 기계는 특수한 소유제도 속에서 자본이 된다.

물론 기계만 자본인 것은 아니다. 사회의 다양한 자원들이 무급노동을 얻을 수 있는 수단이 되기 때문이다. 예를 들면 은행은 화폐를 기업에 대여하고 이자로 제조업 기업이 취득한 무급노동의 일부를 가져간다. 유통업자는 제품을 소비자에게 판매하는 대가로 무급노동의 일부를 판매마진으로 챙긴다. 지주도 기업에 공장 부지를 임대하고 임대료로 일부를 이전받는다. 이자, 판매마진, 지대 등 다양한 무급노동이 사회에 분배되며, 이렇게 무급노동을 분배받을 수 있는 수단들이 모두 자본이 된다. 단, 기계는 분배가 아니라 무급노동의 창출에 관여한다는 점에서 본질적 성격을 가진다. 은행, 유통기업, 토지 소유자가 없어도 기계만 있으면 잉여노동을 추출할 수 있지만, 반대로 기계가 없으면 세 자본은 잉여노동을 분배받을 수 없다. 생산수단으로서 자본은 본질적 자본, 무급노동을 분배받는 자본은 기능적 자본이라 부를 수 있다.

일상적 경제활동에서 돈(화폐)을 자본이라고 부르기도 한다. 그런데 이는 정확한 표현은 아니다. 화폐 그 자체로 무급노동을 만들 수는 없다. 1만 원과 1만 원을 교환하는 것은 무의미하다. 화폐로 기계를 구매해 공장을 돌려야 무급노동을 취득할 수 있고, 화폐를 모아 은행을 차려야 이자로 무급노동을 분배받을 수 있다. 무급노동을 취득하거나 이전받을 수 있어야 돈은 비로소 자본이 된다. 그런데도 보통 돈을 자본으로 오해하는 것은 무급노동 역시 최종적으로 돈으로 나타나기 때문이다. 인풋과 아웃풋만 보자면 돈이 돈을 낳는 것처럼 보인다. 그러나 이는 그렇게 보이는 것일 뿐이다. 착취를 통해 증식될 수 있는 돈만 자본이다.

기업이 투자하는 인공지능 기계도 당연히 자본이다. 인공지능 기계는 인간 노동을 대체하는 수단 이전에 잉여노동을 더 많이 취득하기 위한 수단이다. 저널리스트들의 호들갑처럼 인공지능 기계가 노동을 모두 대체한다면, 상품가격은 딱 기계의 마모분을 복구할 수준이 될 것이다. 잉여노동과 그것의 화폐적 표현인 이윤은 사라진다. 그런데 이윤이 없으니 기업은 생산을 지속할 이유가 없다. 그야말로 난센스다. 자본이 자본의 기능을 하지 못한다. 이런 상황이 발생한다면 인공지능 기계는 기업에서 버림받게 될 것이다.

이제 앞서 던진 질문에 답해보자. 왜 자본주의에서는 편향적 기술 진보가 일반적일 수밖에 없는가? 잉여노동이 노동하는 인간이 아니라 자본의 소유주에게 귀속되기 때문이다. 자본의 소유주(자본가)에게 잉여노동은 자본의 능력 덕분에 만들어진다. 잉여노동의 본질이 무급노동이라는 점은 자본가에게 인식되지 않고, 관심 대상이 되지도 않는다. 앞서 예로 봤듯 개별 기업은 경쟁 기업이 따라오기 전까지 자본을 투자해 특별 이윤을 챙길 수 있고, 이 이윤은 자본 덕에 창출된 것으로 나타난다. 하지만 경쟁기업 모두가 자본 투자에 나서 노동을 절약하고 나면 특별 이윤이 사라지며, 이윤이 결국 잉여노동에 근거하고 있다는 진실이 드러난다. 누구도 특별 이윤을 취득할 수 없는 상태에서는 전체 기업의 평균 이윤율이 하락할 수도 있기 때문이다. 즉, 절약된 노동이 자본에 대한 상대적 이윤의 감소로 나타날 수 있다.

▎20세기 산업혁명의 사례

인공지능 기계의 발전이 산업혁명이라 불릴 수 있으려면 그것이 노동과 자본을 모두 절약하는 중립적 기술진보여야 하고, 더불어 급격히 향상된 생산성이 상품 소비로 실현되어야 한다. 20세기 초 자동차 산업을 통해 산업혁명이 무엇이었는지 살펴보고, 인공지능은 또 어떠한지 따져보자.

1900년대 자동차 공장에서는 열댓 명의 작업자가 한 팀을 이뤄 팀별로 자동차를 조립했다. 당시 자동차 한 대의 조립시간은 열두 시간에 달했다. 또한, 팀별로 자동차 전체를 조립해야 했기 때문에, 같은 공구들이 팀별로 주어졌다. 작업공간도 따로따로 있었다. 시간당 생산량을 10퍼센트 높이려면 그만큼 공구와 작업자, 공간도 10퍼센트가 더 필요했다.

1913년 포드자동차Ford가 발명한 컨베이어벨트 시스템은 이런 작업 과정을 획기적으로 바꿨다. 컨베이어벨트가 자동차를 이동시키면, 작업자들이 한 자리에서 같은 공구로 정해진 작업을 반복해 자동차를 만들었다. 이 시스템에서는 컨베이어벨트 속도를 높이면 작업자와 공구를 추가하지 않고도 생산량을 늘릴 수 있다. 포드자동차는 이 시스템을 이용해 조립시간을 1시간 30분으로 줄였다. 이전까지 연인원 5만여 명이 투입돼 8만 대를 생산했던 포드자동차는 컨베이어 도입 후 비슷한 인원으로 생산량을 60만 대로 늘렸다. 또한 노동생산성이 일곱 배 이상 높아졌음에도 자동차 한 대를 생산하는 데 필요한 기계·공구의 양은 오히려 줄었다. 그 결과 600달러였던 T모델 자동차 가격을 360 달러로 낮췄고, 가격 경쟁력 덕에 시장점유율을 60퍼센트까지 높였다.

1920년대 후반에 컨베이어벨트 기술이 범용화되면서 포드자동차의 시장점유율은 낮아졌다. 금융기관으로부터 적극적 투자를 받은 제너럴모터스General Motors가 오히려 시장점유율에서 포드를 앞섰다. 이때부터 포드는 선도기업의 특별 이윤을 얻지 못했다. 그런데도 이윤율은 여전히 이전보다 높았다. 컨베이어 시스템이 노동과 자본 모두를 크게 절약했기 때문이다. 포드, 제너럴모터스, 크라이슬러 등 모든 자동차기업들은 투자 자본의 수익률, 즉 이윤율이 이전보다 상승했다.

기술진보는 생산성을 상품소비로 실현할 수 있는 사회제도의 변화를 동반해야 한다. 20세기 초 포드자동차는 노동생산성을 일곱 배 높였는데, 만약 그 자동차를 구매할 소비자가 없었다면 공장의 상당 부분이 가동되기 어려웠을 것이다. 즉, 높아진 생산성만큼 판매가 늘지 않으면 유휴 자본이 증가해(가동률이 저하돼) 자본 절약 효과가 상쇄된다.

20세기 중반 선진국 경제정책의 표준이었던 케인스주의는 높아진 생산성을 실현하기 위해 유효수요에 초점을 맞췄다. 케인스주의는 정부가 소비와 투자에 직접 나서도록 권고했고, 금융규제를 통해 이윤이 금융자산이 아닌 실물 투자로 이어지도록 유도했다. 미국에서는 보수 정당의 대통령마저 "우리 모두는 이제 케인스주의자다"라고 선언했다. 20세기 초중반 케인스주의 정책은 효과를 발휘했다. 기업은 더 많은 기계를 구매했고, 낮은 실업률로 노동자의 소득과 소비 역시 증가했다. 2차 산업혁명과 케인스주의 정책 덕에 인류 역사상 가장 높고 지속적인 경제성장이 이어질 수 있었다.

그런데 20세기 후반부터 상황이 바뀌었다. 산업혁명의 효과가 점차 사라지면서 편향적 기술진보가 나타났기 때문이다. 1960년대까지 수백 명의 노동자가 용접봉을 들고 일하던 자동차 차체 공정은 1980년대 후반 로봇으로 자동화되었다. 엄청난 노동 절약이었다. 그럼에도 자동차 기업들의 투자 자본 수익률은 오히려 하락했다. 자동차 기업들의 평균자산수익률(순이익을 기업이 보유한 총자산으로 나눠준 비율)은 1960년대까지 두 자릿수였지만 대규모 자동화가 이뤄진 1990년대 이후에는 한 자릿수로 하락했다. 노동을 절약했지만 자본을 너무 많이 소모한 것이 원인이었다. 그리고 지금까지도 이런 양상이 이어지고 있다.

자동차 산업만이 아니다. 미국 경제 전체의 이윤율도 이때부터 지금까지 하락하고 있다. 1990년대에는 정보통신혁명으로 불리는 과학기술과 신자유주의로 불리는 제도의 변화가 이윤율을 잠깐 반등시키는 했다. 하지만 2000년대 중반부터 이윤율이 다시 하락하고 있다.

| 인공지능이 세계를 바꾸고 있는가?

미래 공장으로 이야기하는 '스마트팩토리smart factory'를 한번 보자. 스마트팩토리는 주문, 생산, 물류를 빅데이터, 전자태그RFID, 사물인터넷IoT 같은 디지털 기술로 통합하고, 3D프린팅, 인공지능 로봇을 사용해 생산을 자동화한 공장을 일컫는다. 독일과 일본의 자동차 기업들은 무인운반차나, 시제품용 3D프린팅 등을 이미 사용하고 있다. 현대차는 전산기술로 물류를 최적화해 완성차의 조립공정과 1차 벤더의 부품 생산을 동기화했다.

미래 공장이란 현재의 이런 기술들을 더 발전시키는 것이다. 그런데 노동을 절약하는 이 기술들이 자본도 절약하는지는 불분명하다. 이런 기술들이 자본을 절약했다면 자동차 기업들의 자산수익률이 장기적으로 상승했어야 하는데, 그런 상승은 관측되지 않는다. 2000년대에 수익성을 개선한 기업들이 일부 있었으나, 이는 기술변화가 아니라 수익성 낮은 공장들을 폐쇄하는 구조조정 덕분이었다.

국민경제 전체 지표로 봐도 최근의 자동화 기술이 노동과 자본을 동시에 절약하고 있다는 증거는 나타나지 않는다. 프랑스의 마르크스주의 경제학자 제라르 뒤메닐Gérard Duménil과 도미니크 레비Dominique Lévy의 추계에 따르면, 자동화 기술의 최전선에 있는 미국 경제는 2004년 이후 자본생산성이 하락하고 노동생산성 상승 속도도 둔화했다. 자본생산성은 노동자 1인당 생산액(노동생산성)을 노동자 1인당 자본의 양(자본집약도)으로 나눈 것으로, 투자된 자본이 얼마나 효과적으로 노동생산성을 높이는지 보여준다. 편향적 기술진보에서는 자본생산성 증가율이 마이너스이다. 중립적 기술진보에서는 자본생산성 증가율이 플러스이다. 뒤메닐은 편향적 기술진보로 자본생산성이 장기간 하락하는 시기를 마르크스의 궤도the trajectories à la Marx라고 부른다.[5]

미국 경제학자 로버트 고든Robert J. Gordon도 1870년부터 2012년까지 미국의 총요소생산성 추이를 분석해 비슷한 결론을 내놨다. 경제학에

표 1 · 미국 경제 주요지표의 연평균 증가율(AAGR. %) ─────────────────

	기간	자본생산성	노동생산성	이윤율
편향적 기술진보	1870 - 1910	- 1.2	1.2	- 1.5
2차 산업혁명	1910 - 1963	1.1	2.7	1.4
편향적 기술진보	1963 - 1986	- 1.5	1.0	- 1.8
정보통신혁명	1986 - 2004	0.4	1.4	0.7
편향적 기술진보	2004 - 2014	-0.8	0.9	-0.1
전체 평균	1870 - 2014	0.01	1.90	0.03

제라르 뒤메닐과 도미니크 레비의 미국 이윤율 추계를 필자가 재구성한 것이다. 편향적 기술진보가 분명하게 나타나는 시기에는 자본생산성과 이윤율이 감소하고, 노동생산성 상승은 둔화한다. 산업혁명이라는 반작용이 나타나는 시기에는 모든 지표가 크게 상승한다.

서 총요소생산성은 기술혁신을 통한 노동생산성 향상을 의미한다. 그의 분석에 따르면 2004~2014년 총요소생산성은 연평균 0.4퍼센트 증가에 그쳤다. 2차 산업혁명 이후인 1920~1970년 1.9퍼센트는 물론이거니와 정보통신혁명 시기로 불리는 1994~2004년 1.0퍼센트보다도 낮다. 4차 산업혁명으로 이야기되는 기술혁신이 생각만큼 대단치 않다는 것이다.[6] 고든은 2000년대 기술혁신이 예전만큼 대단하지 않은 이유를 다음과 같이 설명한다.

"누구도 미래를 예견할 수는 없지만, 미래의 모습이 1994~2004년의 닷컴 10년을 닮을지 최근의 2004~2012년을 닮을지 정도는 물을 수 있다. … 업무 관행이 1994~2004년 빠르게 전환한 이후 변화의 속도가 눈에 띄게 느려졌다. … 증권거래소 일일거래량, 창업률, 제조업 생산능력의 증가, 순투자 비율, 컴퓨터의 가격 대비 성능의 향상 속도, 컴퓨터 칩의 밀도 증가율 등 모든 점에서 1990년대 말에 최고로 활성화되었다가 최근 10년 동안 성장속도가 급격히 둔화되거나 정체되거나 심지어 마이너스 성장으로 돌아섰다. … 한 가지 분명한 사실은 기계가 인간의 일을 대신한 것이 200년 이상 계속되었고, 컴퓨터가 인간의 일을 대신한 것이 50년 넘도록 계속되어 왔다는 점이다. … 최근의 10년을 근거로 지금이나 앞으로나 '오십보백보'일 것이며 큰 변화가 없을 것이다."[7]

하지만 아제모글루는 고든의 주장을 비판한다. 2010년대가 이행적 정체기라고 주장한다. 급격한 기술변화는 총요소생산성이나 노동생산성의 즉각적 증가로 이어지지 않고, 정체 기간을 거친다는 것이 그의 주장이다. 경제사 연구로 유명한 로버트 앨런Rober C. Allen은 1차 산업혁명 시기 영국의 노동생산성을 실증적으로 분석해, 중립적 기술진보가 등장하더라도 그것이 범용화되고 관련 제도가 정비되기까지 노동생산성이 높아지지 않는 기간이 존재한다는 것을 밝혀냈다. 아제모글루는 2010년대 상황이 바로 그때와 같다고 주장한다. 그의 반론이 맞는지는 조금 더 시간이 지나 봐야 확실해질 것이다. 다만 노동생산성이 비약적으로 상승하거나, 그런 생산성을 수요로 실현할 수 있는 제도 혁신은 아직까지 전혀 관측되지 않는다.

한편, 우리는 4차 산업혁명론이 다분히 정치적이라는 점에도 주목해야 한다. 불평등의 원인을 기술에서 찾는 4차 산업혁명 관련 연구는 2010년 이후에 쏟아져 나왔다. 딱히 이즈음 특별한 기술혁명이 있었던 것도 아니었는데 말이다. 왜 그랬을까? 맥락이 있다.

잘 알려져 있다시피 2007~2009년 세계금융위기 때 서민들은 엄청난 피해를 입었다. 반면 천문학적 구제금융을 받은 기업들은 금융위기 와중에도 보너스 잔치를 벌였고, 서민의 생활고와 무관하게 경영위기를 탈출했다. 시민의 분노는 극에 달해 2011년 9월, 월스트리트를 점거하자는 운동이 대중적 지지를 받으며 미국 전역에서 발발했다. 유럽에서도 그리스, 스페인, 영국, 이탈리아 등에서 기업의 탐욕과 불평등을 비판하는 대중운동이 일어났다. 경제학계에서도 불평등에 대한 비판이 쏟아져 나왔다. 2010년 고든은 미국의 성장이 불평등의 역풍으로 인해 더욱 어려워지고 있다는 보고서를 발표했고, 2012년에는 노벨경제학상 수상자인 조지프 스티글리츠 Joseph Stiglitz가 기업들의 지대 추구가 불평등을 키우고 있다고 비판했다. 2013년 토마 피케티 Thomas Piketty는《21세기 자본》을 출간해 소득 불평등을 세계적 이슈로 부상시켰다. 그는 세계가 이대로 가면 자본 상속이 가장 중요한 부가 되는 세습자본주의 시대가 올 것이라고 경고했다.

이런 논란 와중에 발표된《제2의 기계시대》, 옥스퍼드대학교의 일자리 보고서, 세계경제포럼의 4차 산업혁명론 등은 경제적 불평등에 대한 기술 책임론이었다. 불평등이 부자에게 유리한 제도 탓이 아니라 기술변화 때문에 발생한 필연이라는 것이 그들의 공통된 주장이다. 기업 측 이해를 대변하는 언론들은 이런 보고서들에 큰 의미를 부여하며 연일 대서특필했다. 4차 산업혁명론이 세계적으로 유행했던 배경에는 불평등의 책임을 둘러싼 기업 측의 선전이 분명 있었다.

| 기계의 미래

노동가치론은 왜 자본주의적 기술발전이 편향적 성격을 가질 수밖에 없는지 설명해준다. 상품가격으로 측정되는 국민경제의 풍요는 구성원이 지출한 노동의 크기에 비례한다. 기계의 도움으로 노동생산성이 상승하지만, 기계는 인간 노동의 추출을 돕는 생산수단일 뿐이다. 하지만 생산수단의 소유자가 생산물을 소유하고 잉여노동도 취득하는 계급 경제에서는 노동의 생산성이 기계의 생산성으로 뒤바뀌어 나타난다. 잉여노동을 취득할 권리가 자본의 본질이라면, '자본'주의는 노동의 생산성을 자본의 생산성으로 뒤바꾸는 일련의 체계라고 말할 수 있다.

사회적 생산능력을 자본의 생산능력으로 인식하는 개별 자본가에게는 자본을 소모해 노동을 절약하는 것이 너무나 당연한 선택이 된다. 하지만 자본가 전체의 입장에서는 소모한 자본이 충분하게 노동을 절약하지 못할 때 문제가 발생한다. 또한 노동과 자본을 동시에 절약했다 해도 높아진 생산성을 더 많은 소비로 실현하지 못하면 문제가 생긴다.

두 경우 모두 자본생산성과 이윤율을 떨어뜨린다. 인공지능 기계는 노동을 대체하는 것이 아니라 절약할 뿐이다. 인공지능 기계가 지속해서 발전하려면 인공지능 기계의 확대가 자본생산성 상승으로 이어져야 한다. 그러나 지금까지 그런 조짐은 보이지 않는다.

오늘날의 기술 발전은 인류의 풍요를 증진하는 진보가 아니라 경제 위기나 실업의 공포를 부추기는 악몽으로 나타난다. 기계와 인간의 뒤바뀐 지위 때문이다. 이 지위를 되바꿔야만 우리는 문제를 해결할 수 있다.

2장

디지털 경제가
성장을 이끌 수 있을까?

가치생산과 가치이전의 차이

A기업 노동조합이 임금교섭을 벌였다. 노조는 어려운 회사 상황을 고려해 올해는 실질임금 유지만 요구하기로 했다. 노사는 어렵지 않게 임금교섭을 타결했다. 조합원들은 서운했지만, 파업까지 가지 않고 교섭을 타결한 것에 만족했다. 그런데 월급날 사달이 났다. 조합원들의 월급이 10만 원씩 깎여서 지급됐기 때문이다. 임금협약 위반이다. 노조 위원장이 바로 다음 날 사측에 교섭을 요청했다.

"도대체 이게 어떻게 된 겁니까?" 노조 위원장이 항의하자 사측 대표가 응답했다. "실질임금을 협약대로 유지한 겁니다." "지금 노동조합을 우롱하는 겁니까?" 이에 사측 대표가 되물었다. "위원장님, 실질임금이 뭡니까?" 노조 위원장은 사측 대표의 태도에 화가 났지만, 꾹 참고 대답했다. "잘 압니다. 임금으로 구매할 수 있는 상품의 양 아닙니까. 그게 뭐 어쨌다는 말입니까?" 사측 대표는 회심의 미소를 지으며 답했다.

"위원장님 잘 들어보세요. 조합원들이 온종일 뭐하죠? 스마트폰으로 게임하고 SNS 하죠? 얼마 전 우리 직원들이 가장 많이 하는 게임 하나가 무료로 풀렸습니다. 메신저에서는 새로운 이모티콘을 공짜로 제공하기 시작했고요. 이뿐만이 아닙니다. 포털에서 새 서비스를 공짜로 시작했는데, 우리 직원들이 엄청나게 사용하고 있습니다. 위원장님이 아까 말씀하셨죠. 실질임금은 임금으로 구매할 수 있는 상품의 양이라고요. 이 공짜 서비스들을 가격으로 추정해보면 월 10만 원 정도 됩니다. 자, 아시겠죠? 명목임금은 10만 원 깎였지만, 그 명목임금으로 구매할 수 있는 상품의 양은 줄지 않았습니다. 10만 원어치 공짜 상품을 이용하니까요. 실질임금은 유지된 거죠. 맞죠?" 노조 위원장은 어이가 없어 한동안 말을 꺼내지 못했다.

물론 가상의 이야기다. 이런 임금교섭은 아직 현실에 없다. 하지만 앞으로도 없을 것이라고는 장담할 수 없다. 경제학계 일각에서 위와 같은 이야기를 진지하게 하고 있기 때문이다. 이런 주장을 통칭해서 측정오류론mismeasurement explanation이라 부른다. 상품가격을 집계하는 현재의 경제성과 측정 방식이 무료 디지털 서비스가 폭발적으로 증가하는 최근 상황에 맞지 않는다는 주장이다. 이 쟁점은 최근 유행하는 4차 산업혁명론에서도 뜨거운 감자다. 4차 산업혁명 주창자들은 국내총생산GDP, 노동생산성, 실질임금 등 현재 우리가 사용하는 경제 지표들을 모조리 새로 만들어야 한다고 주장한다.

측정오류론의 목표는 새로운 기술 선도 기업들의 등장에도 경제성장률이나 임금상승률 같은 거시 경제지표가 왜 이전보다 나빠졌는지를 설명하는 것이다. 2010년대 세계에서 가장 잘나가는 기업들은 구글, 마이크로소프트, 페이스북, 아마존 같은 디지털 기업들이다. 그런데 4차 산업혁명의 기수라 불리는 이들 기업의 성장은 국민경제의 발전과 괴리되어 있다. 이들만 홀로 성장 중이다. 20세기 제너럴모터스나 제너럴일렉트로닉스GE 같은 선도 기업들이 국민경제 전체를 이끌었던 것과 상반된다. 측정오류론은 이런 현상을 간단하게 분석한다. 국민경제는 디지털 기업들과 함께 성장 중이나, 측정이 잘못됐을 뿐이라는 것이다.

우리는 디지털 경제를 어떻게 이해해야 할까? 실제로는 경제가 엄청난 호황인데, 경제성과를 잘못 측정해서 우리가 불황이라고 믿고 있는 것일까? 이번 장에서는 앞장에 이어 노동가치론을 검토하며, 디지털 경제의 쟁점들을 살펴보자.

┃ '공짜' 세상의 새로운 경제학?

유명 강사가 무료 유튜브 강의를 늘렸다고 가정해보자. 시간, 장소,

인원, 수강료에 관계없이 유명 강사의 강의를 들을 수 있으니 수강생들이 얻는 효용은 커졌다. 그런데 이런 강좌가 늘어나면 국내총생산이 감소한다. 국내총생산은 상품의 시장가격을 측정하기 때문이다. 무료 온라인 강좌가 늘면 유료 오프라인 강좌가 줄어든다. 그리고 상품의 총가격이 감소하면 국내총생산도 감소한다. 국내총생산 증가율인 경제성장률도 하락한다. 측정오류론은 소비자가 얻는 효용이 증가하는데 정작 경제성장률 지표가 하락하는 것은 타당하지 않다고 지적한다.

골드만삭스는 무료 디지털 상품들의 가치를 미국 GDP에 포함해 재계산했다. 예를 들면 설문으로 구글 검색 서비스에 얼마나 지불할 수 있는지를 조사한 후, 구글 검색 횟수에 그 액수를 곱해 GDP에 더하는 식이다. 결과는 놀라웠다. 2011~2013년 경제성장률이 0.4퍼센트포인트 증가했다.[8] 이 기간 미국의 연평균 경제성장률은 1.9퍼센트였는데, 이 방식대로 하면 2.3퍼센트가 된다. 1퍼센트대 성장과 2퍼센트대 성장은 하늘과 땅 차이이다. 미국 정도의 선진국 경제가 2퍼센트 이상 성장하면 호황이다. 실리콘밸리와 월스트리트의 기업들이 많은 돈을 벌고 있는 것도 새로운 산업혁명을 이끄는 것에 대한 정당한 보상이다.[9]

측정오류론이 언론에서 쟁점이 되자, 경제통계를 작성하는 경제기관들이 반론을 제기했다. 미국 필라델피아 연방준비은행의 연구원들은 1998~2012년 기간의 무료 미디어들 가치를 측정했다. 무료 미디어의 가치를 소비자가 지급할 용의가 있는 가격으로 측정하는 것은 지나치게 주관적이므로, 그들은 미디어의 생산비를 기준으로 가치를 측정했다. 연구 결과는 GDP 증가율이 연 0.009퍼센트포인트 상승하는 것이었다.[10] 의미 없는 수치였다. 국제경제협력기구OECD의 통계전문가들도 측정오류론을 과장이라고 비판했다. 그들은 무료 디지털 서비스들 상당수가 다른 상품의 생산성이나 비용으로 이미 GDP 통계에 계측되고 있다고 주장했다.[11] 예를 들면 구글 검색은 무료지만 구글에 종사하는 노동자의 임금이 GDP에 포함됐고, 구글 검색으로 상승한 다른 기업의 생산성도 간접적으로 GDP에 반영되어 있다는 것이다.

하지만 경제기관들의 이런 비판은 설득력이 떨어진다. 현 GDP에는 가격이 없는 서비스들이 이미 임의로 포함되어 있기 때문이다. 단적인 예로 GDP에는 귀속임대료라 불리는 주거서비스 가치가 포함된다. 경제학은 주택 세입자가 지불하는 임대료를 주택이 제공하는 주거서비스 소비로 간주하는데, 자기 집에 살고 있어 임대료를 내지 않는 사람도 주거서비스 값을 자기에게 지불하고 있다고 가정한다. 이것이 귀속임대료다. GDP 통계에서 귀속임대료는 주변 주택의 임대료를 기준으로 책정된다. 미국 GDP에 측정되는 귀속임대료는 GDP의 8퍼센트에 달할 정도로 크다. 2018년 기준 1조 4000억 달러(약 1,500조 원)이다. 한국의 경우는 2017년 기준 귀속임대료가 약 50조 원, GDP의 3퍼센트 정도[12]로 추정된다. 측정오류론을 주장하는 경제학자들 관점에서 보면, 가격 없는 주거서비스나 가격 없는 디지털 서비스나 마찬가지다. 주거서비스는 포함되고, 디지털서비스는 안 될 까닭이 없다.

| 이윤으로 포장된 지대

디지털 서비스들은 추가 생산에 노동이 필요 없다. 예로 윈도우Windows의 추가 카피나 구글의 추가 검색에는 노동이 더해지지 않는다. 개발에는 많은 지적 노동이 필요하지만, 일단 개발이 끝나면 추가 노동 없이도 서비스가 무제한 가능한 것이 디지털 상품의 특징이다. 생산에 필요한 노동에 따라 가격이 책정된다면 디지털 상품의 가격은 0원으로 수렴될 것이다. 그리고 디지털 서비스를 제공하는 기업의 매출과 이윤도 제로로 수렴한다.

그렇다면 현실의 디지털 서비스 기업들은 어떻게 돈을 벌까? 마이크로소프트는 지적재산권으로 이윤을 얻는다. 우리나라에서 허가받지 않은 프로그램 복제는 불법이다. 소프트웨어 기업들이 가격을 책정할 수 있는 것은 오로지 정부가 지적재산권을 공권력으로 보장하기 때문이다. 구글 같은 무료 디지털 서비스 기업들은 정보 통행세로 이윤을 얻는다. 구글로 검색하는 사람이 늘어날수록 구글 서버에 더 많은 정보가 집적되고, 그럴수록 사람들은 구글에서 정보를 찾을 수밖에 없다. 구글은 이런 정보 독점을 이용해 자신의 네트워크에 진입하는 기업으로부터 통행세 격으로 광고료를 받는다. 구글 이윤의 70퍼센트 이상이 이런 광고 수입이다.

여기서 간단한 사고 실험을 하나 해보자. 마이크로소프트·구글과 자동차 기업 제너럴모터스가 자기 이윤으로 자사 상품을 구매한다고 상상해보는 것이다. 우선 두 디지털 기업에는 아무런 자산도 쌓이지 않는다. 지적재산권을 자신에게 판매하는 것은 의미가 없고, 구글 역시 어차피 공짜 검색이니 의미가 없다. 두 기업은 자사의 상품을 구매할 수 없다. 제너럴모터스는 다르다. 자사 자동차를 구매하면 재고 자산을 쌓을 수 있다. 이 재고 자산은 후에 누군가에게 판매될 수도 있다. 제너럴모터스는 자기 이윤으로 자사의 상품을 구매할 수 있다.

이윤으로 자사 상품을 구매할 수 있는지를 따져보는 것은 이윤이 지대rent인지 아닌지를 파악해보기 위해서다. 좁은 의미의 지대는 토지 소유권에서 발생하는 이득을 뜻하지만, 요즘은 이전소득을 광의의 지대로 부른다. 지대는 누군가의 이득이 누군가의 손해가 되는 제로섬게임에서 발생하는 소득이다. 그런데 제로섬게임에서는 자기 자신과 거래할 수 없다. 자신의 플러스가 자신의 마이너스가 되니 말이다. 이윤으로 자사 상품을 구매할 수 없다는 것은 결국 그 이윤이 지대라는 의미다. 요컨대 디지털 기업의 이윤은 그 본질이 지대다.

이는 노동가치론으로 봐도 직관적으로 알 수 있다. 노동가치론에서는 한 사회의 상품가격 총량과 지출된 노동 총량이 같다. 물리학 용어를 빌려 명명하자면, 일종의 노동보존법칙이라 하겠다. 노동의 증가가 없으면 가격의 증가도 없다. 따라서 사회에서 노동 없는 상품이 가격을 가지면, 당연히 노동 있는 상품의 가격은 그만큼 줄어들어야 한다. 노동 없는 디지털 상품의 가격은 노동 있는 상품의 가격에서 이전된다. 이 제로섬게임은 당연히 국민경제 전체의 성장과는 연결되지 않는다.

디지털 기업들의 혁신은 전후방 산업으로 확산되기보다 다른 산업에 대한 수탈로 이어진다. 이렇게 지대를 추구하는 기업들이 경제를 주도하면 당연히 국민경제의 성장에도 부정적 영향을 미친다.

요컨대, 측정오류론은 지대를 얻는 상품과 노동생산물 상품의 차이를 구분하지 못한 오류다. 그리고 골드만삭스 식으로 노동 없는 상품을 국내총생산에 추가하면, 가공의 노동을 국민경제에 더하는 꼴이 된다.

┃ 가격의 모순

측정오류론에 대한 경제학 내부의 반박도 모순적이기는 마찬가지다. 측정오류론은 경제학의 가격 개념을 충실하게 따른 결과이기 때문이다.

경제학의 가격은 개별 상품 차원에서 정의된다. 소득이 정해져 있는 소비자는 소비로 효용을 최대화하기 위해 상품의 효용과 가격을 비교한다. 소비 효용에 비해 구매 비용이 높으면 그 상품을 구매하지 않고 수요를 줄이고, 반대 상황이면 수요를 늘린다. 공급자인 기업은 기업의 효용이라 할 이윤을 최대화하기 위해 생산비용과 시장가격을 비교한다. 생산비용보다 시장가격이 높으면 이윤을 늘리기 위해 생산을 늘리고, 반대 상황이면 줄인다. 이런 식으로 시장가격은 수요와 공급의 균형, 또는 소비자와 기업 사이에서 효용의 균형을 만든다.

국내총생산 같은 국민경제 성과지표는 이렇게 결정되는 개별상품들의 가격을 모두 합한 것이다. 그래서 경제학의 가격 개념에 따르면 측정오류론은 원리적으로 옳을 수밖에 없다. 소비자의 주관적 욕구인 효용은 상품가격에 의해 측정되며, 최종 소비되는 상품의 가격을 집계한 국내총생산은 이런 효용의 총량이니 말이다. 소비자 효용이 증가하면 국내총생산도 증가해야 한다. 공기나 가족의 보살핌 같은 비(非)상품에서 얻는 효용이야 논외로 친다고 하더라도, 무료 디지털 서비스들은 엄연히 이윤을 목적으로 생산되는 상품이다. 서비스 소비가 증가하면 서비스 기업의 생산도 증가해야 한다.

그럼에도 거시 경제성과를 측정하는 경제학자들이 측정오류론을 받아들이지 못하는 것은, 무료 디지털 서비스들을 포함하면 경제성과 지표 자체가 엉망이 되는 딜레마에 빠지기 때문이다.

다음 같은 상황을 상상해보자. 2000년도에 국내생산이 100조 원이고, 임금으로 70조 원, 이윤으로 30조 원이 분배(이윤분배율은 30퍼센트이다.)되는 국민경제가 있다. 2001년에 다른 생산에는 변화가 없고, 20조 원으로 측정되는 무료 디지털 서비스가 추가로 생산됐다고 치자. 국내생산은 이제 120조 원, 경제성장률은 20퍼센트가 된다. 노동자 숫자가 늘어난 것이 아니라면, 1인당 생산액으로 측정되는 노동생산성도 20퍼센트 상승한 것이 된다. 이때 노동자들이 생산성 상승만큼 명목임금 인상에 나서면, 임금총액은 70조 원에서 20퍼센트 상승한 84조 원이 된다. 그리고 이윤은 계산상으로는 120조 원에서 임금 76조 원을 뺀 36조 원이다. 그런데 여기에 함정이 하나 있다. 실제 돈을 받고 판매된 상품이 아닌 가상의 상품 20조 원 때문이다. 임금은 현금으로 지출되지만 그 나머지인 이윤은 실제 현금 수입과 일치하지 않는데, 기업들이 가져갈 수 있는 화폐 이윤은 100조 원에서 76조 원을 뺀 26조 원이다. 노동자들이 생산성 상승만큼만 임금을 올렸을 뿐인데, 기업들은 이윤 감소의 위기를 겪는다. 자, 그렇다면 이번에는 노동자들이 실질임금 상승(20조 원의 효용을 공짜로 얻었다.)에 만족해 명목임금을 동결했다고 가정해보자. 임금은 70조 원, 이윤은 나머지인 50조 원이 될 것이다. 이 경우 소득에서 이윤이 차지하는 비율이 기존의 30퍼센트에서 42퍼센트(50조 원/120조 원)로 상승한다. 그런데 이 경우도 기업들이 실제 가져가는 현금 이윤은 30조 원으로 이전과 같다. 분배율 지표를 보고 경제성장의 과실을 기업들만 차지했다는 비난이 빗발치겠지만, 사실 실제로 변한 것은 아무것도 없다.

이것이 바로 경제학의 측정문제 딜레마다. 가격 개념을 곧이곧대로 적용하면 측정오류론이 맞는데, 측정오류론을 경제성과 지표에 반영하면, 무엇하러 경제성장을 측정하는지 의문이 들 수밖에 없다.

| 개별 가격의 한계선

경제학은 거시(국민경제)가 미시(개별 상품의 가격)의 토대 위에 있다고 전제한다. 그래서 개별 상품가격의 합계로 국민경제의 크기를 측정한다. 하지만 《자본》의 설명은 이와 반대다. 미시는 거시라는 구조적 제약 안에서 변화한다. 개별 상품의 가격은 결국 국민경제의 총노동 내에서 변화한다는 것이다. 측정오류론 논란은 국내총생산 같은 거시 성과를 디지털 미디어 서비스 가격 같은 미시적 가격으로 설명하다 빠진 논리적 딜레마이다.

물론 개별 상품의 가격도 기본적으로는 상품 생산에 필요한 노동에 비례해 결정된다. 그런데 개별 상품의 가격은 상품 전체의 가격과 달리 필요노동과 일반적으로 괴리된다. 시장 경쟁이 완벽할 수 없어서다. 개별 상품의 시장가격은 필요노동과 가격이 일치하는 균형이 아니라 오히려 불균형 속에서 일반적으로 결정된다.

그 이유로 첫째, 많은 상품이 다양한 사회적 분업을 공유하기 때문이다. 자동차 생산에 필요한 사회적 분업만 생각해봐도 이를 알 수 있다. 수만 가지 상품 생산에는 공유하는 노동 과정이 많다. 사회적 분업이 복잡해질수록 개별 상품들이 공유하는 노동도 많아진다. 그래서 생산의 사회적 성격이 고도화될수록 각각의 상품에만 필요한 노동을 정확히 구분하기가 어려워진다. 상품 전체는 총노동에 비례하겠지만, 분업의 부분적 결과인 개별 상품은 지출된 노동에 비례하지 않을 수도 있다. 노동의 사회적 성격은 고도화되는데 상품의 사회적 성격은 개별 상품가격으로 남아 있다 보니 발생하는, 시장경제의 근본적 결함이다.

둘째, 독점 때문이다. 시장 경쟁은 개별 상품의 가격이 필요노동에서 멀리 이탈하지 않도록 잡아당기는 힘이다. 하지만 현실의 시장에서는 독점으로 인해 기업이 가격을 조정하는 일이 다반사로 나타난다. 정유사들의 휘발유 가격담합, 통신사들이 암묵적으로 정하는 통신비 하한선, 원청의 시장 지배력으로 발생하는 원·하청 불공정거래 등이 그런 예다.

셋째, 노동생산물이 아닌 상품이 있기 때문이다. 토지나 석유 같은 희소한 것들이 대표적이다. 지구가 제공한 자원에 가격이 붙는 이유는 그것에 대해 사회가 사적 소유권을 보장하기 때문이다. 구성원 모두가 자원 소유자에게 사용 비용을 지급하는 것이 사회의 소유법칙이다. 노동생산물이 아닌 것에 비용을 지급하면, 당연히 노동보존법칙에 따라 노동생산물의 가격은 필요노동보다 작아진다.

넷째, 기술혁신에 따른 특별 이윤 때문이다. 우리는 이 과정을 1장에서 살펴봤다. 그런데 그 특별 이윤도 필요노동 이상의 가격을 얻는 것이다. 그래서 사회 전체로 볼 때 다른 누군가는 필요노동 이하로 상품을 판매할 수밖에 없다.

물론 개별 상품의 가격이 필요노동에서 무한정 이탈할 수는 없다. 기업들은 시장에서 더 높은 가격으로 상품을 판매하기 위해 경쟁하는데, 모든 기업이 필요노동 이상의 가격을 얻기 위해 경쟁하면, 결국에는 모두가 필요노동 정도의 가격을 받아들일 수밖에 없기 때문이다. 시장 경쟁이 상품의 가격을 필요노동 주위로 끌어당기는 것이다. 자연계에 비유하자면, 태양 중력이 행성을 궤도에 묶어두는 것과 비슷하다. 태

양이 필요노동이라면 중력은 기업들의 시장 경쟁이다.

| 기술혁신과 경제침체

경제성과 측정을 둘러싼 혼란은 경제학이 스스로의 계급성을 은폐하는 과정에서 만들어진 것이다. 경제학은 경제성과를 소비자가 누릴 수 있는 효용의 증감으로 정의하고, 그 효용의 증감을 상품가격으로 측정한다고 말한다. 그러나 실제 상품경제의 목표는 효용의 증가 이전에 자본가의 이윤을 증가시키는 것이다. 상품경제는 소비자 효용이라는 중립적 목표를 위해 조직되는 것이 아니라 이윤이라는 계급적 목표를 위해 조직된다.

미국의 마르크스주의 경제학자 던컨 폴리Duncan Foley는 신경제로 불리는 디지털 경제의 핵심이 기술에 대한 혁신이라기보다 세계적 수준에서 노동을 이전받는 지대추구 방법의 혁신이라고 꼬집었다.[13] 회계감사 기업인 피더블유씨PwC가 평가한 2015년도의 세계 100대 기업을 보면, 40퍼센트 가량이 지적재산권, 독점, 금융, 천연자원으로 돈을 버는 기업들이었다.[14] 이런 기업들의 성장은 기술적 찬사에도 불구하고 국민경제 성장에는 그다지 도움이 되지 않는다. 기술혁명과 경제성장 정체가 동시에 나타나고 있는 현재 상태도 이런 지대추구가 영향을 미친 결과다.

3장

비트코인은
새로운 화폐인가?

보편적 등가물에 대한 이해

사람들이 일상적으로 가장 많이 사용하는 말이 '돈'이다. 돈으로 표현되지 않는 것을 찾기 어려울 정도다. 그런데 이 돈이 도대체 무엇인지를 두고 한바탕 소동이 일었다. 비트코인Bitcoin으로 대표되는 암호화폐Cryptocurrency가 유행하면서부터다. 미래의 돈이라고 평가받는 비트코인은 2010년 1코인에 100원 정도로 거래되다 2017년 말에는 2,000만 원에 거래됐다. 비트코인을 화폐로 인정한다면 환율이 7년 만에 무려 20만 배 뛴 셈이다.

비트코인은 블록체인Blockchain 암호기술로 만들어진 일종의 디지털 영수증이다. 디지털 영수증의 목적은 개인 간 거래의 신뢰도를 높이는 것이다. 비트코인 시스템은 이 영수증을 제한된 개수로 발행해 영수증 자체를 희소성 있는 교환수단으로 만든다. 영수증은 참여자가 채

굴로 불리는 특정 계산을 완료하면 발행된다. 이런 비트코인이 미래 화폐로 주목받는 이유는 중개기관 없이도 교환수단으로 이용할 수 있기 때문이다.

그렇다면 비트코인이 머지않은 미래에 실제 화폐를 대체할 수 있을까? 비트코인이 잠재적인 화폐라면, 비트코인 환율이 이렇게 폭등과 폭락을 반복하는 이유는 무엇일까? 이번 장에서는 《자본》의 화폐이론을 살펴보며, 비트코인이 화폐가 될 수 있는지 따져보겠다.

| 교환수단이 화폐인가?

통화주의 경제학의 대부 밀턴 프리드먼Milton Friedman은 "화폐는 교환수단일 뿐 실제 상품의 가치에는 어떤 영향도 미치지 못한다."라며 "어떤 외양이나 환상, 신화든지 그에 대한 사람들의 확고한 믿음이 있다면"[15] 화폐가 될 수 있다고 주장했다. 경제학 교과서에서는 교도소 죄수들이 사용했다는 캔 뚜껑, 태평양의 한 섬에서 사용했다는 커다란 석회 돌 등도 화폐의 사례로 제시된다. 우리가 사용하는 한국은행권 지폐도 신사임당, 세종대왕 초상화가 특수 잉크로 인쇄된 종이 쪼가리일 뿐인데, 이것이 화폐가 되는 것은 우리가 모두 그 종이 쪼가리가 교환수단이 된다는 확고한 믿음을 가지고 있기 때문이다. 비트코인도 사람들이 믿기만 한다면 화폐로 얼마든지 사용할 수 있다.

교환수단으로서 화폐는 교환대상에 비해 그 양이 많아지면 상대가치가 하락한다. 즉 인플레이션이 발생한다. 교환수단은 상품에 어떤 영향도 미치지 못하니, 양자의 교환비율은 오직 상대적 수량에 의해 결정될 뿐이다. 이것이 경제학의 오래된 교리 중 하나인 화폐수량설이다.[16]

경제학 교과서들은 화폐수량설의 실증적 사례로 2008년 짐바브웨 사례를 든다. 짐바브웨에서는 2008년 화폐가치가 폭락해 100조 단위 지폐가 발행됐다. 화폐가치 폭락 속도가 너무 빨라, 점심을 먹고 나면 오전보다 음료수 가격이 50퍼센트 올라있을 정도였다. 경제학 교과서 저자로 유명한 그레고리 맨큐Gregory Mankiw는 "짐바브웨는 여러모로 전형적이다. 대규모 재정적자로 통화량이 크게 늘고 높은 인플레이션이 발생했다."고 분석한다.

그러나 직관적으로 당연해 보이는 화폐수량설은 현실을 절반만 보여주는 결함이 있다. 상품 생산에 필요한 노동의 증감이 화폐로 표현되는 것(물가 상승)과, 화폐가 표현하는 노동의 증감이 상품가격의 변화로 나타나는 것(인플레이션)을 구분하지 못하기 때문이다. 예로 농산물만 있는 국민경제가 있다고 가정해보자. 기후변화로 농산물 생산에 필요한 노동이 두 배로 늘면 물가는 두 배 상승한다. 농산물 생산에 아무런 변화가 없는데 현금만 두 배로 늘면 현금의 가치가 절반으로 하락한다. 전자가 물가 상승, 후자가 인플레이션이다. 상품가격이 두 배로 뛴 현상은 같으나 이 둘은 원인이 전혀 다르다.

짐바브웨는 1990년대 후반부터 산업 기반이 무너지며 2000년대 내내 경제성장률이 마이너스였다. 토지개혁에 실패해 식량 생산이 절반으로 줄었고, 제조업 가동률도 20퍼센트 미만으로 하락했다. 실업률은 80퍼센트가 넘었다. 광물 수출로 얻은 외환을 식량 수입에 사용해 가까스로 경제를 유지했지만, 2000년대 중반부터 광물 수출이 인프라 파괴로 감소했고, 엎친 데 덮친 격으로 2008년 세계금융위기로 광물 가격마저 폭락하자 결국 경제가 붕괴하고 말았다. 외화 부족으로 식량을 수입하지 못해 식량 가격이 폭등했고, 이에 연관된 다른 상품들의 가격도 함께 상승했다. 정부는 식량을 비롯한 공공 물품을 사기 위해 중앙은행에 국채를 넘기고 화폐를 받았다. 그리고 이 과정에서 유통되는 화폐량이 폭증했다.[17] 화폐 발행을 남발해 통화가치가 폭락한 것이 아니라, 상품가치의 폭등에 대응해 화폐량이 같이 폭증했다는 것이다. 즉, 화폐량은 짐바브웨 사태의 원인이 아니라 결과였다.

통화수량설의 역사적 증거로 자주 인용되는 1920년대 독일 바이마르 공화국 시기 혼란도 마찬가지다. 경제학 교과서들은 물가 지수와 통화량 지수가 비슷한 추이로 1조 배 증가하는 그래프를 그려놓고, 이를 화폐수량설의 직접적 증거라고 설명한다. 교환수단인 통화가 마구 발행되어 통화가치가 폭락했다는 것이다. 하지만 이 또한 인과관계가 뒤집어진 것이다.

제1차 세계대전 패전국이었던 독일은 갚을 수 없을 만큼 큰 전쟁배상금을 금으로 지불해야 했다. 승전국들은 배상금으로 자기 나라의 전쟁 적자를 해결하려고 했다. 독일 정부는 금을 얻기 위해 수출을 늘려야 했지만, 생산시설 상당 부분이 전쟁으로 파괴돼 생산량은 국내 수요조차 충족하지 못했다. 휴전 직후 독일은 금 준비금을 비롯해 철도, 차량, 선박 같은 장비들을 모두 승전국에 빼앗겼고, 심지어 석탄도 무상으로 송출해야 했다. 승전국 국민의 정서는 "독일놈들이 대가를 치러야 한다!La Boche payera!"였다. 1921년 3월 독일이 승전국들의 예비 요구사항 일부를 준수하지 못하자, 연합국 군대는 뒤셀도르프, 뒤스부르크 등의 라인강 동쪽 도시들을 즉각 점령했다. 1923년에는 루르 탄광지역도 점령했다.[18] 이런 혼란 속에서 상품 부족으로 물가가 치솟았고, 정부는 공공물품 구매와 배상금으로 쓸 금을 확보하기 위해 화폐 발행을 늘렸다. 그리고 이것이 결국에는 하이퍼인플레이션을 야기했다.[19] 독일의 하이퍼인플레이션 역시 화폐량의 증가는 원인이 아니라 결과였다는 것이다.

화폐수량설은 상품가격이 오르는 원인을 항상 화폐수량이 증가한 데서만 찾는다. 이렇다 보니 화폐수량설을 강령으로 삼은 통화주의 경제학자들은 화폐긴축을 인플레이션에 대한 만병통치약처럼 이야기하기도 한다. 하지만 짐바브웨나 바이마르 독일 시기의 혼란에서 본 것처럼, 상품가격 상승의 원인을 화폐수량 변화에서만 찾는 것은 절반의 진실 그리고 절반의 거짓이다. 짐바브웨에서 화폐를 발행하지 않았더라도, 어차피 생필품 부족과 중앙은행 자산의 부실로 화폐 시스템이 붕괴했을 것이다. 제1차 세계대전 이후 독일에서도 마찬가지였다. 독일 경제는 1925년 즈음 어느 정도 안정화되었는데, 이는 긴축이 아니라 1924년 미국의 도즈 계획Dawes Plan에 따라 배상금 징수 정책이 완화됐고, 미국이 독일에 막대한 차관을 제공한 덕분이었다.

물론 화폐수량적 하이퍼인플레이션이 아예 없었던 것은 아니다. 조선 말 흥선대원군은 경복궁을 중건한다며 당백전을 무분별하게 발행해 하이퍼인플레이션을 야기했다. 그런데 당백전은 금속으로서 가치도 없었고, 현대적 의미의 중앙은행이 발행하는 화폐와는 더욱 거리가 멀었다. 그냥 흥선대원군이 백성을 상대로 사기 친 것에 가까웠다. 현대적 경제 제도가 만들어지기 전에는 서유럽에서도 이런 일이 종종 있었다. 하지만 현대적 경제 제도가 갖춰진 이후에도 정부가 마구잡이로 화폐를 찍어내 하이퍼인플레이션을 유발하는 경우는 사례를 찾기 어렵다.

▎ 본질은 보편적 등가물

노동가치론의 논리 전개에 따르면 화폐의 본질은 상품에 대한 '보편적 등가물general equivalent'이다. 보편적 등가물이란 어떤 상품에 대해서든 그것과 같은 가치를 표현할 수 있는 상품이라는 의미이다. 예로 길이의 보편적 등가물은 빛의 속도다. 과학자들은 빛이 진공에서 2억 9,979만 2,458분의 1초 동안 가는 거리를 1미터라고 정의한다. 상품 세계에서 빛과 같은 역할을 하는 것이 바로 화폐다. 100원짜리 상품은 1원의 100배에 해당하는 노동이 생산에 필요하다는 의미이다. 모든 상품은 보편적 등가물인 화폐로 자신을 표현해야 시장에서 비로소 거래될 수 있다. 화폐가 보편적 등가물이 되는 것은 1장에서 봤듯 상품 생산에 필요한 인간 노력이 시장에서 화폐와 교환되어야 사회적 노동이 되기 때문이다. 화폐는 인간 노력을 사회적인 노동 한 단위로 양자화한다.

원리적으로 어떤 노동생산물이든 등가물이 될 수는 있다. 예로 조선 시대에는 쌀의 무게로 상품 교환의 기준을 정했고, 전쟁 시기에는 기름이나 통조림 같은 생산물이 교환의 등가물 역할을 하기도 한다.

하지만 이런 등가물들은 특수한 상황에서만 교환수단이 될 뿐이다. 사회 전체의 인간 노력을 추상화하고 수량화하는 역할을 하지는 못한다. 보편적 등가물은 인간 노력의 시작과 끝을 모두 자신으로 표현할 힘을 가지고 있어야 한다. 참고로, 역사적으로 오랫동안 보편적 등가물로 역할해 온 것은 우리가 잘 알고 있듯 금, 은 같은 귀금속 노동생산물들이었다. 금화나 은화는 태생적으로 보편적 등가물이 될 운명을 타고났는데, 보편적 등가물이 필요로 하는 균질성, 가분성, 내구성, 편리성 등을 두루 갖췄기 때문이다.

현재는 금화나 은화 같은 금속화폐가 사용되지는 않는다. 중앙은행권을 화폐로 사용한다. 그런데 노동생산물인 금화와 달리 중앙은행이 발행한 현금은 생산하는 데 노동이 크게 필요치 않다. 예로 오만원권 지폐를 생산하는 데에는 그 가치의 0.4퍼센트인 200원도 들지 않는다.

지폐가 표현하는 노동은 그 생산에 필요한 노동과 관련이 없다. 그래서 오늘날의 화폐는 금속화폐처럼 생산에 필요한 노동을 비교하는 방식으로 등가물 역할을 할 수는 없다.

그렇다면 현대의 화폐는 어떻게 보편적 등가물이 될 수 있을까? 먼저 현대 화폐가 발행되고 유통되는 메커니즘부터 살펴보자.

오늘날의 화폐는 한국은행, 미연방준비은행FRB 같은 중앙은행에서 발행한다. 발행의 시작점은 정부가 발행한 국채를 중앙은행권, 즉 현금과 교환하는 것이다. 한국 정부가 10조 원 국채를 한국은행에 주고, 한국은행이 10조 원 현금을 정부에 주면, 정부가 그 현금을 지출하면서 화폐가 유통된다. 한국은행은 자신의 대차대조표에 국채를 자산으로, 현금을 부채로 기록하는데, 이는 자산의 가치와 현금의 가치가 같다는 것을 의미한다.

국채는 정부의 빚 증서로, 세출이 세입보다 클 경우 발행된다. 그리고 만기 때 시민의 세금으로 상환된다. 논리적으로 보면 현금이 표현하는 중앙은행 자산인 국채는 정부 세금 수입에 대한 청구권이고, 세금은 시민의 노동 중 일부이기 때문에, 현금은 현재와 미래의 시민 노동과 등가 관계를 맺는다. 물론 시민의 수입에는 임대료나 주식배당 같은 자산수입도 있다. 하지만 자산수입은 다른 누군가의 노동이 이전되는 것에 불과하다. 세금으로 징수되는 수입은 최종적으로 시민의 지출된 노동 중 일부일 수밖에 없다.

그런데 이 등가 관계는 구조적으로 불안정하다. 예로 한국은행이 만기가 10년 후 돌아오는 국채를 가지고 있다면, 이는 10년 후 시민의 노동으로 상환되어야 한다. 이는 실제 지출된 노동이 아니라 미래에 지출될 것으로 기대되는 노동이다. 만약 10년 내 국민경제에 심각한 침체가 발생하면 그 기대는 실현되지 못할 수도 있다. 국채처럼 미래 노동에 대한 청구권에 가격을 붙여 금융자산으로 만든 것을 가공fictitious 자본이라고 부른다. 가공은 실현되지 않을 수도 있다는 점에서 불안정하다.

정부는 민간에 중앙은행권으로 각종 비용을 지급해 중앙은행권을 유통한다. 국민들은 현금으로 불리는 이 중앙은행권을 사용해 상품을 팔고 사며, 빚을 지고 갚는다. 국민들이 중앙은행권을 사용하는 이유는 국가가 강제로 그것을 유통하기 때문이다. 한국은행법 48조는 "한국은행이 발행한 한국은행권은 법화로서 모든 거래에 무제한 통용된다"고 정해놓았다. 판매자, 채권자는 한국은행권으로 상품을 구매하고 채무를 청산하는 것을 거부할 수 없다. 채무자가 현금으로 빚을 갚겠다는데 악덕 채권자가 신체 장기로 빚을 갚으라고 강요할 수 없고, 대기업이 중소기업과 거래할 때 상품 대금을 현금이 아닌 기술특허권으로 내놓으라고 강요할 수도 없다. 정부 역시 세금을 징수할 때 별다른 사유가 없는 한 한국은행권으로만 받는다. 이렇게 중앙은행권은 중앙은행이 보유한 자산과 강제통용권을 기반으로 국가 내에서 보편적 등가물 역할을 한다.

화폐는 하나의 상품이기도 하다. 화폐 상품의 효용은 정부가 보증하는 거래 수단, 지불 수단으로 기능할 수 있다는 점이다. 케인스는 《고용, 이자 및 화폐의 일반이론》에서 화폐를 가장 안전한 내구재 상품의 하나로 정의했다. 투자자들은 미래가 불안할 때 가동률이 낮아져 가치가 하락할 수 있는 설비 내구재 상품 대신 가장 안전한 내구재 상품인 화폐 상품을 보유하려고 한다. 이것이 '유동성 선호' 이론이다. 그런데 《자본》은 케인스와 달리 화폐 상품의 일반적 성격보다 특수한 성격에 더 주목했다. 특수성이란 화폐 상품은 시장에서 생산될 수 없는 상품이라는 점이다. 화폐는 시장 내의 기업이 아니라 시장 밖 국가가 생산할 수 있다. 시장경제가 국가를 필요로 하는 이유도 바로 이 특수한 상품의 생산과 관련되어 있다.

화폐를 보편적 등가물 역할을 하는 특수한 상품으로 이해하면, 분명하게 인플레이션과 물가 상승을 구분할 수 있다.

인플레이션은 화폐 가치의 하락, 즉 화폐가 표현하는 노동이 감소하는 현상이다. 화폐에 대응하는 중앙은행 자산의 가치가 절반으로 하락하면 화폐가 표현하는 노동 역시 절반으로 감소한다. 이 경우 상품 생산에 필요한 노동을 표현하는 화폐의 수량, 즉 가격은 두 배 상승한다. 이것이 화폐 가치의 하락인 인플레이션이다. 반면 물가 상승은 상품 생산에 필요한 노동의 증가를 뜻한다. 화폐가 표현하는 노동에 변화가 없을 때, 같은 상품을 생산하는데 필요한 노동이 두 배로 증가하면 상품의 가격도 두 배 상승한다. 이것이 물가 상승이다. 앞서 본 짐바브웨와 바이마르 독일에서 나타난 경제현상은 생산 붕괴로 인한 물가 폭등

이 원인이었다. 화폐가치의 하락인 인플레이션은 물가 폭등에 제대로
대응하지 못한 결과였다.

| 화폐 숭배

화폐를 보편적 등가물이라는 특수한 상품으로 이해하면, 상품 경제
에서 개인과 사회가 연결되는 메커니즘도 파악할 수 있다.[20]

상품 경제에서 보편적 등가물인 화폐는 개인과 사회를 연결한다. 개
인적 노력은 화폐의 인정으로 사회적 노동이 된다. 화폐와 교환되지
못하는 인간 노력은 개인적으로 쓸모가 있을지는 모르겠으나, 사회적
으로 쓸모를 인정받지는 못한다. 개인은 직장에서 돈을 벌어야 비로소
사회인이 된다. 개인이 돈을 벌지 못하면 경제적으로 빈곤해지는 것은
물론이거니와 사회적으로도 고립된다.

오늘날 사회에서 일반적으로 나타나는 물신숭배fetishism 현상은 상품
경제에서 화폐가 사회성 그 자체로 나타나기 때문에 발생한다. 사회적
생산물은 인간 사이의 관계를 통해 생산되지만, 이런 사회성은 화폐를
통해서만 드러나기 때문에, 인간이 아니라 화폐가 사회적 주체로 등장
한다. 사람들이 "돈, 돈, 돈" 하면서 살아가는 것은 단지 그들이 도덕적
으로 속물이어서가 아니다. 상품 경제의 필연적 결과다. 화폐로 매개
되는 상품 관계에서 인간은 서로를 직접 대면할 수 없다. 종교지도자들

은 "돈은 악마의 배설물"이니 "돈보다 사랑"이니 하는 말들로 사회 현상들을 비판하는데, 이런 비판은 현실 앞에서 무기력하다. 물신숭배는 도덕의 문제 이전에 물질적 관계의 문제이기 때문이다.

화폐를 사회성 그 자체이자 부의 근원으로 여기는 관념은 상품 경제를 지속시키는 중요한 힘이기도 하다. 현대 사회는 봉건제처럼 강제로 일을 시키는 사회가 아니다. 개인들이 자신의 의사에 따라 시장에 참여하도록 보장하는 사회다. 개인은 기본적으로 수입을 얻기 위해 시장에 참여하지만, 돈을 충분히 벌었다고 시장에서 철수하지는 않는다. 돈을 버는 것에서 성취감을 얻고, 사회적 인정을 받기 때문이다. 사회성으로서 화폐를 모으는 것이 사회적 인간으로 성숙하는 것이다. 이런 점에서 물신숭배는 강제를 자발로 바꾸는 현대 사회의 주술이다. 이 주술이 없다면 개인들은 자신의 의사에 따라 적극적으로 그리고 지속해서 시장에 참여하지는 않는다. 상품 경제도 지속하기 어렵다.

| 비트코인은 화폐가 될 수 없다

화폐는 교환수단, 지불수단, 세계화폐라는 기능을 가진다. 우리는 일상적으로 돈으로 상품을 사고팔며, 돈으로 빚을 지고 갚고, 돈으로 국가 간 무역거래를 결재한다. 경제학은 화폐의 기능만 분석하는데, 이렇다 보니 비트코인에 대해서도 기술적으로 이런 기능들을 실현할 수 있는지에 주목할 뿐이다.

경제학은 화폐의 본질을 교환수단으로 규정한다. 밀턴 프리드먼은 "사람들의 확고한 믿음"만 있다면 어떤 것이든 화폐가 될 수 있다고 주장했다. 그런데 여기서 문제는 사람들에게 확고한 믿음을 줄 수 있는 조건과 방법이다. 개별적 노력을 사회적 노동으로 양자화할 만큼 강력한 힘을 가져야 숭배할 만한 대상이 될 수 있고, 숭배할 만한 대상이 되어야 사람들이 확고한 믿음을 가질 수 있다. 즉 보편적 등가물이어야 숭배대상이 되고, 교환수단도 될 수 있다.

이런 점에서 비트코인은 교환수단조차 될 수 없다. 무의미한 연산으로 만들어지는 디지털 영수증에는 어떤 사회적 노동도 없다. 심지어 비트코인은 중앙관리를 허용하지 않는다는 점에서 강제통용력을 가질 수도 없다. 발행기관의 보유자산과 화폐수량 사이 등가 관계가 수립되지 않는다. 비트코인은 기껏 해봐야 물물교환의 영수증 역할만 할 수 있을 뿐이다. 비트코인 상당수가 마약, 뇌물 같은 사법당국의 눈을 피하기 위한 당사자 간 거래에 사용되고 있다는 점도 이를 방증한다.

지불수단 기능도 살펴보자. 오늘날 경제활동은 시작부터 끝까지 빚을 지고 빚을 갚는 관계로 이뤄진다. 경제활동의 채권·채무 관계를 신용이라고 부른다. 우리가 평상시 사용하는 신용의 대표적 사례는 신용카드다. 우리는 신용카드로 외상거래를 한 뒤 결재일에 그 외상을 청산한다. 자동차나 주택 같은 값비싼 내구재 상품을 살 때도 신용이 유용하다. 수천만 원의 자동차를 할부가 아니라 한번에 현금을 주고 사야 한다면 자동차를 살 수 있는 사람은 지금보다 훨씬 적을 것이다. 기업들도 투자자금을 마련하기 위해 일상적으로 빚을 이용한다. 공장을 새로 지을 때 자신이 축적한 이윤만 사용해야 한다면 사업을 확장하는 데 오랜 시간이 걸릴 수밖에 없다. 자금을 차입해 공장을 짓고, 공장을 가동해 얻은 이윤으로 빚을 갚는 것이 은행과 기업 모두에게 이득이다. 이런 신용관계에서 화폐는 빚을 최종적으로 청산하는 역할을 한다.

화폐로 빚을 청산할 수 있는 것은 화폐가 보편적 등가물이기 때문이다. 빚을 다른 빚으로 갚을 수도 있겠지만, 빚이 다른 빚으로 이어지는 사슬이 무한히 이어질 수는 없다. 빚의 사슬이 지불의 사슬로 바뀔 때는 화폐가 등장해야만 한다. 만약 화폐가 채권·채무 관계를 청산하지 못하면 채권·채무자가 줄줄이 파산하는 부도의 사슬이 나타난다.

경제학은 화폐와 신용을 정확하게 구분하지 않는다. 신용관계에서 채권자가 가진 빚 증서를 금융자산이라 부르는데, 경제학은 화폐를 금융자산의 하나로 취급한다. 예로 은행의 빚 증서인 100만 원 적금통장과 현금 100만 원은 경제학에서 본질적인 차이가 없다. 그래서 신용과 화폐를 합해 통화currency로 통칭해 부르기도 한다. 하지만 금융자산과 화폐는 근본적으로 다르다. 평소에는 신용과 화폐 사이에 차이가 없어 보이지만, 경제위기가 닥쳐 채권·채무 관계에 대한 청산이 필요해지면 신용과 화폐가 구별되는 진실의 시간이 온다. 모두가 지불수단으로서 화폐를 찾기 때문이다.

비트코인이 지불수단이 될 수 없다는 점은 두말할 나위가 없다. 컴퓨터 연산으로 만들어진 디지털 영수증으로 채권·채무 관계를 청산할 수는 없다. 채권자가 비트코인으로 채무를 청산해 얻을 것이 없어서다. 심지어 비트코인은 제대로 된 금융상품도 아니다. 금융상품은 청구할 대상과 내용이 있어야 하는데, 비트코인은 그 어떤 대응물도 가지고 있지 않다. 비트코인은 일종의 폰지(다단계사기)와 더 비슷하다. 비트코인 가격이 오르는 것은 더 많은 투자금이 유입될 때뿐이다.

마지막으로 세계화폐 기능을 보자. 화폐는 국가 간의 지불, 즉 무역수지를 결제하는 수단이다. 전통적으로 금화 같은 금속화폐가 세계화폐(금본위제로 불린다)로 쓰였다. 하지만 제2차 세계대전 이후부터는 금태환 기능을 가진 달러가 세계화폐(브레턴우즈 체제로 불림)로 사용됐고, 1970년대 이후에는 태환 기능이 없는 달러가 세계화폐로 사용되고 있다. 미국 내에서 인정되는 보편적 등가물인 달러가 세계화폐로 사용될 수 있는 것은 미국이 달러를 세계에 유통할 힘을 갖고 있기 때문이다. 미국은 1970년대 이래 금융과 군사의 세계화를 통해 이런 힘을 꾸준하게 키웠다.

그렇다면 비트코인이 세계화폐로 역할을 할 수 있을까? 비트코인 찬양자들은 국경을 넘나들 수 있는 인터넷 암호화폐의 특징을 강조한다. 하지만 비트코인은 어느 나라에서도 보편적 등가물이 아니다. 더군다나 월스트리트 금융기관이 비트코인으로 금융시장을 움직이는 것도 아니고, 미국의 항공모함이 비트코인으로 건조되는 것도 아니다. 달러가 세계화폐가 될 수 있는 조건을 비트코인은 아무것도 갖추지 못했다.

정리해보자. 비트코인은 화폐가 아니고 될 수도 없다. 청구권 있는 금융자산도 아니다. 비트코인 열풍은 폰지 사기 이상도 이하도 아니다. 그렇다면 왜 이런 사기가 세계적으로 통하고 있는가? 경제학의 착각 탓이다. 그리고 이런 경제학의 결함 때문에 세상 모두가 돈이 무엇인지 헷갈려 하고 있다. 경제학의 화폐이론은 화폐의 본질을 교환수단으로 규정한다. 하지만 이상에서 봤듯, 화폐의 본질은 노동의 보편적 등가물이다. 다른 기능들은 이로부터 파생되어 나온다.

4장

재정적자, 양적완화, 인플레이션

최근의 화폐 현상들에 대한 분석

진보로 분류되는 정치세력은 재정적자에 상대적으로 관용적이다. 유럽의 대표적 진보세력들은 "재정긴축 반대"를 슬로건으로 내걸고 지지를 확보했다. 2016년 미국 대선에서 돌풍을 일으킨 버니 샌더스Bernie Sanders는 대규모 재정적자를 전제로 하는 대선공약을 만들었는데, 그의 공약은 전 국민 의료보험 도입, 사회보장제(한국의 국민연금) 확대, 공립대 등록금 면제, 유급출산휴가·유급병가제 도입, 사회 인프라 투자 등에 증세 없이 10년간 총 18조 달러(약 2경 2,320조 원)를 지출하는 것이었다.

현대화폐이론Modern Monetary Theory으로 불리는 새로운 통화이론을 주장하는 경제학자들은 아예 재정적자가 아무런 문제가 되지 않는다고 주장하기도 한다. 《균형재정론은 틀렸다》의 저자 랜덜 레이L. Randall Wray

는 "주권국가의 정부는 자국 통화로 지불을 행하는 한 지급 불능 상태에 처할 수가 없다. … 정부는 더 이상 돈이 없다는 핑계로 일자리 창출을 거부할 수 없게 되며, 인프라 개선과 건설을 거부할 수 없다."[21]고 이야기한다.

하지만 《자본》의 화폐 이론으로 볼 때 이런 주장은 완벽한 오류다. 앞 장에서 봤듯 보편적 등가물로서 화폐는 어떤 방식으로 발행되든지 간에 결국에는 시민의 노동에 토대를 두어야 하기 때문이다. 노동이 증가하지 않는데 화폐만 무한정 증가할 수는 없다. 정부(중앙은행)가 발행한 돈으로 정부 빚을 갚는다고 정부재정이 화수분이 되는 것은 아니다.

우리는 이번 장에서 재정적자, 양적완화quantitative easing[22] 통화정책, 기축통화를 사용하지 않는 나라들이 자주 겪는 외환위기 등을 마르크스의 화폐이론으로 분석해볼 것이다.

| 돈과 빚의 차이

우리가 평상시 말하는 돈은 지갑 속 현금만이 아니다. 우리는 보통 현금보다 훨씬 많은 돈을 예금으로 보유한다. 물건을 사고팔 때도 현금보다 신용카드나 계좌이체를 이용하는 경우가 많다.

우리나라에는 이런 돈(M1통화라고도 부름)이 얼마나 있을까? 2019년(평균) 880조 원이다. 그런데 이 중 현금은 단지 110조 원뿐이다. 나머지 770조 원은 언제든 현금을 입출금할 수 있는 요구불예금, 보통예금과 적금의 중간 정도 되는 수시입출식저축예금 등이다. 우리가 돈이라 부르는 것의 90퍼센트 가까이가 실제는 현금이 아닌 것이다. 이 90퍼센트는 채권-채무 관계이다. 예금은 예금주 입장에서는 돈이지만 은행 입장에서는 빚이다. 둘을 합하면 제로가 된다.

채권·채무의 신용관계가 돈처럼 사용될 수 있는 것은 은행 덕분이다. 예를 들어 보자. 현금 100만 원을 가진 A가 전액을 甲은행에 예금했다. 甲은행은 이 현금 중 90만 원을 B에게 대출해줬다. B는 당장 쓸 돈 10만 원을 지갑에 남겨두고 80만 원을 乙은행에 예금했다. 乙은행은 이 돈 중 70만 원을 C에게 대출해줬다. 이 경우 A, B, C가 가진 돈은 얼마일까? A의 예금 100만 원, B의 현금 10만 원과 예금 70만 원, C의 현금 70만 원, 합계 250만 원이다. 첫 현금 100만 원의 2.5배가 됐다. 은행이 예금과 대출을 통해 A, B, C 수중의 돈을 늘렸다. 당장 사용되지 않는 화폐를 대출에 이용해 실제 화폐보다 많은 돈을 시중에 유통할 수 있는 것이 바로 은행의 기능이다.

은행에 의해 창조된 돈을 보통 통화라고 부른다. 경제통계에서는 시중에 유통 중인 현금과 민간은행이 한국은행에 예금한 지급준비금을 본원통화라고 정의한다. 그리고 본원통화에 각종 예금을 합한 것을 협의통화(M1통화)라고 정의한다. 경제학은 화폐와 통화를 정확하게 구분하지는 않는다. 하지만 노동에 대응하는 보편적 등가물인 화폐와, 화폐로 청산되어야 하는 신용은 본질에서 다르다. 경제통계에서 본원통화라 부르는 화폐만 진정한 의미의 화폐다.

신용으로 창조된 통화는 평상시에는 화폐와 명확하게 구분되지 않는다. 하지만 채무를 청산해야 하는 시점이 오면 둘의 차이가 확연하게 드러난다. 위 예에서 A와 B가 예금을 일시에 찾는다고 가정해보자. 현금은 100만 원인데 甲, 乙 은행이 갚아야 할 돈은 170만 원이다. 70만 원이 부족하다. 은행을 매개로 한 빚의 사슬이 화폐를 통한 지불의 사슬로 바뀔 때 화폐와 신용은 그 차이를 드러낸다.

신용의 특징은 그 확장성에 있다. 중앙은행이 발행하는 화폐는 원리적으로 국민경제의 노동과 비례해야 한다. 하지만 신용은 양자 간 채권·채무 약속이기 때문에 이런 제한이 없다. 예를 들어 만약 은행이 내부에 현금을 보유하지 않고 예금 전체를 대출한다면, 여러 은행이 예금과 대출을 끝없이 이어갈 수 있어 1원의 현금으로도 무한한 신용을 만들 수 있다. (현실의 은행제도에는 예금의 일부를 중앙은행에 강제로 예금하는 법정지급준비금 규제가 있어 이런 무한 확장이 불가능하다.) 빚이야 당사자 간의 신용 문제이지 양적 제한이 있는 것은 아니니 말이다.

| 현대 화폐의 불안정성

중앙은행이 보유하는 자산은 일반적으로 정부의 빚 증서인 국채다. 표2의 미국 중앙은행(연방준비은행, 연준) 대차대조표를 보자. 2006년 연

표 2 · 미국연방준비은행 대차대조표 (2006년 1월)

(단위: 십억 달러)

자산		부채	
미국 국채	789	현금통화	757
기타	66	예치금	30
		기타	41
합계	855	합계	828

관리통화제에서 화폐는 중앙은행의 부채로 발행된다. 부채에 대응하는 자산은 주로 국채로 구성된다. 정부의 빚 증서인 국채는 조세로 상환된다. 조세는 시민의 노동 중 일부를 정부가 걷는 것이다. 결국 화폐의 가치는 정부가 얼마나 시민의 노동을 걷을 수 있는지에 비례한다.

준은 약 7,900억 달러의 국채를 자산으로 삼아 같은 액수의 화폐를 발행했다. (부채 항목의 예치금 300억 달러는 은행의 지급준비금과 정부 예금이고, 자산과 부채의 차이는 연준 자기자본이다.)

그런데 여기서 한 가지 문제가 발생한다. 국채가 미래 수입에 대한 청구권을 자본화capitalization한 가공자본이기 때문이다. 미래의 시간에는 제한이 없고, 그 기대의 크기에도 제한이 없다. 그래서 미래 기대 수입에 대한 청구권은 무한히 커질 수도, 반대로 기대가 사라지면 순식간에 사라질 수도 있다. 가공자본은 항상 불안정할 수밖에 없다.

예로 10년 만기 100만 달러 국채는 정부가 10년 후에 그 돈을 지급하겠다고 약속한 증서다. 말하자면 10년 후 시민 세금 100만 달러에 대한 청구권이다. 이 미래 세금에 대한 청구권은 현재 금융시장에서 할인된 가격에 매매된다.

적금 통장을 생각해보면 이해가 쉬울 것이다. 10년 만기 이자율 3.6

퍼센트 적금 상품이 시장에 있다고 치자. 70만 달러를 넣으면 10년 후 100만 달러를 받게 된다. 이런 적금 상품이 시중에 있다면, 국채의 현재 가격도 70만 달러를 넘지는 못한다. 그런데 만약 시중에 미래 경제에 대한 비관적 예상이 쏟아진 후 투자자들이 실물 투자 대신 안전한 금융자산에 몰렸다고 가정해보자. 대출은 줄고 예금이 늘면 은행은 이자율을 내린다. 이때 3.6퍼센트 적금 상품이 사라지고 2.2퍼센트가 나왔다고 가정해보자. 이제 10년 후 100만 달러를 받으려면 80만 달러를 넣어야 한다. 국채 가격이 이보다 낮으면 투자자들이 구매 경쟁을 하므로, 국채 가격도 80만 달러까지 상승한다. 똑같은 10년 후 100만 달러 시민 노동에 대한 청구권 가격이 이렇게 기대가 변함에 따라 70만 달러에서 80만 달러로 변한다.

중앙은행의 자산인 국채와 부채인 화폐 사이에는 등가 관계가 유지되니, 결국 시장의 기대에 따라 화폐가 표현하는 노동도 들쭉날쭉해진다. 가공자본을 자산으로 하여 발행되는 현대 화폐는 이런 점에서 불안정할 수밖에 없다.

▌한국 화폐의 식민성

우리나라 사례도 보자. 표3은 한국은행의 대차대조표다. 한국은행 자산은 국채가 아니라 외국증권이 핵심이다. 외국증권의 절반 이상은

표 3 · 한국은행 대차대조표 (2019년 말)

(단위: 조 원)

자산		부채	
한국 국채	20	현금	110
외국 증권	380	지급준비금	70
기타	90	통화안정증권	160
		기타	130
합계	490	합계	470

한국은 중앙은행 자산의 대부분이 외국증권으로 채워져 있다. 외국증권은 대부분이 미국 국채, 모기지증권 같은 달러로 표시된 금융상품이다. 그런데 이런 달러 표시 금융상품을 구매하려면 국내에서 달러로 수입을 얻는 기업이 많아야 한다. 우리나라 화폐의 가치는 정부의 지불능력이 아니라 수출대기업의 국제경쟁력에 의존하고 있다는 것이다.

미국 국채 같은 달러로 표시된 증권이다. 우리나라 화폐는 한국이 아니라 미국 시민의 노동을 기반으로 발행되고 있다는 의미다. 2019년 말 한국은행은 약 450조 원의 국외자산을 기반으로 약 180조 원의 화폐(이 중 70조 원은 한국은행에 예금되어 있어 시중에 유통되지는 않는다.)와 160조 원의 통화안정증권을 발행했다. (통화안정증권은 한국은행이 발행하는 만기 2년 미만의 채권으로, 시중에 유통되는 통화를 조정할 때 사용된다.)

그러면 왜 우리나라는 국내 시민이 아니라 굳이 미국 시민의 노동에 의존해 화폐를 발행하고 있을까? 1990년대 중반까지는 우리나라 중앙은행도 정부가 지급보증하는 채권으로 주요 자산을 구성했다. 1995년까지도 한국은행 자산의 60퍼센트 이상이 국내자산이었다. 하지만 1997년 외환위기 이후 상황이 완전히 바뀌었다. 외환위기 직후부터 외국증권 비중이 기하급수적으로 늘어나 IMF 관리가 끝난 2002년에는 한국은행 자산의 90퍼센트가 국외자산으로 채워졌다. 외환위기가 한국 화폐 제도에 결정적 변화를 가져온 것이다.

1997년 외환위기는 한국 화폐의 불안정성을 극단적으로 드러냈다. 외환위기는 대외 결제수단인 달러 부족으로 시작됐고, 이후 정부 지불능력과 국민경제 미래에 대한 신뢰 하락으로 이어졌다. 그런데 국민경제의 화폐 가치는 정부의 지불능력, 즉 미래의 국민경제에 대한 신뢰에 의존한다. 외환위기는 원화의 가치하락으로 이어질 수밖에 없었다. 외환위기와 화폐위기는 동전의 양면이었다.

화폐위기를 겪은 이후 한국은행은 강박적으로 보일 만큼 자산을 달러로 채웠다. 한국은행이 달러를 보유하는 방법은 외환시장에서 원화를 팔고 달러를 산 후 미국 금융시장에 가서 미국 국채를 구매하는 것이다. 한국은행이 이런 식으로 막대한 달러를 자산으로 보유하려면 달러를 원화로 환전하는 사람들이 그 반대 경우보다 많아야 한다. 만약 원화를 팔고 달러를 구매하려는 사람이 많다면 한국은행과 민간이 달러를 두고 경쟁하는 꼴이 되기 때문에 환율이 치솟을 것이다.

달러를 원화로 환전하는 것은 수출기업이다. 수출기업은 수출대금으로 받은 달러를 국내에서 발생한 비용을 지급하기 위해 환전한다. 외국인 투자자들도 국내 금융시장에 투자하기 위해 달러를 환전하지만, 이들의 한국 투자 대상은 상장 수출기업이다. 수출기업이 성장하지 않으면 외국인 증권투자도 증가할 수 없다. 2001~2018년 상품수지 흑자 누적액은 1조 달러였고, 외국인들이 증권시장에 투자한 액수는 2018년 말 7,000억 달러였다. 이렇게 국외에서 유입된 달러로 국내 통화가 증가할 때, 한국은행은 통화안정증권을 발행해 원화를 흡수하고, 달러를 구매해 해외 금융자산에 투자한다. 한국은행이 보유한 국외자산은 2018년 말 GDP의 25퍼센트인 4,000억 달러에 이른다.

정리해보자. 한국의 화폐는 자국 시민의 노동이 아니라 달러에 의해 그 가치가 유지되며, 국내에서 달러를 가져오는 핵심 주체는 수출기업이다. 국가주권의 한 요소가 화폐주권이라면 한국은 제대로 된 주권을 가지고 있지 못한 셈이며, 보편적 등가물로서 화폐를 만드는 것이 주권자의 역할이라면 한국사회에서 주권자 역할은 시민보다도 수출기업이 하는 셈이다.

이런 화폐의 식민성은 외환위기 이후에도 한국 원화가 지속해서 불안정해지는 원인이다. 한국은 환율 변동성이 선진국 사이에서도 가장 큰 나라다. 2009년이 대표적 사례였다. 당시 한국은행은 GDP의 20퍼센트에 달하는 2000억 달러를 보유하고 있었지만, 세계금융위기 여파로 수출이 급감하고 달러 자산이 줄자 국내외 언론에서 "제2의 외환위기"가 언급될 정도로 외환시장이 요동쳤다. 미국과 한국이 상대국에 화폐를 대여해주는 한미통화스와프를 체결하지 않았다면 정말 제2의 외환위기가 발발했을지도 모를 상황이었다.

우리나라 정부가 재정적자나 국가채무에 민감한 이유도 화폐의 이런 불안정성 탓이다. 우리나라는 자국 화폐 가치를 자국 국채로 지지하지 못할 정도로 정부의 지불능력에 대한 신뢰도가 낮다. 이러다 보니 정부가 지불할 빚이 늘면 시장이 과민반응을 한다.

2019년 한국의 GDP 대비 국가채무 비율은 40퍼센트로, OECD 평균 110퍼센트나 주요 7개국G7 평균 120퍼센트보다 한참 낮다. 이런 수치를 근거로 일각에서는 정부가 재정적자를 늘려 사회복지를 확충하라고 요구하기도 한다. 하지만 일반적으로 국가채무 비율이 높은 나라들은 미국, 일본, 유로국가들처럼 오랜 기간 정부 신뢰를 바탕으로 자국 화폐를 세계적으로 이용할 수 있었던 나라들이다. 한국과 비슷하게 무역비중이 높고 기축통화를 사용하지 않는 나라들, 예를 들어 스웨덴, 호주, 대만 등은 국가채무가 50퍼센트를 넘지 않는다.

❙ 화수분 화폐이론?

현대화폐이론으로 불리는 포스트케인지안 화폐 이론은 현대 화폐의 불안정성을 부정한다. 화폐의 본질을 세금 지불수단으로 정의하기 때문이다. 정부는 강제로 세금을 징수할 수 있고, 민간은 정부가 발행한 화폐로만 세금을 지불할 수 있기 때문에, 정부가 발행하는 화폐는 어떤 경우에도 국내시장에서 유통될 수밖에 없다는 것이 그들의 주장이다. 정부가 재정적자로 화폐를 더 발행해도 민간은 결국 그 화폐로 세금을 내야 하므로, 화폐의 지불수단 기능은 재정적자 여부와 관계없이 국내에서 영원히 유지된다.

그러나 얼핏 그럴듯하게 들리는 이 이론은 모순적이다. 세금 인하 시 어떤 일이 발생하는지 따져보면 알 수 있다. 화폐의 본질이 세금 지불 기능이라면, 사람들이 화폐를 보유하는 것도 세금을 지불하기 위해서다. 따라서 세금이 인하되면 사람들은 세금 지불수단의 보유량을 줄일 것이다. 지불수단으로서 화폐는 노동과 관계없기 때문에 수요와 희소성에 따라 상대적 가치가 정해질 것이다. 그래서 세금 인하와 함께 세금 지불수단 수요가 줄고, 화폐가치가 하락하면서 인플레이션이 발생한다. 채무가 증가해도 정부가 지급불능 상태에 빠지지는 않겠지만, 화폐의 지불수단으로서의 희소성은 더 하락할 테고, 인플레이션은 심화될 것이다. 그리고 이런 과정이 반복되면 하이퍼인플레이션이 발생한다. 요컨대, 현대화폐이론에 따르면 세금 인하 또는 재정적자 증가가 인플레이션을 발생시킨다. 통화주의를 비판하며 나온 화폐이론이 결과적으로 통화주의 이론과 같은 결론에 도달하는 것이다.

돈과 빚, 즉 화폐와 신용을 구분하지 않는 이론들은 이렇게 다른 듯 보여도 결과적으로 같은 결론에 도달한다. 화폐의 본질은 가치척도 기능을 하는 보편적 등가물이고, 신용의 본질은 채무자의 지불능력이다. 보편적 등가물이기 때문에 지불수단 기능도 하는 것이지, 지불수단이어서 가치척도 기능을 하는 것이 아니다. 화폐 역시 국채를 자산으로 삼은 부채증서이니 정부의 지불능력에 의존하는 신용의 하나일 뿐 아니냐고 반문할 수도 있다. 하지만 정부의 부채는 다른 무엇이 아니라 시민의 노동으로만 청산된다. 반면 신용은 화폐로 청산된다. 화폐가 다른 신용과 근본적으로 다른 이유다.

┃ 미국 재정적자의 마지노선

미국은 1971년 이후 근 50년간 단 4년을 제외하고는 재정적자를 내지 않은 해가 없었다. 특히 2007년 세계금융위기 이후에는 국내총생산의 10퍼센트에 육박하는 재정적자를 낼 정도로 규모도 커졌다. 재정적자로 인한 GDP 대비 정부 채무는 1970년대 30퍼센트, 1980년대 50퍼센트, 1990~2000년대 60퍼센트, 2007년 금융위기 이후 100퍼센트대로 증가했다. 2017년 말 미국 정부의 채무는 약 20조 달러에 이른다. 우리나라 국내총생산의 열세 배다.

화폐 발행의 원리를 볼 때, 지속해서 증가하는 재정적자와 국가채무는 정부의 지불능력을 위협해 화폐 가치에도 영향을 미쳐야 한다. 그러면 미국의 경우 달러 가치가 폭락했을까? 놀랍게도 그 반대다. 세계 주요 화폐 대비 달러의 상대적 가치를 지수화한 달러 인덱스를 보면, 재정적자가 폭증한 2008년 이후 10년 동안 달러 가치가 30퍼센트 상승했다. 왜 이런 일이 발생했을까? 이유는 간단하다. 2009년 한국 사례처럼, 세계 각국이 달러를 사야 금융시장의 불안을 잠재울 수 있었기 때문이다. 모든 중앙은행과 금융기관들이 세계금융위기의 시발점이었던 미국 금융시장으로 몰려왔다. 어차피 세상이 망한다면, 그래도 마지막에 망하는 것이 미국이라는 심정으로 말이다.

금융위기 이후 2008~2017년 미국 국채 발행액은 2.2배 증가했다. 그런데 외국인이 그보다 많은 2.5배의 국채를 구매했다. 2017년 말 기준, 미국 국채의 30퍼센트가 외국인 소유다. 액수로는 6.3조 달러(한국 GDP의 네 배)에 이른다. 대표적 대미 무역흑자국인 중국과 일본은 수출로 번 달러로 미국연방준비은행보다 더 많은 미국 국채를 구매했다. 세계 각국이 미국 국채를 기를 쓰고 사 모으는 이유는 세 가지다.

첫째, 미국의 금융세계화 때문이다. 세계 금융시장을 움직이는 제이피모건, 골드만삭스, 시티, 모건스탠리 같은 미국의 대형 은행들은 개별 기업의 자산규모가 우리나라 1년 국내총생산만큼이나 크다. 이들이 세계적 규모에서 자본을 이동시키고 금융상품을 만들어낸다. 세계시장에 참여한다는 것은 이들이 보유한 달러 표시 금융자산을 거래한다는 것과 같다.

둘째, 미국의 무역적자 때문이다. 미국은 1970년대 중반부터 무역흑자를 기록한 적이 단 한 해도 없었다. 특히 2000년대부터는 무역적자가 가파르게 증가해 연평균 5,000억 달러 이상을 기록하고 있다. 다른 나라였다면 몇 번을 망해도 망했을 상황이다. 중국은 미국과 무역거래로 한 해 수천억 달러의 흑자를 기록하는데, 이 돈을 안정적으로 보관하기 위해 미국 국채를 구매한다. 미국을 상대로 반세기 가까이 무역흑자를 본 일본도 마찬가지 이유로 미국 국채를 구매한다. 미국의 무역적자는 세계에 달러를 공급하는 원동력이다.

마지막으로 미국의 군사력 때문이다. 미국은 세계 그 누구도 감히 도전할 수 없는 압도적인 군사력을 보유하고 있다. 미국의 군사력은 미국의 미래에 대한 불안감 자체를 무의미한 것으로 만든다. 미국은 지구 전체를 수십 번 날려버리고도 남을 5,000개가 넘는 핵탄두를 보유했으며, 세계 군비의 절반을 혼자 지출한다. 항공모함, 전투기, 미사일 등 첨단 무기는 다른 나라와 비교되지 않을 만큼 수준이 높다. 미국 정부가 흔들리면 세계 모든 나라의 안보가 흔들린다. 미국 정부의 신용도를 나타내는 미국 국채는 세계 인류의 안보와도 연계되어 있다.[23] 그래서 불안할수록 미국 국채를 구매하는 것이 합리적 선택이 된다.

요컨대 미국의 금융세계화와 군사세계화 그리고 무역적자와 달러 환류(還流)가 달러의 가치를 보장한다. 이것이 미국이 어마어마한 재정 적자에도 달러 가치를 유지할 수 있는 이유다.

그러면 미국은 앞으로도 이런 재정적자를 지속할 수 있을까? 미국이 재정위기를 겪지 않으려면 앞서 본 세 가지 조건이 유지되어야 할 것이다. 특히 세계금융위기로 지속 가능성에 의문이 커진 금융세계화가 앞으로 어떻게 될지가 관건이라 하겠다.

| 양적완화의 딜레마

금융시장이 2000년대에 팽창한 데는 빚 증서를 금융상품으로 만드는 증권화securitization가 큰 역할을 했다. 모기지증권MBS이 대표적 사례다. 모기지증권은 금융기관이 대출 자금을 조성하기 위해 주택담보증서를 다시 담보로 잡아 시장에 판매하는 증권이다.

증권화가 어떤 과정으로 확대되는지 다음 예시로 이해해보자. 주택담보대출기관 A가 대출해줄 수 있는 자금 100억 원을 가지고 있다. 이 기관이 자금 모두를 30년 만기 주택담보대출로 사용했다. 이 기업이 추가 대출을 해주려면 30년 만기 전까지는 이자를 한푼 두푼 모으는 수밖에 없다. 그런데 현재 부동산 시장이 뜨겁다. 추가 대출을 해주면 더 많은 이득을 올릴 수 있다. 이때 A는 자신이 보유한 주택담보증서를 담보로 삼아 증권을 발행한다. 부동산 가격이 올라 대출 수요자가 증가하면 주택담보대출 이자도 상승하기 때문에, 자신이 발행한 증권에 이자를 지급해도 남는 장사를 할 수 있다. 이런 식으로 빚이 빚의 담보가 되는 연쇄적 담보를 통해 신용이 팽창하고, 그 신용이 다시 부동산 투자로 이어지면서 부동산 가격을 끌어올리는 거품이 만들어진다. 2000년대 세계 경제가 바로 이랬다.

미국과 유럽의 금융기관들은 세상에서 가장 큰 자산인 부동산을 담보로 각종 파생상품을 만들어 금융시장을 확대했다. 하지만 2007년부터 부동산 가격이 하락하자 빚이 빚에 물리는 상황이 생기며 파생상품들에 문제가 발생했다. 빚의 사슬이 부도의 사슬로 순식간에 변해버린 것이다. 미국에서 세 번째 큰 투자은행 리먼브라더스가 파산했고, 이어서 자산규모가 가장 큰 씨티은행과 미국 최대보험사 아메리칸인터

내셔널그룹AIG이 연달아 파산했다.

금융위기가 대불황으로 번지지 않은 것은 연준의 양적완화 정책 덕분이었다. 연준은 2008년부터 2012년까지 화폐를 추가로 발행해 민간은행이 보유한 2조 달러가량의 모기지증권을 사들였다. 모기지증권 가격 폭락으로 민간은행의 파산 가능성이 있기 때문이었다. 은행은 파산 가능성이 조금만 있어도 실제 파산으로 이어질 수 있다. 예금주들이 불안감에 일시에 예금을 인출하기 때문이다. 1930년대 대공황이 바로 그런 사례였다. 주식시장 폭락 이후 불안해진 예금주들이 집단으로 예금을 인출(뱅크런Bank Run)하면서 은행이 파산했고, 은행이 파산하자 금융제도가 붕괴하면서 실물 경제까지 주저앉았다. 금융위기의 1단계는 채무 청산 과정에서 화폐 수요가 폭증해 화폐 기근 현상이 나타나는 것이고, 2단계는 은행이 무너지면서 금융제도가 붕괴하는 것이다. 연준은 화폐 기근을 막기 위해 2008년부터 민간은행들의 모기지증권을 자신이 발행한 현금으로 바꿔줬다.

연준이 은행에 넣어준 현금이 모두 시장에 유통된 것은 아니었다. 은행들은 투자할 곳을 찾지 못해 현금을 다시 연준에 예금했다. 법적으로 대출해줄 수 없는 예금(법정지급준비금) 외에도 엄청난 현금이 초과지급준비금excessive reserves으로 연준에 보관됐다. 연준의 모기지증권 구매는 시장에 현금을 푼 것이 아니라 결과적으로 은행 파산을 막기 위해 은행의 자산구성을 바꿔준 것이었다. 그래서 연준이 대규모로 모기지증권을 매입했음에도, 화폐가 시중에 흘러넘쳐 인플레이션이 발생하는 일

표 4 · 미국연방준비은행 대차대조표 (2018년 1월)

(단위: 십억 달러)

자산		부채	
미국 국채	2,448	현금통화	1,571
모기지증권	1,765	예치금	2,441
기타	231	기타	390
합계	4,444	합계	4,402

세계금융위기 이후 미국 중앙은행의 자산에 변화가 생겼다. 우선 규모가 크게 증가했고, 더불어 이전까지는 없던 모기지증권이 들어왔다. 양적완화 정책으로 민간은행이 보유하고 있던 모기지증권을 현금과 바꿔준 결과이다. 그런데 주택가격이 담보인 모기지증권은 국채보다도 가공성이 더 심하다. 미국 연준의 자산은 이전보다 더 불안정해질 수밖에 없다.

은 벌어지지 않았다.

연준은 국채도 대대적으로 매입했다. 연준은 2012년까지 1조 달러가량의 국채를 사들였다. 당시 오바마 정부는 경제위기 대책으로 재정적자를 급속하게 늘렸는데, 민간금융기관들의 자금 여력이 없었기 때문에 연준이 국채 매입에 나서야 했다. 만약 연준의 화폐 공급 없이 정부가 국채 판매로 시중 현금을 흡수한다면 시장의 유동성 위기가 더 심각해질 수도 있었다.

표4는 양적완화 이후 바뀐 연준의 대차대조표다. 앞서 나온 표2의 2006년과 비교해보면, 이전에는 없었던 모기지증권이 자산에 큰 부분을 차지하고 있고, 전체자산 규모도 다섯 배 넘게 커진 것을 확인할 수 있다. 민간은행의 지급준비금(예치금) 역시 2006년 초 300억 달러에서 2018년 초 2.4조 달러로 80배 넘게 증가했다.

그렇다면 연준의 이런 대차대조표는 지속 가능할까? 참고로 금융위기 이전 연준의 전통적 통화정책은 금융시장에서 국채를 사고팔거나, 지급준비금과 대출 이자를 조정하면서 은행 간 거래에 사용되는 단기 금리에 영향을 미치는 것이었다. 이를 보통 기준금리 정책이라고 부른다. 기준금리 정책은 양적완화와 달리 자산과 부채를 많이 변동시키지는 않는다. 그런데 비전통적 양적완화 이후에는 이런 전통적 통화정책의 효과가 크게 감소했다. 은행들이 보유한 현금이 많으니 연준이 화폐를 풀고 거두는 정책에 시장이 민감하게 반응할 리 없어서다.

《자본》의 화폐론에 따르면 연준의 이런 상태는 이전보다 화폐 불안정성을 크게 키운다. 첫째, 연준이 자산으로 보유한 모기지 증권의 가공성이 국채보다 더 크기 때문이다. 모기지증권은 금융기관이 주택담보대출 자금을 확보하기 위해 담보대출증서를 다른 금융상품으로 만들어 시장에 내다 판 것이다. 거품이 빈번한 부동산 시장의 속성을 감안하면 국채보다도 훨씬 불안정한 자산이다. 연준이 구매한 모기지증권은 국책 금융기관이 상환을 보장하는 것이어서 부동산 시장이 침체하면 정부가 책임을 져야 한다. 만약 부동산 위기가 다시 닥친다면 미국 정부가 감당해야 할 부채가 급증할 것이다.

둘째, 경제성장과 무관하게 커진 화폐량이 결국에는 화폐 가치의 폭락을 가져올 수 있기 때문이다. 보편적 등가물로서 화폐는 최종적으로 시민 노동에 기반을 둬야 한다. 경제성장으로 표현되는 노동의 증가 없이 화폐만 증가하면 당연히 그 화폐가 표현하는 노동은 감소할 수밖에 없다. 현재 미국 달러의 가치가 폭락하지 않는 것은 세계적인 달러 수요와 은행들이 화폐를 유통하지 않고 초과지급준비금으로 쌓아두고 있는 덕분이다. 둘 중 하나라도 변화가 생긴다면 달러 가치가 현재와 같이 유지될 수 없다.

미국 정부와 연준은 금융위기가 진정된 2014년 이후 양적완화를 되돌리기 위해 각고의 노력을 기울였다. 하지만 번번이 실패하고 있다. 연준이 달러를 흡수하자 신흥국에서 금융위기가 발생했고, 금리가 출렁거리면서 실물 경제가 휘청거리는 일이 반복되고 있다.

| 2010년대의 저인플레이션, 저금리 상황

21세기 거시경제의 이슈 중 하나는 저인플레이션이다. 저인플레이션 덕분에 각국 정부는 큰 이자 부담 없이 국채를 발행해 각종 경제침체에 대응할 수 있었다. 코로나19 사태 이후에도 선진국 정부들은 복구를 위해 대규모 재정적자를 동반하는 정책을 시행했다. 저인플레이션이 그런 정책을 실행할 수 있는 조건이다. 그런데 문제는 이런 저인플레이션 상황이 얼마나 계속될 수 있는지다.

인플레이션이 발생하면 국채 발행에 더 많은 이자 비용이 소모된다. 명목 금리가 당연히 인플레이션보다 높아야 하기 때문이다. 더구나 한번 인플레이션 고삐가 풀리면 어떻게 될지 모른다. 세계금융위기와 코로나19 위기에 대응하면서 중앙은행이 양적완화로 돈을 너무 많이 풀어놓았다. 그런데 중앙은행이 인플레이션을 낮추는 데도 곤란함이 있다. 통상 중앙은행은 기준 금리를 인상해 인플레이션에 대응하는데, 정부만이 아니라 기업과 가계도 빚이 너무 많아 경제 주체들이 금리 상승을 감당할 수 없다. 인플레이션을 방치할 수도 없고, 금리를 인상할 수도 없는, 그야말로 이도 저도 못하는 상황에 처할 수 있는 것이다.

지금과 같은 빚더미 경제는 1940년대 제2차 세계대전 기간에도 존재했었다. 1930년대 대공황과 전시경제를 거치며 정부 부채가 쌓였다. 하지만 당시의 빚은 종전 이후 쉽게 해결되었는데, 세계 경제의 30년 장기 호황 덕분이었다. 고도성장과 증세가 GDP 대비 정부 부채 비율을 극적으로 낮췄다. 그런데 지금 경제는 이런 장기 호황을 기대할 수 없다.

케인스주의 친화적 경제학자들은 인플레이션 걱정은 잠시 접어두고 저인플레이션 조건을 충분히 즐기라고 조언한다. 이들이 내세우는 근거는 대략 두 가지이다. 첫째, 필립스 커브가 평평해졌다는 것이다. 필립스 커브는 실업률과 인플레이션의 상충 관계를 표현한다. 21세기에 들어 실업률은 역대 최저치로 낮아졌지만, 인플레이션 역시 매우 낮았다. 이유에 대해서는 학자마다 의견이 다르지만, 당분간 실업률이 하락한다고 인플레이션이 높아지는 일은 웬만해서는 발생하지 않을 것이라는 점에 의견이 일치한다. 둘째, 10년 넘게 이어진 저인플레이션으로 인해 시장에서 인플레이션에 대한 기대치 자체가 낮아졌다는 것이다. 인플레이션에 대한 예상은 금융시장에서 시중 금리를 결정하는 중요한 변수이다. 장기 채권의 낮은 금리가 오랫동안 이어진다는 것은 시장이 인플레이션이 높아지지 않을 것이라고 합의했다는 방증이다.

하지만 이런 낙관적 전망은 위험하다. 2010년대 이후 지금까지 저인플레이션이 이어지는 것은 두 가지 이유 때문이다.

첫째, 앞서 봤듯 기업들이 투자를 줄이고 현금 보유에 집착하면서 화폐가 늘어난 것에 비해 대출이 그다지 늘지 않았기 때문이다. 세계 금융위기와 코로나19 위기에서 중앙은행이 쏟아부은 화폐는 대부분이 은행의 초과지급준비금 자산이 되어 중앙은행에 도로 예금되었다.

여기서 잠깐, 화폐, 통화, 인플레이션 관계에 대해 정리해보자. 헷갈리는 내용이기도 하고, 오늘날 경제 상황에서 중요한 내용이기도 해서다.

인플레이션은 가치 척도 기능을 하는 등가물 상품의 가치 하락이다. 직관적으로 비유하자면 물건 길이를 재는 자의 눈금이 줄어드는 것이 인플레이션이라 하겠다. 물가 상승은 상품 생산에 필요한 노동의 증가, 즉 노동생산성 하락을 나타낸다. 마찬가지로 비유하면, 물건의 길이 자체가 늘어난 것이 물가 상승이다.

현대 경제에서 노동생산성이 하락하는 경우는 극히 드물다. 그럼에도 물가가 상승하는 것처럼 보이는 것은 인플레이션이 항상 존재하기 때문이다. 이런 이유로 경제학은 인플레이션을 물가 상승이라고 표현해 버린다. 앞서 봤듯 이런 혼돈은 경제학의 결정적 결함이다.

그렇다면 인플레이션은 왜 항상 존재할까? 관리통화제도에서 중앙은행이 디플레이션을 가장 경계하기 때문이다. 화폐 가치의 상승인 디플레이션은 실물경제에서 유통되어야 할 화폐가 현금이나 안전한 금융자산으로 몰리는 유인이 된다. 중앙은행은 경기침체를 막기 위해 적절한 인플레이션을 유지하는 통화정책을 쓴다.

인플레이션을 만드는 것은 원리상으로 어렵지 않다. 중앙은행이 보유한 부채(화폐)에 대응하는 자산의 실제 가치를 낮추면 된다. 관리통화제도에서 화폐 상품의 가치는 중앙은행이 발행한 화폐와 중앙은행이 보유한 자산의 균형에 의해 유지되는데, 중앙은행 자산은 주로 정부가 지불을 보증하는 채권으로 채워진다. 즉, 화폐 가치의 하락은 화폐당 채권의 가치 하락과 같다.

화폐당 채권의 가치 하락을 이끄는 기본적 방법은 신용 화폐, 즉 통화를 이용하는 것이다. 은행은 예금보다 많은 대출을 해줄 수 있다. 이러다 보니 예금자와 대출자가 모두 현금을 가진 것처럼 활동한다. 물론 대출이 실제 화폐는 아니다. 신용을 화폐처럼 사용하는 것일 뿐이다. 이런 효과를 통화가 증가하는 것과 같다 하여 통화승수multiplier라 부른다. 정부가 대출에 유리한 조건을 만들어주면, 시장에는 유통되는 통화가 증가한다. 화폐는 그대로이지만 화폐처럼 사용하는 신용이 증가하면(통화승수가 상승하면), 통화의 토대인 현금의 가치가 희석되면서 통화에 대응하는 중앙은행 자산의 가치 역시 희석된다. 즉 인플레이션이 발생한다. 2010년대 이후 이러한 이 통화 증가 속도가 화폐 증가 속도에 비해 매우 느렸다. 즉, 통화승수가 크게 감소했다.

둘째, 정부 지불능력에 대한 신뢰가 상대적으로 커졌기 때문이다. 두 번의 위기 기간 시장에서는 그나마 믿을 것은 정부밖에 없다는 비관이 확산했다. 그 결과 시중 자금이 국채 구매에 몰려 국채 가격이 뛰었다. 심지어 코로나19 이후 정부가 대규모 국채를 발행해도 국채 가격은 하락하지 않았다. 극단적 불안감이 시장을 덮쳤기 때문이었다. 도피할 곳이 정부밖에 없어서 정부를 믿을 수밖에 없는 상황이 인플레이션을 막았다.

요컨대, 양적완화 정책과 정부 부채 증가에도 인플레이션이 발생하지 않는 이유는 긍정적 원인이 아니라 부정적 원인 탓이라는 것이다. 민간에서 실물경제에 투자하지 않고, 민간이 정부로 도피하기 때문에 인플레이션이 발생하지 않고 있다. 이것이 뉴노멀new normal로 불리는 2010년대 이후 저인플레이션-저성장 경제의 본질이다.

그렇다면 이런 저인플레이션은 지속 가능할까? 당장 인플레이션이 발생하지는 않을 수 있지만, 저인플레이션이 가능했던 조건은 점차 약화할 것이다. 3장에서 봤듯 마르크스 화폐이론은 화폐도 상품으로서 가치 토대가 있어야 한다는 점을 강조한다. 관리통화제에서 가치 토대는 세입을 기반으로 한 정부의 지불능력이다. 중앙은행 자산·부채의 팽창과 정부 적자의 급증은 당연히 이런 가치 토대에 부정적 영향을 끼친다. 현재 믿고 있는 가치와 실제 가치 사이 괴리가 커지기 때문이다. 기대와 실제의 차이, 즉 화폐 가치의 거품이 저인플레이션을 지속시키고 있다.

미국의 경우 2008년 초 1조 달러 수준이던 연준 자산이 금융위기 이후 2015년 4.5조 달러, 코로나19 이후 2020년 말 7조 달러로 급팽창했다. 미국이나 세계의 경제 규모가 이만큼 커진 것은 당연히 아니다. 미국 정부 부채는 GDP 대비로 2007년 말 60퍼센트대에서 2019년 말 100퍼센트대로 급상승했고, 코로나19 위기 이후에는 130퍼센트대로 또 폭등했다. 유럽은행의 경우 2008년 초 1.5조 유로 수준이었던 자산이 2018년 4.5조 유로로 폭증했고, 2020년 말 5조 유로 규모로 또 증가했다. 2000년대 중반 60퍼센트 수준이던 유럽연합 국가들의 정부 부채 비율은 금융위기 이후 80퍼센트대로 상승했고, 코로나19 이후에는 90퍼센트대로 상승했다. 화폐가 표현하는 현재 가치와 정부 지불능력이라는 화폐의 실질적 가치 사이 괴리가 점점 더 커지고 있다는 것이다.

참고로, 평평해진 필립스 커브에 관해서도 설명해둔다. 필립스 커브는 실업률 하락, 명목임금 인상, 물가 상승을 도식적 상충 관계로 설명한다. 20세기 중반 이를 입증하는 실증 연구들도 많았다. 하지만 2010년대에는 실업률 하락과 물가 정체가 동시에 나타나 평평하게 굳어져버린 필립스 커브가 경제학계에서 논란이 되었다. 그리고 2021년 이후 물가 상승 예측에도 이런 평평한 필립스 커브가 중요한 근거로 제시되고 있다.

하지만, 마르크스 경제이론에 따르면, 필립스 커브는 결함이 있다.

물가 상승과 인플레이션을 구분하지 못했기 때문이다. 물가 상승이라고 표현하는 전반적 상품가격의 상승은 실제로는 인플레이션인데, 이 인플레이션은 경기 활황 시기 신용이 팽창하며 화폐 가치가 희석되어 나타나는 현상이다. 호황 시기에는 당연히 실업은 감소한다. 필립스 커브는 경기 활황 시기에 나타나는 이러한 고용과 신용 간의 상관관계를 표현한다. 평평해진 커브는, 경기 활황으로 실업이 감소해도 기업이 투자를 늘리지 않고 여전히 정부로 도피하려는 성향이 강한 상태, 즉 장기불황 속 단기적 경기 활황의 특징이라 볼 수 있다. 이는 이윤율 하락과 축적 둔화라는 마르크스 축적법칙이 표현되는 방식 중 하나다.

일본의 장기 저인플레이션도 비슷한 방법으로 설명할 수 있다. 잃어버린 30년으로 표현되는 1990년대 이후 일본은 민간 소비가 부진해 정부가 민간에서 돈을 빌려 대신 소비하는 현상이 일반화됐다. 그 결과 정부 부채 비율이 1980년대 60퍼센트, 2000년대 180퍼센트 2010년대 240퍼센트로 급상승했다. 그럼에도 정부 지불능력에 대해 시장의 신뢰가 하락하지는 않았다. 민간이 저축하고 정부가 대신 소비하는 체계가 그럭저럭 작동했기 때문이다. 결과적으로 엔화 가치는 이 기간에도 하락하지 않았다. 심지어 2010년대에는 양적완화도 실시돼 일본은행 자산규모가 2008년 1조 엔에서 2019년 5.7조 엔 그리고 코로나19 이후에는 7조 엔으로 급증했다. 일본은행이 시중 채권을 대거 매입하며 현금을 풀었다. 하지만 역시 양적완화가 인플레이션을 야기하지는 않았는데, 기업과 가계 모두 현금을 쌓아두는 데 몰입했기 때문이다. 민간이 정부로 도피해 꽉 웅크리고 있다 보니 화폐 가치의 거품이 유지됐다.

| 한국정부는 얼마나 빚을 쌓을 수 있을까

한국 정부가 채무를 늘릴 때 구체적으로 고려해야 하는 제약 조건은 세 가지이다. 첫째, 성장률과 금리이다. 경제성장률은 조세 수입과 직결되는 만큼 정부의 지불능력을 의미하고, 금리는 정부가 지불하는 이자이므로 부채 부담 비용을 의미한다. 지불능력이 부담 비용보다 커지는 조건에서는 부채가 증가해도 갚는 데 문제가 없다. 세계적 저금리 상황이라 약간의 성장률만 보장되어도 정부가 부채를 늘리는 데 문제가 없다. 하지만 앞서 살펴봤듯 저인플레이션-저금리 상황은 매우 불안정하다. 한국은 미국처럼 최악의 상황에서도 화폐 발권 이익으로 버틸 수 있는 나라가 아니다. 1997년 외환위기에서 경험했듯, 한순간에 무너지는 경제이다. 장기 저성장을 피할 수 없는 조건에서 저금리만 믿고 부채를 늘렸다가는 나라가 부도날 수 있다.

둘째, 민간저축이다. 정부가 국채를 발행하면 이를 구매하는 주체는 세 기관이다. 하나는 국내 금융기관이다. 은행, 보험사, 연기금 등이 대표적이다. 이들은 자산의 일부분을 가장 안전한 자산으로 평가되는 국채로 채운다. 다른 하나는 한국은행이다. 중앙은행은 국채를 자산으로 삼아 화폐를 발행하는데, 다만 한국의 경우 앞서 봤듯 화폐 안정성 문제 탓에 국채를 많이 보유하지는 않는다. 셋째, 해외금융기관이다. 순수하게 투자 수익을 위해 여러 나라 국채를 사고판다.

현재 한국의 국채는 80퍼센트가 국내 금융기관에 의해 구매된다. 해외금융기관은 높은 수익률이나 안전한 가치를 보장하는 것이 아닌 한한국 국채에 투자할 이유가 많지 않다. 결국 한국 정부가 국채를 더 많이 발행하려면 국내 금융기관들이 국민 저축을 기반으로 정부에 돈을 더 많이 빌려줄 수 있어야 한다. 예로 일본이 GDP의 두 배 이상인 국가 채무를 유지할 수 있는 것은 국내 금융기관들이 어마어마한 규모로 국채를 사들였기 때문이다.

한국은 어떨까? 한국의 치명적 약점은 일본과 달리 가계부채가 매우 크다는 점이다. 가계부채가 많다는 건 국내 은행들의 자산이 가계부채로 채워진다는 뜻이다. 가계부채 비율이 높을수록 은행이 정부에 빌려줄 자산이 부족해진다. 2019년 일본은 가계부채 비율이 GDP 대비 60퍼센트대인 데 반해, 한국은 100퍼센트에 달한다. 은행들이 가계에 물려 있다. 한국의 가계부채 비율은 선진국 중 최고이다. 참고로 국채 구매의 또 다른 핵심인 국민연금의 경우 아직은 여유가 있지만, 본격적으로 연금지출이 시작되면 순식간에 기금이 바닥난다. 정부가 돈을 빌리는 것이 아니라 도리어 다른 곳에서 돈을 빌려 연금 적자를 채워야할 시기가 멀지 않았다.

셋째, 화폐의 신용도이다. 한국은행이 자산을 국채가 아니라 국외자산으로 채우는 이유는 부채(화폐) 담보라 할 자산의 안정성이 국채로 충분하게 보장되지 않기 때문이다. 앞서 봤듯 한국은행이 미국, 일본, 유럽처럼 양적완화 같은 방법으로 국채를 사 모을 수는 없다.

국내외 금융기관 예측에 의하면 한국의 정부 채무는 2020년대 초에 GDP 대비 50퍼센트를 넘고 2020년대 말에는 80퍼센트까지 넘어선다. 한국은 2010년대에도 정부 채무가 OECD 국가 중 가장 빠르게 증가한 나라였다. 금리 조건과 국내금융기관 조건이 국가 채무 비율을 어느 선까지 지탱해줄 수 있을지는 정확하게 예측하기 어렵다. 하지만 위험도가 급상승하는 것은 분명하다. 확장적 재정으로 미래 성장률을 크게 끌어올리는 것은 우리가 1장에서 살펴봤듯 불가능하다. 결국, 위험이 미래 세대로 전가될 뿐이다.

정부 채무의 위험성 증가는 가계부채와 기업부채 문제에 대한 정부 대응 역량을 약화시킨다는 점에서 한국 경제의 치명적 약점이 될 수 있다. 가계부채는 고령화, 주택문제, 빈곤확대, 저금리 등이 복합된 문제로 쉽게 해결할 수 없다. 기업부채 역시 저성장 속에 다수의 한계기업이 속출하는 상황에서 속수무책일 수밖에 없다. 정부는 최후의 대부자로서 대응력을 확보해 놓아야 한다. 재정적자로 현재의 문제를 해결하려는 것은 손쉬운 선택일 수 있지만, 옳은 선택은 아니다.

2부

이윤과 임금

자본주의 사회의 가장 오래된 착각 중 하나는 임금을 노동의 대가라고 여기는 것이다. 경제학은 임금, 이윤, 지대를 노동, 자본, 토지라는 생산요소에 대한 보상이라고 정의한다. 분배 정의는 노동자, 기업, 지주가 생산에 기여한 만큼 보상받는 것이다.

그런데 노동능력 소유자인 노동자는 다른 생산요소 소유자와 평등하지 않다. 노동자는 자본의 통제 속에서 노동한다. 생산물 역시 소유하지 못한다. 심지어 기여에 대한 평가도 기업이 한다. 노동에 대한 정당한 보상으로서 임금은 순전히 기업이 그렇게 평가했다는 것 이상도 이하도 아니다.

우리는 2부에서 임금과 이윤을 둘러싼 갈등을 살피며 임금의 근본 속성을 분석해볼 것이다. 직장 갑질, 시간급과 성과급, 동일노동 동일임금, 임금분배율, 최저임금, 비정규직 차별, 임금 격차 등이 오늘날 임금을 둘러싼 논쟁들이다.

5장

직장갑질은
왜 사라지지 않는가?

소유와 생산에서의 소외

자신의 말을 제대로 알아듣지 못했다고 자기 아버지뻘 되는 상대에게 물컵을 던지며 쌍욕을 내뱉는다. 비 오는 날 정원에서 임산부가 비를 맞으며 우산을 들고 있게 한다. 운전기사가 맘에 들지 않는다며 휴대폰으로 기사의 머리를 내리친다. 기내 서비스가 마음에 들지 않는다고 승무원을 폭행하고 심지어 비행기를 공항으로 되돌린다.

조폭 영화의 한 장면 같지만 우리나라 기업에서 실제 일어난 일들이다. 언론에 만행이 폭로되기 전까지 직원들은 함부로 이런 사실을 외부에 알릴 수 없었다. 해고가 두려워서다.

그런데 이런 폭력들이 직장 밖에서 벌어졌다면 어땠을까? 그래도 그냥 넘어갈 수 있었을까? 만약 앞 사례의 가해자들이 지나가는 사람에게 위와 같은 행동을 했다면 바로 경찰에 잡혀가거나 고소를 당했을 것이다. 현대사회는 시민 사이의 위계를 허용하지 않는다. 위와 같은 갑질이 가능한 것은 그것이 기업 내부에서 이뤄졌기 때문이다. 왜 회사 안에서는 시민 사이의 위계와 명령이 인정되고, 심지어 폭력적 행동까지도 묵인될까?

회사 안에서 상급자에 대한 복종은 자발적이다. 시민들은 위계적 명령을 따르기 싫으면 언제든 회사를 그만둘 수 있다. 회사에 남아 있으려고 명령에 따르는 것이다. 직장 내 '갑질'이 정도의 차이만 있을 뿐 직장 어디서나 존재하는 이유는 회사가 위계와 명령의 조직이라는 것을 구성원이 받아들이기 때문이다.

평등하고 자유로운 시민들이 위계와 명령의 조직에 자발적으로 참여하는 이유는 생존을 위해서다. 생산수단이 없는 시민은 생산수단 소유자에게 자신의 노동능력을 팔아야 사회적 분업에 참여해 소득을 얻을 수 있다. 이것이 다수의 시민이 직장 내에서 '갑질'을 자발적으로 받아들이는 이유다.

참고로 경제학에서는 노동능력 대신 노동력이라는 말을 사용하는데, 노동력은 노동자 개개인의 노동능력에 차이가 없다는 의미로, 말하자면 평준화된 노동자를 의미한다. 이 장에서는 의미를 더욱 분명하게 전달하기 위해 노동능력이라는 말을 사용한다.

그렇다면, 직장 갑질이 근본적으로 사라진 사회는 어떤 사회일까? 노동과정 안팎에서 항상 평등하고 자유로운 시민으로 살아갈 수 있는 세상, 그리하여 평등한 자유가 완전하게 구현되는 생산조직이 있는 세상일 것이다. 위계와 명령의 조직인 기업을 생산의 기본 단위로 삼아서는 그런 세상을 만들 수 없다. 시민 모두가 평등하고 자유롭게 노동할 수 있는 생산조직이 필요하다.

이런 변화를 기업문화 혁신만으로 이룰 수는 없다. 생산조직의 운영원리는 사회적 분업이 조직되는 원리와 연결되어 있기 때문이다. 이번 장에서는 노동과정과 생산조직에 관한 《자본》의 분석을 살펴보자.

▮ 법적 시민, 기업

생산물 소유자가 생산과정을 책임지는 것은 지극히 당연하다. 자본주의에서는 기계와 같은 생산수단을 소유한 자가 배타적으로 생산물을 취득하기 때문에 생산수단 소유자는 곧 생산과정의 책임자이기도 하다. 그리고 이 소유법칙과 생산과정을 체계화한 조직을 '기업'이라고 부른다.

오늘날의 기업은 대부분이 주식회사로 설립된다. 국세청에 따르면 우리나라에도 주식회사가 약 90만 개(2018년 기준) 있다. 주식회사는 주주가 소유하는 기업이다. 그런데 생산수단의 소유자는 주주가 아니라 기업이다. 기업은 주주가 소유하지만, 생산수단은 기업이 소유한다. 주식회사는 사회가 만들어낸, 일종의 법적 권리가 있는 시민이다. 그래서 주식회사를 '법인'기업이라고도 부른다. 이 법적 주체는 소유권

을 가지는 것은 물론 민·형사소송의 주체도 될 수 있고, 심지어 '명예'
도 갖고 있다.

법인기업은 경영자를 고용해 노동과정을 조직한다. 주식을 소유한
사람들이 주주총회나 이사회 같은 기구에서 중요한 결정을 내리지만,
생산 활동의 결과나 생산과정 전반을 책임지는 것은 인간 주주가 아
니라 법인기업이다. 그런데 가상의 시민인 법인기업의 내부에는 시민
권이 없다. 마치 인간이 권리를 갖는다고 세포가 권리를 갖는 것이 아
니듯 말이다.

역사적으로 보면 기업은 군대를 벤치마킹한 조직이다. 현대적 기업
의 원형인 17세기 동인도회사는 경영진이 군복을 입고 군대를 운영했
다. 1757년 영국 동인도회사는 용병을 고용해 인도 군대를 격파한 후,
식민지를 통치하기 위해 30만 명 가까운 군인을 유지했다. 주식회사
의 모태가 된 네덜란드 동인도회사 역시 마찬가지였다. 이렇게 군대
를 원형으로 한 기업 내 명령 체계는 여전히 기업 조직의 골간으로 남
아 있다.

그런데 왜 기업은 위계적 명령으로 운영될까? 종사자 간의 평등한
관계와 자발적 참여를 통한 운영은 불가능할까? 기업 내에서 위계적
명령이 절대적으로 필요한 이유는 다른 무엇보다 생산물의 소유권이
노동을 지출하는 사람에게 주어지지 않기 때문이다.

기업은 시민의 노동능력을 시간 단위로 구매한다. 시민은 노동능력
의 판매자일 뿐이다. 노동능력의 판매자를 노동자라고 부른다. 기업의

능력은 노동자의 노동능력을 최대한 이용해 많은 이윤을 얻는 것이다. 기업은 노동자가 최대한 많은 노동을 지출하도록 노동과정을 통제한다. 기업이 월 160시간의 노동능력을 이용하는 대가로 300만 원을 월임금으로 지급했다면, 기업은 어떻게든 노동자가 월 300만 원 이상의 노동을 지출하도록 만들어야 한다. 정해진 작업을 제대로 하고 있는지 감시하고, 필요하다면 다그쳐서라도 노동강도를 높여야 한다. 노동자가 생산물에서 배제되어 있다 보니, 생산물 소유자의 명령과 통제가 없으면 기대하는 노동만큼 지출되지 않을 수도 있다. 이런 점에서 기업의 노동과정은 노동자의 노동 지출expenditure보다는 기업의 노동 추출extraction과정이라고 보는 것이 더 적당하다.[24]

위계와 명령으로 노동을 추출하는 것이 기업 내 생산과정의 핵심이다. "상대적으로 우위에 있는 자가 우월한 신분, 지위, 직급, 위치 등을 이용하여 상대방에 오만무례하게 행동하거나 이래라저래라 하며 제멋대로 구는 행동"[25]을 '갑질'이라 정의한다면, 기업 내 갑질은 예외적 폭력이나 도덕적 일탈이 아니라 근본적 속성이다.

갑질의 본질적 측면

기업 내 명령은 군대의 명령과는 다르다. 임금이라는 보상이 있기 때문이다. 노동자는 노동능력의 사용권을 기업에 넘기고 임금을 받는다.

기업이 구매한 것은 노동자의 노동능력이고, 기업이 얼마나 노동을 잘 추출하는지에 따라 이윤이 결정된다.

기업은 구매한 노동능력에서 최대한 노동을 추출하기 위해 모든 노력을 다한다. 노동과정 측면에서 보면, 경영은 노동을 더 많이 추출하기 위해 종사자들을 압박하고 회유하는 것이다. 이 과정에서 종종 극악무도한 갑질 사례가 나오기도 한다.

기업이 노동을 최대한 추출하는 방법은 크게 세 가지다. 첫째는 1장에서 본 것처럼 기계를 이용하는 것이다. 기계를 도입해 인간이 기계의 작업과정을 따라가도록 만든다. 둘째는 앞서 본 것처럼 위계적 명령으로 종사자들의 시간을 통제하는 것이다. 셋째는 시간급과 성과급이라는 보상 형태를 이용해 종사자들이 자발적으로 더 오래, 더 세게 일하게 만드는 것이다. 노동자는 소득을 늘리기 위해 시간급에서는 더 오래, 성과급에서는 더 강도 높게 일해야 한다. 이 세 가지 중 명령은 자본주의 이전부터 존재했던 것인데 반해, 기계와 임금은 자본주의 이후에 등장한 것이다. 자본주의가 이전보다 노동 추출에 비약적 발전이 있었다면, 그것은 명령보다도 나머지 둘에 특별한 무엇이 있기 때문일 것이다.

임금의 기본적 두 형태는 시간급과 성과급이다. 시급제, 일당제, 월급제, 연봉제, 호봉제, 직무급, 직능급 등등 임금형태는 수도 없이 많지만, 어떤 형태든 그 기본은 시간과 성과에 대한 보상이라는 성격을 갖는다. 그리고 시간급과 성과급이라는 임금 지급 형태는 종사자가 임금을 노동의 대가라고 여기도록 만든다. 그러나 이런 외양은 실제와 다르다. 시간급과 성과급의 목표는 종사자가 장시간, 고강도 노동을 스스로 받아들이도록 만드는 것이다. 사실 직장 갑질의 본질도 기업이 종사자들을 이렇게 장시간, 고강도로 일하게 만드는 데 있다.

다른 조건이 같을 때, 기업 이윤의 증감은 종사자들이 얼마나 오랫동안 강하게 일하는지에 따라 결정된다. 기업은 열두 시간 분량의 일이 있을 때, 두 명을 고용하는 것보다 한 명에게 열두 시간 일을 시키는 것이 이득이다. 또한 열두 시간 분량의 일을 더 빠르고 강하게 하도록 만들어 여덟 시간에 끝내게 만드는 것도 이득이다.

| 장시간 노동과 시간급 사례

A기업에는 250여 명의 생산직이 고용되어 있다. 생산직 임금체계는 시급제다. 시급제 원리는 간단하다. 휴일을 제외한 근무 일수에 여덟 시간을 곱한 것이 소정근로시간이고, 그보다 많은 시간을 일한 것이 초과근로시간이다. 만약 휴일이 없는 달에 월 200시간을 일했다면 21일분의 168시간이 소정근로시간, 나머지 32시간이 초과근로시간이다. 소정근로시간에는 정해진 시급이, 초과근로시간에는 그 시급에 50퍼센트 할증된 시급이 지급된다. 생산직 홍길동의 시급이 1만 원이라면, 소정근로시간에 대해 168만 원, 초과근로시간 32시간에 대해 48만 원

(할증된 시급 1만 5,000원×32시간)이 지급된다. 임금 합계는 216만 원이다.(유급 휴일 수당은 여기서 생략한다.)

그런데 시급제 임금계산은 실제 현장에서 이렇게 간단하지 않다. 기업은 노동능력을 구매했지 지출된 노동에 대해 보상한 것이 아닌 탓이다. 기업은 시간급이라는 지급형식을 이용해 임금이 노동의 대가인 것처럼 보이게만 만들면 된다. 이러다 보니 시급은 기업 입장에서 전혀 다른 방식으로 재계산된다.

이 기업의 생산직 250명이 월 200시간을 일해 월 매출 100억 원을 올렸다 치자. 재료비, 감가상각비 등의 비용을 제외하고 10억 원이 부가가치로 남았다. 총노동시간은 5만 시간(250×200)이니, 10억 원을 시간으로 나누면, 시간당 2만 원의 노동이 추출된 것이다. 총 10억 원, 시간당 2만 원 추출된 노동에서 기업은 무급노동을 산정한다. 만약 경영진이 기대한 무급노동이 3억 원이라면, 10억 원 중 7억 원을 노동자에게 보상할 수 있다. 7억 원을 5만 시간으로 나누어주면 1만 4,000원이다. 2만 원의 추출된 노동 중 6,000원을 착취하고 나머지를 임금으로 보상하는 것이다.

실제 임금지급 시에는 노동자 보상금 7억 원은 시급 형태로 재계산되어 지급된다. 5만 시간 중 4만 2,000시간은 소정근로시간이고, 8,000시간은 초과근로시간이다. 초과근로시간에는 50퍼센트 할증이 붙는다. 8,000시간을 소정근로시간 시급 기준으로 환산하면 1만 2,000시간이 된다. 즉 7억 원은 4만 2,000시간과 1만 2,000시간의 합계인 5만 4,000시간으로 나누어 시급으로 지급되는 것이다. 250명 생산직의 평균 시급은 1만 3,000원이 된다.

그런데 홍길동 씨는 시급 1만 원으로 임금을 받고 있었다. 그렇다면 3,000원은 어떻게 보상될까? 사업주는 3,000원을 시급을 올려 지급하는 것이 아니라 상여금이나 성과급 같은 별도의 임금으로 지급한다. 시간급은 1만 원으로 묶어두고, 남는 부분은 개인당 64만 원씩 나누어 상여금으로 지급한다. A기업에서 평균임금을 받는 홍길동 씨는 216만 원의 시간급에 64만 원의 상여금을 받아 합계 280만 원을 받았다.

그렇다면, A기업은 왜 이렇게 복잡하게 계산해서 굳이 시급을 동결하고 상여금을 주는 방식을 택했을까?

A기업이 시급 인상 대신 상여금을 주기로 한 것은 시급을 인상할 경우 노동시간을 늘리기 곤란하기 때문이다. 노동시간이 220시간으로 늘었다고 가정해보자. 매출액은 110억 원이고 임금과 이윤으로 분배할 수 있는 부가가치는 11억 원이다. 이때 상여금 없이 시급을 1만 3,000원으로 올렸다면 홍길동의 임금은 320만 원, 임금총액은 8억 원이 된다. 이윤은 3억 원이다. 매출이 늘어도 기업이 가져가는 이윤이 증가하지 않는다. 반면 시급을 1만 원으로 두고 상여금 64만 원을 지급할 경우 홍길동의 임금은 310만 원, 임금총액은 약 7억 8,000만 원이 된다. 이윤은 3억 2,000만 원으로 2,000만 원이 증가한다.

시간급은 실제 이런 식으로 결정된다. 기업은 임금을 노동의 대가가 아니라 이윤을 공제한 나머지를 분배하는 것이라 생각한다. 시간급의 목적은 추출된 노동에 대한 대가가 아니라 임금을 받는 사람이 그것을 노동의 대가라고 여기게 만드는 것이다.

우리나라에서는 특히나 이런 식의 시간급 꼼수가 난잡하게 발전했다. 우리나라 임금체계에는 정기상여금, 연말성과급 외에도 직책수당, 연월차수당, 경로수당, 외국어수당, 모니터수당, 토요수당, 위생수당, 예비군수당, 자기계발수당, 물가수당 등 갖가지 명목의 수당이 100여 개나 존재한다. 대법원 소송까지 간 상여금의 통상임금 포함 여부나, 노동법 개정을 두고 논란이 일었던 주말 근무와 시간 외 근무의 구별도 이런 시간급 계산의 꼼수가 역사적으로 누적되어 발생한 일이다.

이런 임금체계는 우리나라의 장시간 노동 관행 탓에 만들어졌다. 1970~1980년대 우리나라 기업들은 수출경쟁력을 갖추기 위해 임금을 최대한 낮췄다. 수출제조업의 주력이었던 중화학공업은 설비가동률이 매우 중요하다. 기업들은 인건비 부담을 최소화하며 공장을 최대한 가동하기 위해 장시간 노동에 적합한 임금체계를 여럿 개발했다. 특히 1987년 노동자대투쟁 이후 기업들의 꼼수 임금체계가 더욱 난잡해졌다. 기업들이 노동자들의 임금 인상 투쟁에 각종 수당과 상여금을 만드는 것으로 대응했기 때문이다. 기업들은 임금총액은 높이되 시급을 인상하지 않을 방법을 찾았다. 이런 상황에서 노동조합은 임금총액을 올리는 것에 집중했고 임금체계를 바로잡는 데까지 나아가지는 못했다. 그 결과 오늘날까지 장시간 노동 관행이 이어지고 있다.

장시간 노동 환경에서는 직장 갑질이 더 심해진다. 관리자는 작업자가 일에 집중하도록 더 폭력적으로 현장을 통제한다. 우리나라가 다른 나라에 비해 유독 직장 내 갑질이 심한 이유도 이 장시간 노동체제와 무관치 않다. 우리나라의 1970~1980년대 작업장에서는 군대식 욕설과 폭력이 난무했다. 지금도 장시간 근무가 많은 곳에 이런 병영적 통제의 잔재가 남아 있다.

▎바닥을 향한 경주 성과급 사례

우리나라에서는 시간급뿐 아니라 성과급 임금체계도 난잡하게 발전했다. 성과급은 임금 일부 또는 전부를 성과에 대한 보상이라는 명분으로 지급하는 체계인데, 완전한 성과급 체계는 노동자가 수수료를 받는 자영업자가 되는 것과 같다. 성과급이 극단적으로 발전한 수리업 사례로 이를 조금 더 자세히 알아보자.

다음 소개하는 전자제품 가정방문 수리 서비스를 하는 B기업은 하청업체를 통해 수리기사를 간접 고용했다. 이렇게 간접 고용된 수리기사들의 임금체계는 '건당 수수료'로 불리는 성과급 체계였다.

수리기사들의 임금 체계는 이런 식이었다. 수리기사가 가정에 방문해 텔레비전 전원 고장을 처리하면 6,750원이 지급된다. 수리가 복잡한 화면 고장의 경우 11,250원이다. 고장 종류에 따라 수리시간을 분 단위로 표준화해 분당 225원을 수수료로 책정했다. 텔레비전 전원 고장은 표준 수리시간이 30분(225원 × 30분 = 6,750원)이고, 화면고장은 표준 수리시간이 50분이다. 수리기사가 한 달에 텔레비전 전원고장 100건, 화면고장 100건을 처리한다면, 월 급여는 179만 5,000원이다. 이런 성과급 체계는 일한 만큼 보상받는다는 점에서 합리적으로 보일 수 있지만, 조금만 자세히 뜯어보면 실상은 그 반대다.

우선, 수리기사가 할당된 지역에서 몇 건의 수리를 하는지는 그의 능력과 전혀 관계가 없다. 예로 홍길동 씨가 맡은 甲지역에서 텔레비전 전원 고장 100건이 발생했고, 김철수 씨가 맡은 乙지역에서 텔레비전 화면 고장 100건이 발생했다고 치자. 홍길동 씨의 월급은 67만 5,000원이고, 김철수 씨의 월급은 112만 5,000원이 된다. 둘의 임금은 두 배 가까이 차이가 나지만, 이는 순전히 운 때문이다. 둘은 경쟁 관계도 아니고, 고장 신고가 그들의 능력에 비례해 발생하는 것도 아니다.

B기업이 이런 성과급 체계를 유지하는 이유는 단순하다. 수리기사들이 자발적으로 고강도 장시간 노동을 하도록 만들기 위해서다. 건수가 정해지지 않은 상황에서 수리기사들이 생활에 필요한 임금을 보장받으려면 몸이 아프든 말든, 열 시간이든 열두 시간이든 고장 신고를 처리해야 한다.

사례를 보자. 전기 가전제품 고장신고는 월별로 일정하지 않다. 겨울에는 고장신고가 적고, 6~8월에는 고장신고가 폭증한다. 더운 날씨로 냉방기와 전자제품이 오작동하는 경우가 증가해서다. 그래서 수리기사들은 1~2월보다 7~8월에 두 배 많은 일을 한다. 1~2월에 월

170시간 정도 일하다가 7~8월에는 월 400시간 이상 일한다. 그야말로 여름에는 몸이 부서질 정도로 일을 한다. 수리기사들의 월 임금 명세서를 보면, 7~8월에는 400만 원이 넘지만 12~2월에는 150만 원도 되지 않는다. 그래서 여름에 벌지 않으면 1년 내내 생활이 어려워진다. 수리기사들이 이런 고강도 장시간 노동을 견디도록 여름철 냉방기 수리의 건당 수수료를 다른 제품보다 높게 책정하기도 한다. 예로 에어컨 작동방법 설명은 텔레비전 전원 수리보다 쉽지만, 수수료는 더 높다.

건당 수수료 같은 완전 성과급 체계는 외근이 많은 직종에서 사용된다. 작업장 내에서 관리자가 직접 감시할 수 없다 보니 성과 보상으로 감시하는 것이다. 이런 성과 보상 체계는 작업자 전체의 임금소득 증감에는 영향을 미치지 않는다. 정해진 임금 총액 내에서 성과에 따라 수리기사 사이의 임금 차이에만 영향을 미칠 뿐이다.

그런데 이런 건당 수수료 체계에는 한 가지 결정적 문제점이 있다. 근로기준법 위반이라는 점이다. 초과근로나 야간근로에 대해 수당을 지급하지 않고, 심지어 지역이나 계절에 따라 임금이 최저임금에 미치지 못하는 경우도 생긴다. B기업은 이런 문제를 해결하기 위해 외주화를 선택했다. 소수를 제외한 수리기사 대부분을 하청업체에 고용하면, 자신이 건당 수수료를 지급해도 결국 근로기준법의 고용 관계는 하청업체와 수리기사 간 해결해야 할 문제가 되어버린다. B기업은 법을 위반한 임금을 하청업체에 서비스 수수료 명목으로 지불할 수 있다. 이는 기업 간 계약으로 근로기준법의 적용을 받지 않는다.

물론 이런 외주화와 간접고용은 수리기사에게는 매우 불리한 것이다. 건당 수수료도 불합리했는데, 이제는 하청업체 사장이 수수료의 일부를 가져간다. 하청업체 사업주가 어떤 영업권을 가지고 있는 것도 아니고, 그렇다고 별도의 기술을 가지고 있는 것도 아닌데 말이다. B기업은 근로기준법 준수의 부담을 하청업체에 떠넘기는 대신 하청업체 사장에게 수리기사 임금 일부를 가져갈 권리를 준 셈이다.

B기업은 하청 사장들의 중간착취를 보장하기 위해 건당 수수료를 제품수수료와 운영지원금으로 쪼개서 지급하기도 했다. 기존 수수료 일부를 하청업체 운영지원금이라고 이름 붙여 하청업체 사장들의 수익을 보장했다. 하청업체 사장들이 수리기사들을 통제하기 쉽도록 십여 가지의 수리서비스 평가체계도 만들었다. 하청업체 사장들은 수리만족도, 상담만족도, 정시도착, 고장신고 당일처리율 등등 어떻게 평가되는지 정확히 알 수도 없는 지표들을 가지고 고분고분하지 않은 수리기사들의 임금을 깎았다.

성과급은 직장 내 '갑질'을 종사자 스스로 받아들이도록 만드는 임금체계다. 성과급은 임금총액을 두고 종사자들이 서로 경쟁하게 만들고, 기업이 정해놓은 성과에 도달하기 위해 종사자 스스로 고강도 장시간 노동을 받아들이도록 만든다. 기업 내 갑질은 이런 임금체계에서는 '성과 평가'라는 숫자로 포장된다. 물론 성과의 보상은 실제 지출한 노동보다는 항상 적다. 이윤이 존재하는 한, 제대로 된 성과 보상이라는 것은 허상일 뿐이다.

| 갑질을 위한 기술혁신

직장 내 갑질을 기술로 둔갑시킬 수도 있다. 시간급, 성과급이라는 임금형태가 자발적인 복종을 유도하는 '당근'이라면, 기술은 일의 강도를 높이고 작업자를 통제하는 '채찍'이다. 작업자의 노동강도를 결정하는 자동차 조립라인의 컨베이어벨트, 대형마트 계산대 작업자를 감시하는 CCTV, 식당 서비스를 실시간으로 평가하는 스마트폰앱 등이 그러한 예다. 오늘날 직장 갑질은 기술을 통해 더욱 교묘해졌다.

자본주의에서 기술은 상품과 노동자에게 반대 방향으로 작동한다. 생산물 측면에서 보면 기술은 노동을 절약하는 것이 목적이다. 생산물에 필요한 노동을 1만 원에서 8,000원으로 줄인다. 반면 노동자 측면에서 보면 기술은 노동을 더 많이 추출하는 것이 목적이다. 1시간에 1만 원 추출하던 노동을 1만 2,000원으로 늘린다. 요컨대 자본주의적 기술은 더 많은 노동을 추출해, 더 적은 노동으로 상품을 생산하는 것이다. 우리는 보통 이런 변화를 생산성 향상이라고 부른다.

기술이 어떻게 노동과정에서 '갑질'을 하는지 다음 사례를 살펴보자. M기업은 A자동차그룹에서 부품 생산과 완성차 생산 사이 징검다리 역할을 하는 계열사다. M기업은 완성차 공장 컨베이어벨트에 투입되던 수천 가지 부품을 사전에 반조립 모듈module로 만들어 공급하는 기업이다.[26] 예로 M기업이 생산하는 운전석모듈은 조향장치, 계기판, 오디오, 에어컨, 에어백 등을 미리 조립한 것으로, 완성차 조립라인에서는 이 모듈만 끼우면 운전석 앞부분이 완성된다.

완성차 기업이 부품을 컨베이어벨트에서 한 번에 조립하는 것이 아니라 미리 모듈로 만들어 투입하는 이유는 두 가지다. 첫째, 조립 공정을 아웃소싱하기 위해서다. 완성차 정규직 생산직은 노동조합 덕에 임금이 높다. 최대한 많은 조립 공정을 기업 밖에서 해야 비용이 절감된다. 둘째, 재고를 최소화하기 위해서다. 최근 자동차들은 수출 지역이나 기능 옵션에 따라 부품이 여럿 바뀐다. 조립라인에 투입해야 할 부품이 다양화되면 부품 재고도 많아질 수밖에 없는데, 이런 재고를 줄이는 것이 비용 경쟁력에 중요하다. 다양한 옵션의 부품들이 미리 조립돼 컨베이어 라인에 투입되면 재고와 불량을 동시에 줄일 수 있다.

M기업의 모듈 공장들에는 M기업 직원이 아니라 수십 개의 하도급 업체 직원들이 일하고 있다. 불법파견 여지를 없애기 위해 아예 생산라인도 하도급업체별로 독립적으로 나눠놓았다. 사내 하청업체들은 문제를 일으키면 원청으로부터 계약해지를 당해 폐업하게 될 수도 있다. 그래서 하청업체 직원들은 원청이 할당한 생산목표를 기를 쓰고 달성해야 한다.

M기업은 모듈을 완성차 조립공정에 투입되는 차종과 같은 순서로 생산한다. 도요타의 적시생산Just In Time을 업그레이드해, 부품을 필요한 시간에 공급하는 것만이 아니라 필요한 '순서대로'도 공급하는 시스템이다. 화물차가 모듈을 싣고 십여 분 간격으로 M기업 공장과 완성차 공장 사이를 왕복한다. 생산과 물류가 오차 없이 움직여야 한다.

그런데 이런 생산 시스템은 철저한 현장 통제를 필요로 한다. 분 단위로 완성차 조립 순서에 맞춰 모듈이 생산되어야 하는데, 만약 M기업 공장에서 작업자가 생산속도를 따라가지 못한다든지, 노동조합 파업으로 라인이 정지되면 완성차 생산도 중단되기 때문이다. M기업의 공장이 간접고용 비정규직으로 운영되는 이유는 비용절감과 함께 이런 현장통제의 필요성 때문이다. 비정규직 공장에서의 직원 통제는 1970~1980년대와 다르지 않을 정도로 폭력적이다. 비정규직은 정규직과 달리 노동조합을 만들기도 어렵다. 노동조합이 만들어져도 원청이 버티고 있으면 임금과 노동조건을 개선하기 어렵다. 자동차 기업의 이런 첨단기술은 노동자 입장에서는 고도의 '갑질' 기술이다.

대안적 생산조직

직장 갑질은 정도의 차이는 있겠지만, 기업에서 필연적으로 발생하는 현상이다. 자본주의적 소유법칙에서는 생산수단의 소유자가 배타적으로 생산물을 취득하고, 생산물의 소유자가 생산물에 최종 책임을 지는 만큼 생산과정을 통제한다. 그리하여 자본주의에서는 가상의 법적 시민인 기업이 인간 시민을 통제한다. 소유법칙과 생산과정 통제를 종합한 제도가 바로 법인기업이다. 노동자는 기업에 자발적으로 복종하고, 심지어 장시간, 고강도 노동을 스스로 받아들인다. 그런데 장시간 노동이나 성과 보상 체계가 확대될수록 '갑질'은 더욱 폭력적이 될 수밖에 없다.

그렇다면 어떻게 직장 갑질을 근절할 수 있을까? 직장 문화를 바꿔서? 한계가 명확하다. 미국과 같은 개인주의 문화가 발달한 곳에서도 직장 갑질은 존재한다. 유럽처럼 직장 내 문화가 민주적이라는 곳에서도 권위적 명령이나 해고 위협은 한국과 다르지 않다.

직장 내 갑질이 근절되려면 직장이 평등한 시민의 생산조직이 되어야 한다. 소유와 노동이 분리된 것이 아니라 노동하는 사람이 소유하고, 또 소유하는 사람이 노동하는 생산조직이 필요하다. 이런 생산조직을 노동자협동조합이라 부른다. 공동체의 기본 생산조직이 협동조합으로 이뤄진 사회가 이상적인 대안 세계다. 이런 생산조직이 만들어지고 확대되려면, 생산수단의 소유자가 생산물을 배타적으로 취득하는 자본주의적 소유법칙이 철폐되어야 한다. 시민들이 생산수단을 집단적으로 소유하고, 협동조합이 무엇을 얼마나 어떻게 생산할지 결정해야 한다.

6장

공정한 임금이란
무엇인가?

지불노동으로서의 임금과 무급노동으로서의 착취

한국은 선진국 사이에서도 임금 격차가 큰 나라로 유명하다. 여성과 남성의 임금 격차는 경제협력개발기구OECD에서 십수 년째 부동의 1위이고, 고용형태별, 기업규모별, 학력별 임금 격차도 최상위에 속한다. 정부와 노동운동은 임금 격차의 원인을 임금의 불공정성에서 찾고 있다.

하지만 《자본》의 경제이론에 따르면 공정성을 기준으로 임금 문제를 다루는 것은 어불성설이다. 임금에는 애당초 공정성 같은 기준이 없다. 이번 장에서는 《자본》의 임금이론을 살펴보며 공정한 임금의 허구성에 대해 분석해보자.

▎동일노동과 동일생산성

경제학의 공정한 임금은 경쟁 시장에서 결정되는 임금이다. 기업들이 내세우는 공정성도 비슷하다. 경쟁 시장에서는 생산성에 비례해 임금이 결정되는데, 생산성만큼 임금을 받는 것이 공정한 것이 된다. 이런 이론에 따르면 우리나라에서 임금 불공정성이 이슈가 되는 것은 시장이 그만큼 경쟁적이지 못하다는 의미다. 해고를 규제하는 노동법이나 노동조합은 노동시장의 경쟁을 제한한다. 경쟁이 충분하게 보장되지 않으면 누군가는 생산성 이상으로, 다른 누군가는 생산성 이하로 임금을 받는다. 이것이야말로 불공정한 일이다. 그래서 임금의 공정성을 위해서는 해고를 규제하는 근로기준법이나 노동조합 같은 경쟁을 방해하는 것들을 제거해야 한다.

노동운동 진영은 공정한 임금을 동일노동 동일임금으로 규정한다. 같은 일을 하는 노동자는 같은 임금을 받아야 공정하다는 것이다. 노동운동은 우리나라에서 공정함이 실현되지 않는 핵심 원인을 비정규직 제도에서 찾는다. 비정규직은 동일노동에 차별임금을 주려고 기업이 만들어낸 고용형태이다.

그런데 이론적으로 보면, 노동계가 주장하는 동일노동 동일임금과 기업이 주장하는 동일생산성 동일임금은 내용이 다르지 않다. 육체와 정신을 동일하게 사용하는 일은 같은 사업장 안에서도 드물다. 수천만 가지 구체적 노동이 존재하는 국가 안에서는 더더욱 그러하다. 그래서 어떤 구체적 노동을 '동일'하다고 규정하려면 각각의 노동을 상호 비교 가능한 공통된 특성으로 분해해야 한다. 즉 구체적 노동을 추상적 노동으로 전환해야 한다. 보편적 등가물인 화폐를 통해 1원, 2원으로 표현되는 사회적이고 추상적인 노동이 동일 여부를 따질 수 있는 비교 대상이 된다는 것이다. 만약 갑과 을이 한 시간에 100원의 부가가치를 만들었다면, 갑과 을의 노동은 동일하다. 우리는 이런 노동시간당 부가가치 생산액을 노동생산성이라고도 부른다. 갑과 을의 노동생산성은 시간당 100원으로 같다. 동일노동은 같은 생산성의 노동이기도 하다.

우리나라 노동운동이 시장의 공정성인 동일노동 동일임금을 주장하는 것은 대기업, 공공부문 정규직의 매우 높은 임금과도 관련이 있다. 동일노동 동일임금은 대기업과 공공부문의 비정규직 노조에서 주로 요구하는데, 임금과 노동조건을 정규직과 동일하게 맞춰달라는 것이 요지다. 하지만 이런 요구는 영세기업에서 최저임금을 받으며 비슷한 일을 하는 노동자는 포함하지 않는다. 같은 노동을 하고 있더라도 지불능력이 부족한 영세기업에서는 대기업 공공부문 정규직의 임금을 주기가 불가능하다. 노동운동에서 요구하는 동일노동 동일임금 원칙은 이런 점에서 사업주 지불능력의 범위 안에서만 고려되는 공정성이며, 최상위 임금계층을 추격하는 임금 인상 요구라고 볼 수 있다.

기업 입장에서도 동일노동 동일임금은 얼마든지 수용할 수 있다. 그들이 이야기하는 동일생산성 동일임금과 다르지 않기 때문이다. 그런데도 양측이 다른 표현을 사용하는 것은 동일임금의 기준이 다르기 때문이다. 기업 측은 동일임금의 기준이 현재의 정규직 고임금이 아니라는 입장이다. 예로 현대차 생산직의 연 1억 원에 육박하는 임금은 비정규직과 하청업체 차별의 대가로 얻은 것이기 때문에, 모두가 동일한 임금을 받아야 한다면 당연히 그보다 한참 낮은 임금이 기준이 되어야 한다는 이야기다. 동일임금의 기준이 생산성보다 높은 임금을 받는 대기업 공공부문 정규직일 수 없다. 반대로 노동운동 측은 동일임금의 기준이 현재의 대기업 공공부문 정규직 임금이다. 현대차의 비정규직과 하청업체도 연 1억 원에 육박하는 임금을 받는 것이 동일임금의 기준이 된다.

참고로, 동일노동 동일임금이 서유럽 노동운동에서 정착된 맥락은 한국과 다르다는 점에 유의하자. 유럽 노동조합은 동일노동 동일임금 원칙을 전국적, 산업적 단체협약을 체결하기 위한 전략적 경로로 주장했다. 예로 스웨덴 노총은 1940년대 이후 "대기업 볼보의 선반공이나 영세기업의 선반공이나 기업이 달라도 하는 일이 같으면 임금이 같다."라는 원칙을 천명하며 기업을 넘어선 전국적 임금협약을 체결했다. 동일임금의 범위를 기업이 아니라 비슷한 일을 하는 노동자 전체 범위로 설정한 것이다. 따라서 어떤 노동이 동일한지 아닌지도 기업이 아니라 노동조합의 단체협약에 의해 규정된다.

이때 노동조합이 정하는 동일노동 집단들 사이의 임금 격차가 크지 않다는 점이 중요하다. 최고와 최하 차이가 두 배를 넘지 않는다. 격차가 크지 않다 보니 정교하게 동일노동들을 구별할 이유도 없다. 임금

협약에서 강조한 것은 어떤 일을 하던 간에 사회가 누리는 풍요는 사회적 분업을 통해 노동자가 함께 생산한 것이라는 연대의 원칙이었다. 즉, 노동조합이 동일노동 동일임금을 강조한 것은 임금 차이의 공정성이나 고임금 추격의 근거를 마련하기 위해서가 아니라, 풍요의 사회적 성격과 임금의 연대성을 강조하면서 노동조합이 임금 결정의 주도권을 쥐기 위해서였다. 노동조합이 임금 결정의 주도권을 가지면 당연히 노동자 간 격차는 줄고, 그만큼 경쟁도 약해진다.

그런데 서유럽 전통과 달리 한국의 동일노동 동일임금은 기업 내의 고임금 추격 전략에 주로 이용되고 있다. 여러 이유가 있지만, 무엇보다 노동조합이 조합원에게 임금의 사회성과 연대성을 설득하지 못하는 것이 핵심 이유다. 같은 노동조합에서도 최저임금인 연봉 2,000만 원과 상위 10퍼센트에 속하는 연봉 1억 원의 격차를 버젓이 내버려 두고 있는 것이 우리나라 노동조합의 현실이다. 심지어 공공부문 정규직 조합원 일부는 동일노동 동일임금을 근거로 차별을 정당화하기도 하는데, 이들은 자격증이나 공채시험이 우월적 가치의 노동을 증명한다며 비정규직의 정규직화가 역차별이라고 비난하기도 했다.

┃ 제도와 시장

노동시장 전문가들은 임금의 불공정성을 한국 노동시장의 제도적 특징에서 찾는다. 이들이 주목하는 것은 한국 노동시장의 분절성이다. 대기업/중소기업, 정규직/비정규직에 따라 노동시장에 적용되는 제도가 다르고, 노동자가 양자 사이에서 이동하기도 힘들다는 것이다. 이들은 대기업과 정규직에는 고용안정 제도가 과잉 발전했고, 반대로 중소기업과 비정규직에는 아예 제도라 부를 만한 것조차 없다며 한국 노동시장의 이중적 상태를 비판한다.

우리나라 노동시장의 분절성은 사업체 규모에 따른 근속연수 격차에서 확연히 드러난다. 한국은 2010년 기준으로 300인 이상 사업체의 근속연수가 8.9년, 10인 미만 사업체가 2.1년이다. 근속 차이가 네 배가 넘는다. 미국은 이 두 집단의 근속연수가 모두 7.7년으로 차이가 없다. 대기업은 미국보다 고용 안정성이 높지만, 중소 영세기업은 세계에서 가장 유연한 노동시장을 가졌다는 미국보다도 안정성이 낮다.

일자리의 안정성 격차가 임금의 격차로 이어지는 매개는 호봉제로 불리는 연공급 임금체계다. 근속에 따라 임금이 상승하는 호봉제에서는 근속 차이가 곧바로 임금의 차이로 이어진다. 한국, 미국, 일본의 기업규모별 임금 격차를 500인 이상 사업장 대비 10~99인 사업장의 임금 비율로 비교해보면, 한국은 54퍼센트, 미국은 73퍼센트, 일본은 79퍼센트다.[27] 한국에서는 근속 격차만큼 임금 격차도 벌어진다.

우리나라의 분절적 노동시장은 안정적 영역이 적다는 점도 특징이다. 우리나라의 대기업 고용비중(2010년 기준 1,000명 이상 기업의 종사자 비율)은 17퍼센트로 미국 39퍼센트나 일본 22퍼센트보다 낮다. OECD

평균과 비교해봐도 마찬가지다.[28] 공공부문 고용 역시 전체 취업자의 약 8퍼센트로, OECD 평균인 20퍼센트에 비해 한참 떨어진다.[29] 두 부분의 고용비중이 낮은 것은 사용자들이 직접 고용하는 정규직을 수단과 방법을 가리지 않고 줄였기 때문이다. 사용자에게는 임금 격차가 큰 만큼 노동자를 간접 고용하려는 동기가 강해진다.

전문가들이 제안하는 임금 격차 완화 방안은 분절적 노동시장을 통합하는 것이다. 경쟁적 시장이 공정하게 임금을 결정할 것이라는 경제학의 임금이론이 그 근거다. 전문가들이 말하는 동일제도 동일임금은 동일생산성의 동일임금을 구현하기 위한 제도적 조건을 뜻한다.

| 임금 동역학[30]

《자본》은 이윤율 변화를 중심에 두고 경제현상을 분석한다. 임금변화도 마찬가지다. 1장에서 봤듯 산업화 이후 현대 경제의 가장 중요한 특징은 자본투자로 노동생산성을 향상하고, 그렇게 향상된 노동생산성으로 이윤을 더 많이 얻는 것이다. 기업들은 이윤을 늘리기 위해 자본을 투자하고, 또한 노동생산성 향상에 필요한 자본의 양을 줄이기 위해 기술진보에 매진한다.

이때 임금은 이윤율에 직접 영향을 미친다. 노동생산성이 변화가 없을 때 임금이 상승하면 이윤율은 당연히 하락한다. 하지만 이런 임금

그림 3 · 이윤율과 임금의 관계

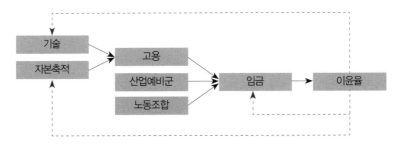

뒤메닐과 레비의 도식을 필자가 재구성해본 것이다. 임금은 이윤율에 영향을 미치는 변수이지만, 동시에 이윤율의 피드백에 의해 조정된다. 이윤율이 하락하면 임금 인상에 대한 기업의 반발이 커지는 것만이 아니라, 이윤율이 기술변화와 투자 등에 영향을 미치고, 여기에 영향을 받은 고용이 다시 임금에 영향을 미친다. 이런 결과로 자본주의에서 임금은 독립 변수가 아니라 이윤율의 종속 변수가 된다.

상승은 곧바로 자본으로부터 반격당한다. 이윤율이 낮아지면 자본 투자도 감소할 수밖에 없어서다. 자본투자 감소로 실업자(산업예비군이라고도 부른다.)가 증가하면 실업자와 취업자가 일자리를 두고 더 경쟁하고, 경쟁이 격화되면 임금이 하락한다. 즉 이윤율을 하락시키는 임금 상승은 실업이라는 피드백으로 인해 재조정된다. 물론 임금이 노동생산성과 함께 상승할 경우 이윤율은 하락하지 않는다. 자본주의 임금 법칙은 노동자 간 경쟁을 통해 노동생산성의 범위 안으로 임금 상승을 제한하는 것이다.

노동자의 임금 인상 요구가 아예 불필요한 것은 아니다. 노동자의 임금 상승은 노동생산성 상승보다 지체되는 것이 일반적 경향이기 때문이다. 노동생산성이 상승한다고 기업이 알아서 자발적으로 임금을 올려주지 않는다. 더구나 자본주의에서 생산성은 오로지 자본의 능력으로만 나타나기 때문에 노동자가 가만히 있으면 생산성 증가 혜택을 자본이 독차지할 수 있다. 그래서 노동생산성 상승만큼의 임금 상승도 노동자가 싸워서 얻지 않으면 안 된다. 취업자와 실업자가 노동조합으로 단결해 경쟁을 완화하며 자본을 상대로 힘껏 싸워야 노동생산성 상승을 추격하는 임금 인상을 달성할 수 있다.

하지만 이런 임금 인상 투쟁은 결국 상한선이 정해져 있다. 노동생산성 이상의 임금 인상으로 이윤율이 하락하면, 노동자의 임금 인상은 곧바로 자본의 반격에 부딪힌다. 이런 이유로 노동자는 궁극적으로는 임금노동제를 지양하는 장기적이며 변혁적인 실천을 벌여야 한다.

| 임금 격차의 원인

임금은 기본적으로 노동생산성에 비례하여 상승한다. 자본주의에서 노동생산성은 자본투자를 동반하는 기술진보로 상승한다. 경제학은 노동생산성을 노동자 개인의 속성으로 간주해 노동자 개개인의 임금 격차를 정당화하는 근거로 삼지만, 사실 노동생산성은 오히려 자본의 속성으로 규정되어야 한다. 자본주의에서 노동은 자본의 지휘를 받아야만 사회적으로 인정받기 때문이다. 만약 노동이 자본을 지휘한다면 그 체제는 더는 자본주의가 아닐 것이다. 따라서 임금 격차는 자본의 격차를 반영한다. 노동자는 어떤 자본의 지휘를 받느냐에 따라 생산성이 결정되고, 사회적 위치와 소득 수준도 정해진다.

한편, 노동조합은 자본 격차가 임금 격차로 이어지지 않도록 노동자를 조직하고 단결시키는 역할을 한다. 노동조합이 계급적 단결로 임금 격차를 최소화하면, 자본 역시 그에 적응해 자신들의 격차를 줄이지 않을 수 없다. 만약 노동조합이 임금 격차 축소를 위해 투쟁했는데, 기업이 자신들의 격차를 줄이지 못했다고 가정해보자. 저생산성 기업이 임금 상승을 견디지 못하고 파산할 것이다. 그리고 실업이 증가해 임금이 다시 하락할 것이다. 노동조합의 임금 격차 축소는 기업이 자신들의 격차를 축소할 수 있어야 가능하다.

앞서 본 분절적 노동시장도 자본의 격차가 노동시장 관행으로 표현된 것이다. 고용안정과 지속적 임금 상승을 보장하는 대기업 일자리는 당연히 높은 수준의 자본투자와 노동생산성 상승이 보장될 때만 지속될 수 있다. 반대로 낮은 수준의 자본투자와 노동생산성 정체가 이어지는 기업에서는 지휘하는 기업도, 지휘받는 노동도 장기적 관계를 맺을 필요가 없다. 잦은 해고와 저임금이 굳어진다.

원·하청 불공정 거래로 불리는 거래 관행 역시 자본 간 격차가 원인이다. 원청이란 법적 특권을 갖춘 기업이 아니다. 시장에서 우위에 있는 기업이다. 기업이 시장 경쟁에서 우위에 서려면 생산성이 다른 기업보다 높아야 한다. 원·하청 구조는 높은 자본집약도로 생산성 우위를 달성한 기업이 생산성 낮은 기업을 지휘하는 관계다. 우리나라에서는 이런 지휘 관계를 불공정이라 부르지만, 자본 간 격차가 시장의 열위 관계로 나타나는 것 자체는 그리 불공정한 일이 아니다. 자본주의 시장경제의 불공정은 경쟁력 격차가 아니라 경쟁 자체를 제약하는 인위적 독점이나 시장 외부(정부)의 개입을 의미한다.

사례를 보자. 자본의 격차로 인한 임금의 격차는 자본집약도와 임금 격차의 관계로 표현할 수 있다. 노동자(또는 취업자)당 기계(고정자본)의 양을 나타내는 자본집약도가 증가하면, 노동생산성도 그에 따라 상승한다. 우리의 앞선 가정에 따르면, 자본집약도 격차가 벌어지면 임금 격차 역시 벌어질 것이다.

다음 페이지의 그림4는 저임금 노동자가 밀집해 있는 도소매·음식·숙박업을 제조업과 비교한 것이다. 자영업자가 많은 이 산업의 취업자 평균소득은 2016년 기준으로 연 1,800만 원에 불과하다. 제조업 취업자의 평균 임금 3,900만 원의 46퍼센트이다. 이는 비정규직의 정규직 대비 임금이나 중소기업의 대기업 대비 임금, 심지어 여성의 남성 대비 임금보다도 낮은 수치이다.[31]

그래프에서 볼 수 있듯 제조업과 도소매·음식·숙박업의 임금 격차는 정확하게 자본집약도 격차에 비례해 증가했다. 1986년 제조업의 자본집약도(2010년 가격 기준)는 2,900만 원/인이고, 도소매·음식·숙박업은 600만 원/인이다. 둘 사이 격차는 2,300만 원/인이다. 연평균임금(2010년 임금가격 기준)은 제조업 900만 원, 도소매·음식·숙박업(자영업소득포함) 1,100만 원으로 제조업이 200만 원 적었다. 수출제조업의

그림 4 • 제조업, 도소매·음식·숙박업 자본 격차와 임금 격차 추이

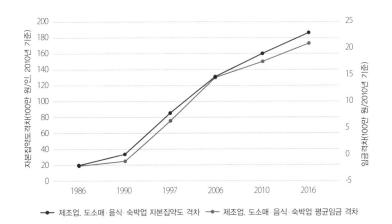

제조업과 도소매·음식·숙박업의 임금 격차는 정확하게 자본집약도 격차에 비례해 증가했다. 《자본》에서 임금은 독립적으로 변하지 않는 것으로 분석되는데, 장기적으로 보면 이런 경향은 실제 경제에서도 관측된다. (자료: 자본집약도=고정자산/취업자 수. 고정자산은 한국은행 국민대차대조표의 실질 순자산. 취업자 수는 통계청 경제활동인구조사. 평균연임금은 제조업의 경우 한국은행 국민계정 경제활동별 피용자보수를 경제활동인구 취업자 수로 나눈 것. 도소매·음식·숙박업의 경우 국민계정 경제활동별 피용자보수에 가계 및 비영리단체의 영업잉여 중에서 자영업자 중 도소매·음식·숙박업 비중인 40퍼센트를 더한 후 취업자 수로 나눈 것.)

국제경쟁력을 위해 정부가 강하게 임금을 억제한 결과였다. 하지만 이런 임금억제는 1987년 노동자대투쟁 이후 완화되었고, 이후 자본집약도 격차가 커짐에 따라 양 산업의 임금 격차 역시 벌어졌다. 2016년 제조업의 자본집약도는 2억 1,300만 원/인, 도소매·음식·숙박업은 2,700만 원/인이다. 격차가 1억 8,600만 원/인에 이른다. 임금 격차 역시 제조업 3,900만 원, 도소매·음식·숙박업 1,800만 원으로 벌어졌다.

그림 5 · 도소매·음식·숙박업의 제조업 대비 비중 국가 간 비교

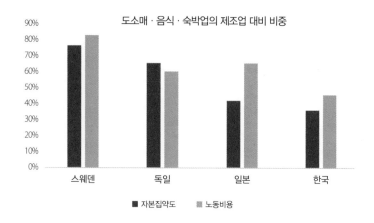

임금 격차는 자본집약도에 비례하는 노동생산성 격차가 원인이다. 한국의 도소매업 임금이 제조업에 비해 한참 낮은 원인 역시 이와 밀접하게 관련이 있다. 다른 나라와 비교해봐도 이는 확연하게 나타난다. (자료: OECD STAN DB. 자본집약도는 Net capital(current replacement cost) / total employment. 노동비용은 Labor cost / (total employment – self employed) 로 계산. 한국은 2015년, 나머지는 2016년.)

이런 자본 격차는 임금 격차가 작은 나라와 비교해보면 더욱 확연하게 나타난다. 한국과 비슷한 수출제조업 주도 경제인 스웨덴의 경우 도소매·음식·숙박업의 자본집약도는 제조업 대비 77퍼센트(2016년)로, 한국과 비교할 수 없을 정도로 높다. 수출제조업 비중이 높은 독일이나 일본과 비교해봐도 한국의 자본집약도 격차가 크고, 그만큼 임금 격차 역시 크다.

자본 격차로 인한 임금 격차는 대기업·중소기업 사이에서도 분명하게 나타난다. 다음 페이지의 그림6은 그래프는 대기업, 중소기업 간

그림 6 • 제조업 대·중소기업 자본 격차와 임금 격차 추이 ─────────

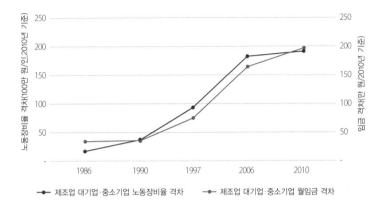

제조업 대기업·중소기업 노동장비율 격차 ●─● 제조업 대기업·중소기업 월임금 격차

한국의 임금 격차는 대기업과 중소기업 간의 격차로 주로 나타난다. 다른 격차와 마찬가지로 이 역시 자본의 격차, 즉 자본집약도 격차로 인한 노동생산성 격차가 핵심 원인이다. (자료: 노동장비율(유형자산/종사자 수)은 한국은행 기업경영분석 자료. 2010년 기준으로 국민대차대조표의 설비자산 디플레이터를 이용해 실질가치를 계산. 월임금은 고용노동부 매월노동통계와 사업체노동력조사 자료. 소비자물가지수를 이용해 2010년 기준으로 실질가치를 계산.)

노동장비율 격차와 임금 격차를 보여준다. 노동장비율은 유형자산을 종사자 수로 나눠준 것으로 자본집약도와 비슷하다. 그래프를 보면 산업 간 비교와 마찬가지로 자본 간 격차가 임금 격차로 그대로 나타나는 것을 볼 수 있다.

그렇다면 우리나라에서는 왜 이렇게 자본 간 격차가 지속해서 커졌을까? 역사적 이유가 있다. 우선 우리나라의 저임금 문제는 수출주도 추격성장 과정에서 시작됐다. 일본에서 기술을 도입해 중화학공업 수출을 시도한 한국 제조업은 생산성을 좀처럼 상승시키지 못했다. 막대한 자본투자가 필요한 중화학공업에서 생산성이 정체·하락하면, 자본은 이윤율 하락을 막기 위해 임금을 낮출 수밖에 없다. 1980년대 중반까지 정부는 제조업 임금을 낮게 유지하기 위해 노동시장을 억압적으로 통제했다. 그 결과 1990년대 초까지도 제조업 임금이 서비스업보다 낮게 유지됐다.

노동시장이 변한 계기는 1987년 노동자대투쟁이었다. 노동조합 결성과 치열한 임금 인상 투쟁이 수년간 계속되어 수출제조업에서는 노동생산성 상승만큼 임금 인상을 달성할 수 있었다. 3저 호황으로 수출제조업의 가동률이 80퍼센트 이상으로 높아져 이윤율도 하락을 멈췄다. 하지만 노동조합 조직률이 매우 낮았던 내수서비스업에서는 이런 임금 인상 투쟁이 활발하게 이뤄지지 못했다. 인력난이 이야기될 정도로 실업률이 낮아진 덕분에 임금이 약간 오르긴 했지만 충분하지는 못했다.

제조업과 내수서비스업의 임금 격차가 크게 벌어진 것은 자본집약도 격차가 노동조합 격차와 결합한 이후였다. 노동조합의 임금 인상 압박이 덜했던 서비스업 기업과 자영업자는 생산성이 하락하자 자본투자를 하기보다 저임금을 이용하는 것으로 대응했다. 그 결과 1990~1997년 자본집약도 격차는 1986~1990년보다 더욱 커졌다. 그리고 이런 자본집약도 격차는 외환위기 이후에도 빠르게 증가했는데, 노동시장에서 밀려난 노동자들이 자영업자가 되어 도소매·음식·숙박업에 대규모로 진입했기 때문이었다.

1987년 이후의 임금 격차는 같은 산업 내의 대·중소기업 간에도 발생했다. 노동조합이 기업별로 설립되어 단체협약이 기업 내에서만 적용되는 노사관계에서는 동일산업의 대·중소기업 간에도 노동조합 조직률에 차이가 클 수밖에 없었다. 조직률 격차는 외환위기 이후 그 효과가 본격적으로 나타났다. 외환위기 이후 자본투자가 이전과 비교할 수 없을 정도로 급감했고, 반대로 실업률은 급증했다. 노동조합이라는 우산이 없었던 노동자들은 노동시장 재편의 소나기를 그대로 맞았다. 대기업들은 이전보다 더 자유롭게 노동집약적 공정을 외주화했다. 그 결과 자본집약적 공정을 담당하는 대기업은 고생산성–고임금을, 노동집약적 공정을 담당하는 중소기업은 저생산성–저임금을 받는 구조가 굳어졌다.

▎공정에서 평등으로, 평등에서 철폐로

동일생산성, 동일노동, 동일제도는 개념적으로나 현실적으로나 임금 격차 문제를 해결하지 못한다. 임금에는 공정성이 없다. 임금형태는 착취를 은폐하며 노동자 스스로 착취하도록 독려하는 보상 체제일 뿐이다. 노동시장을 독립적인 것으로 전제하고 임금의 공정성을 분석하는 노동시장 전문가들의 접근법에도 문제가 있다. 앞서 봤듯 노동시장은 이윤율, 투자, 기술, 산업예비군 규모, 노동조합의 역량 같은 노동시장 외부 변수에 종속되어 있다. 임금만 보아서는 임금조차 분석할 수 없다.

그렇다면 우리 사회의 임금 격차 문제는 어떻게 해결해야 할까? 답은 하나뿐이다. 임금을 시장의 법칙이 아니라 노동자의 윤리에 따라 조정하는 것이다. 노동의 사회적 성격, 임금의 사회적 성격을 노동자들 모두가 인정하고 임금의 평등성과 연대성을 최대한 높여야 한다. 이런 평등성과 연대성은 노동조합이 조직률을 높이고 사회적 힘을 키워, 시장 밖에서 임금을 결정할 수 있을 때 가능하다.

평등과 연대에는 원리나 법칙이 있을 필요가 없다. 사회적 합의 또는 조합원의 합의가 필요할 뿐이다. 최대 두 배 정도만 임금 차이를 허용하기로 한다든지, 아니면 아예 직무 경력에 따라서만 임금 차이를 최소 범위 내에서 인정한다든지. 평등과 연대의 원칙 속에서 직무에 필요한 노동강도나 숙련을 감안해 약간의 격차를 두면 그만이다. 이런 결정은 시민 또는 조합원의 윤리에 속한다. 이런 평등과 연대의 임금정책은 물론 제한적이다. 임금노동제는 이윤율이 하락할 때 언제든지 노동자에게 반격을 가할 수 있도록 애초부터 설계되어 있기 때문이다. 다만 그러하더라도 평등과 연대의 임금정책은 노동조합이 계급적으로나 사회적으로나 힘을 키우는 데는 분명 도움이 된다.

7장

이윤과 임금의 몫

이윤율 경제에서의 임금분배율 변화

현금으로 곳간이 가득 찬 대기업과 최저임금도 받지 못하는 가난한 노동자 가족. 불공정한 분배를 나타내는 이런 식의 묘사는 상투적으로 느껴질 정도로 자주 사용된다. 최근 유행하는 포스트케인스주의 경제학은 아예 분배가 성장을 추동한다는 것을 임금주도성장론으로 체계화했다. 국제노동기구ILO를 비롯한 국제노동계에서는 이를 캠페인으로 만들어 세계적으로 유행시켰다.

하지만 주류경제학은 물론이거니와 《자본》에서도 이윤과 임금의 분배율(총소득이 이윤과 임금으로 분배되는 비율이)을 중요한 변수로 취급하지 않는다. 두 이론은 모두 분배율이 단기적으로는 변하더라도 장기적으로는 일정하다고 간주한다. 주류경제학은 노동생산성에 비례해 임금이 상승하는 것을 '균형'으로 전제하고, 마르크스 경제이론은 노동자의 투쟁으로 임금이 노동생산성 상승을 추격한다고 전제한다.

우리는 이번 장에서 이윤과 임금이 어떻게 분배되는지 알아볼 것이다. 앞선 장들에서 봤듯 이윤은 무급노동, 즉 착취다. 도덕적 관점에서만 보면 착취를 없애기 위해 임금몫을 최대한 높이는 것이 옳다고 볼수도 있다. 그런데 이런 도덕적 관점은 현실에서 무기력하다. 임금은 그 자체가 자본주의 재생산의 핵심이기 때문이다. 자본주의가 지속하고 있다는 것은 임금이 법칙에 의해 조정되고 있다는 의미이다. 우리가 주목할 것은 임금에 관한 도덕적 해석이 아니라 과학적 법칙이다.

▌ 임금의 상한선과 하한선

임금은 원칙적으로 시장에서 노동능력이 거래되는 가격이다. 그리고 가격은 생산에 필요한 노동에 따라 결정된다. 따라서 임금 역시 노동능력의 생산, 재생산에 필요한 비용과 같다. 단, 노동능력 상품은 인간이라는 특성 때문에 다른 상품과 달리 몇 가지 특수한 성격을 가진다.

우선 사회의 임금총액 결정 과정부터 살펴보자. 사회의 임금총액 상한선은 사회에서 지출된 노동 전체가 임금으로 지불되는 것이다. 무급노동 또는 이윤이 사라지는 상황을 의미한다.

이윤 제로 상황에서는 기업들이 새로운 기술 개발이나, 기계 도입에 쓸 자금을 만들 수 없다. 심지어 사고로 기계가 고장 나도 속수무책이다. 이자를 지불할 이윤이 없으니 외부 차입도 불가능하다. 인구가 증가하면 실업자가 증가할 것이고, 인구 증가가 없더라도 설비능력 노후화로 생산이 축소돼 실업이 증가한다. 그런데 실업이 증가하면 일자리 경쟁으로 임금이 하락한다. 기업이 적절한 투자를 진행해 고용이 증가할 때까지 임금은 하락하고 이윤이 증가한다. 임금총액의 상한선은 사회의 생산능력을 재생산할 수 있을 만큼의 이윤만을 보장하는 것이다.

그러면 임금총액의 하한선은 어디일까? 상한선이 기업의 생산능력 재생산비라면, 하한선은 그 반대로 시민의 노동능력 재생산비이다. 만약 임금총액이 너무 작아서 시민들이 자신의 노동능력을 재생산하는 데 필요한 제품과 서비스를 구매하지 못한다면, 시민의 노동능력이 감소하며 생산이 감소한다. 생산이 감소하면 이윤율도 하락한다. 기업이 임금을 올리지 않을 수 없다.

그런데 여기에 까다로운 쟁점이 하나 있다. 시민의 노동능력 재생산비가 정확히 무엇이냐는 것이다. 만약 노예제 사회라면 노동능력 재생산비는 소, 돼지와 비슷하게 생존에 필요한 영양소의 구매 비용이었을 것이다. 하지만 시민은 가축 취급을 받으며 노동하지 않는다. 노동능력 재생산비는 생산에 필요한 정신적, 육체적 능력과 함께 자유, 평등, 풍요를 누릴 수 있는 시민권의 재생산비를 포함한다. 예를 들면 1950년대 설탕을 만들 때 필요했던 정신적 능력과 2000년대 반도체를 만들 때 필요한 정신적 능력이 다르다. 또한, 삼시 세끼만 먹어도 좋았던

1950년대와 웰빙을 추구하는 2000년대의 시민적 소비 수준 역시 다르다. 시민의 노동능력 재생산비는 사회의 생산능력 발전 정도에 따라, 사회의 역사적, 문화적 발전 정도에 따라 차이가 있다.

이러한 시민의 노동능력 재생산비는 노동능력 공급의 결과로 사후적으로 확인된다. 만약 임금총액이 시민의 노동능력 재생산비에 미달한다면, 결과적으로 시민의 노동능력이 감소할 것이다. 외환위기 이후 임금 정체가 이어지면서 청년들이 결혼과 출산을 포기하는 현상이 그러한 사례 중 하나다. 한국의 니트족(NEET族, 일하지 않고 일할 의지도 없는 청년 무직자) 비율은 선진국 최고 수준이고, 출산율 역시 세계에서 유례를 찾기 어려울 정도로 빠르게 하락하고 있다. 사회 전체의 노동능력 재생산비가 제대로 지급되지 않고 있다는 방증이다.

요컨대, 임금총액은 기업의 생산능력 재생산을 보장하는 최소 이윤(최대 임금)과 시민의 노동능력 재생산을 보장하는 최대 이윤(최소 임금) 사이에서 결정된다. 다만, 역사적으로 볼 때 양자 사이의 차이는 크지 않다. 그리고 최소선과 최고선 사이에서 임금을 결정하는 힘은 세 가지가 있다.

첫째, 기업과 노동자의 힘 싸움이다. 이윤을 더 얻으려는 기업과 임금을 더 얻으려는 노동자 사이 힘의 차이가 임금 수준에 영향을 미친다. 보통 노동자의 사회적 힘이 강하면 시민적 재생산의 최저선도 상승한다. 예로 노동조합 단체협약 적용률이 80퍼센트에 이르고 노동조합 친화적 정당(사민당)이 장기간 집권한 스웨덴에서는 기업이 노동자

임금의 30퍼센트를 사회보장세로, 고소득자도 소득의 50퍼센트 이상을 세금으로 납부한다. 스웨덴 정부는 이렇게 거둔 세금으로 시민 모두에게 높은 수준의 복지를 제공한다. 반면 노동조합 조직률이 10퍼센트 내외이고, 집권 가능한 노동자정당도 없는 한국에서는 기업과 고소득자가 납부하는 세금이 많지 않고 시민들이 요구하는 복지 수준도 높지 않다.

둘째, 기술혁신과 투자다. 기업의 기술혁신과 투자가 고용의 증감에 영향을 미치고, 고용 증감이 다시 임금에 영향을 미친다. 노동을 절약하는 기술 혁신은 고용 감소를, 반대로 노동을 더 지출하게 만드는 투자는 고용 증가를 가져온다. 여기서 기술혁신과 투자를 연결하는 것이 바로 이윤율이다. 한국은 1980년대 기술혁신과 투자가 이윤율에 긍정적 영향을 미쳤다. 고용이 증가했고 임금도 상승했다. 1990년대에는 이윤율이 하락하는 가운데서도 재벌들이 오히려 투자를 늘렸다. 고용이 늘고 임금도 올랐지만, 이윤율은 더 빠르게 하락했다. 이윤율 하락의 결과는 1997년 국가부도 사태였다. 2000년대에는 이윤율이 하락·정체하면서 투자도 늘지 않았다. 실업과 비정규직 같은 반(半)실업이 증가해 임금도 정체했다.

셋째, 산업예비군의 크기다. 사회에는 노동시장에 참여하지는 않지만 잠재적으로 언제든 노동할 수 있는 시민이 많다. 실업자, 전업주부, 학생, 산업화하지 않은 농촌의 인구 등이 그런 시민이다. 노동시장에 노동자 공급이 부족해지면 이들이 노동시장에 참여해 임금 상승을 막는다. 우리나라에서는 1960~1970년대 농촌인구가 도시로 대거 이주해 노동자의 임금 상승을 억제했다. 2000년대에는 부족한 가족임금을 보충하려고 여성들이 노동시장에 참여하면서 비슷한 현상이 발생했다.

참고로 《자본》에서 분석되지는 않았지만, 임금 결정에 중요한 역할을 하는 다른 것도 있다. 가족 내 무료 서비스이다. 시민의 노동능력 재생산에는 시장에서 구매하는 상품 이상으로 가족 내 보살핌이 중요하다. 사람은 태어나서 성인이 되기 전까지 가족 내 보살핌을 받으며, 성인이 돼서도 고된 일과를 마치고 집에서 활력을 되찾는다. 그런데 이런 가사는 상품 경제에 포함되지 않는다. 임금에는 가족 내에서 가사를 돌보는 사람을 부양할 수 있는 생활비가 포함되는데, 이를 가족임금이라고 부른다. 만약 가족임금이 부족할 경우 전업주부도 노동시장에 참여해 임금 수입을 얻어야 한다. 아직도 많은 나라에서는 가사가 여성의 일로 여겨지는데, 가족임금은 사회가 여성에 대해 억압적 태도를 가질수록 낮아진다. 사회 활동에 참여하기 어려운 여성들이 더 많은 시간을 무급 가사 서비스에 투여하도록 만들기 때문이다.

| 분배율의 실증적 추이

임금분배율이 실제로 어떻게 변하는지 검토해보자. 우리나라의 개혁진영 경제학자들은 외환위기 이후 임금분배율이 지속적으로 낮아졌다는 실증분석을 근거로 분배율 조정을 요구하기도 한다. 임금분배율의 하락은 노동생산성 상승만큼 임금이 상승하지 못했다는 증거다.[32]

하지만 이들의 분석에는 결함이 있다. 자영업 부분을 처리하는 과정에 오류가 있기 때문이다. 한국은행은 자영업 소득 전체를 이윤에 포함하는데, 임금주도성장론(또는 소득주도성장론) 지지자들은 자영업 소득 전체를 분배율 계산에서 빼야 한다고 주장한다. 자영업 소득에 이윤과 임금이 섞여 있다는 것이 근거다. 만약 자영업을 제외한 산업의 임금·이윤의 분배율과 똑같은 비율로 자영업 소득이 임금과 이윤으로 나눠진다고 가정하면, 이 부분을 빼도 계산이 달라지지 않을 것이다. 그러나 이런 방식의 계산에는 두 가지 문제점이 있다.

첫째, 자영업 소득으로 간주되는 국민계정의 '가계 및 비영리단체 영업잉여'에는 실제 소득뿐 아니라 가상의 소득인 귀속임대료(자가 소유자가 누리는 주거서비스 부가가치)도 포함되어 있기 때문이다. 거의 절반이 이것이다. 실제로는 존재하지 않는 귀속임대료까지 임금과 이윤으로 분해할 경우 계산에 오류가 발생한다. 심지어 '가계 및 비영리단체 영업잉여' 전체를 계산에서 제외해도 문제가 해결되지 않는다. 가계만이 아니라 기업의 귀속임대료도 계산에서 제외해야 하기 때문이다.

둘째, 자영업 소득을 제외할 경우 자영업에 고용된 노동자 임금도 제외해야 하기 때문이다. 당연히 어떤 경제영역을 계산에서 제외하려면 임금과 이윤 모두를 같이 제외해야 한다. 그런데 이들은 자영업자

그림 7 · 임금 분배율 계산의 차이

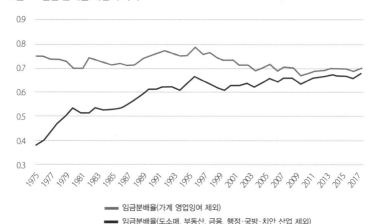

한국의 임금분배율을 두 가지 방법으로 나누어 계산해본 것이다.《자본》에서 이야기하는 분배율과 가장 근접한 것은 아래 그래프이다. 국민계정 통계에는 허구적 생산과 소득이 많은데, 이런 것들을 제외하고 나면, 1960~1980년대 독재정부에 의해 지체된 임금 인상이 1987~1996년 10년간 이뤄진 이후 임금분배율은 크게 변하지는 않았다.

에게 고용된 노동자의 임금은 계산에서 제외하지 않는다. 이럴 경우 자영업자가 고용하는 노동자의 임금이 변화할 경우 분배율이 왜곡되어 버린다.

위 그림은 한국의 임금분배율을 몇 가지 방법으로 나누어 계산해본 것이다. 위쪽 선은 임금주도성장론 지지자들이 주장하는 그래프다. 임금분배율이 1996년 79퍼센트에서 2018년 70퍼센트로 지속해서 하락했다. 아래쪽 선은 국민경제 전체의 임금과 이윤에서 자영업자 대부분이 밀집해 있는 도소매·음식·숙박업과 귀속임대료가 포함되어 있는 부동산임대업, 금융중개서비스(이 역시 가상의 소득이다.)가 포함되어 있는 금융업, 체제 유지를 위한 비용이라 볼 수 있는 행정·국방·사회보장서비스를 제외한 것이다. 산업별로 분배율 추이가 완전히 다르게 변하지 않을 것이라고 가정하고, 분배율 계산에 왜곡을 일으키는 산업들을 아예 뺀 것이다. 임금분배율은 1980년대 중반부터 외환위기 전까지 상승한 이후 65퍼센트 부근에서 안정화되었다.

첫 번째와 두 번째 그래프가 차이가 나는 이유는 무엇보다 자영업 노동자의 임금과 기업의 귀속임대료 포함 여부 때문이다. 임금주도성장 지지자들이 사용하는 첫 번째 그래프에는 분자(임금)에 자영업자에 고용된 노동자 임금이, 분모(임금+이윤)에 기업이 가져가는 귀속임대료가 포함된다. 2000년대 초중반 부동산 가격 폭등으로 분모의 이윤(귀속임대료)이 증가하고, 자영업자가 감소해 분자의 임금은 감소했다. 계산식의 분모가 커지고 분자는 작아지니 계산 결과는 당연히 하락한다. 하지만 귀속임대료는 가공의 소득일 뿐이고, 자영업 부분의 이윤을 제외한 채 자영업 노동자의 임금만 포함하는 것은 계산을 왜곡한다. 아예 두 부분을 제외해야 제대로 된 임금과 이윤의 분배 추이를 관찰할 수 있다.

국제노동기구의 연구에 따르면 1980년대 이후 선진국 대부분에서 임금분배율 하락이 관측됐다.[33] 주요 20개국 G20 평균을 보면 1970년대까지 임금분배율은 70퍼센트에서 안정적으로 유지됐지만, 1980년대부터 하락하기 시작해 2011년에는 1981년 대비 약 5퍼센트포인트 정도가 하락했다. 노동시장유연화와 세계화로 인한 일자리 이동이 원인으로 지목된다.

그런데 여기서 한 가지 흥미로운 사실은 2008년 세계금융위기 이후 임금분배율 하락세가 멈췄다는 점이다. 앞서 본 한국의 사례로 유추해 보면, 이윤에 포함되는 귀속임대료 같은 가공의 소득이 분배율 측정에 영향을 미쳤을 것이다. 2008년 금융위기 이후에는 세계 부동산 시장이 차갑게 식어 부동산 관련 가공 소득이 정체·하락했다. 즉, 임금분배율의 변화는 가공적 소득을 제외하면 국제노동기구나 진보성향 경제학자들이 주장하는 것처럼 그렇게 심각하게 하락하지 않았을 가능성도 있다. 예로 제라르 뒤메닐Gérard Duménil은 여러 가공 소득을 제외하고 19세기 후반부터 미국 경제 이윤율을 분석했는데, 그의 자료에 따르면 임금분배율은 21세기에 약간 하락한 것은 사실이나 장기 평균에서 완전히 벗어나지 않았다.[34]

임금분배율의 변화를 이윤율과 함께 살펴보면 왜 분배율이 중요한 변수가 아닌지 명백하게 알 수 있다. 그림8은 1978~2018년 한국의 임금분배율과 자본생산성이 얼마나 변했는지를 보여준다. 이윤율은 이윤분배율(1에서 임금분배율을 뺀 수치)과 자본생산성의 곱인데, 그래프에서 볼 수 있듯 자본생산성 변동에 비하면 임금분배율은 상수에 가까울 정도로 변동이 적다.

그림 8 • 임금분배율과 자본생산성의 변화 비교 ──────────────

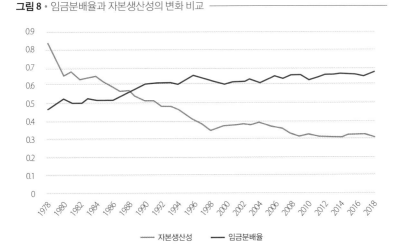

| 자본생산성 ── 임금분배율 |

최근 유행하는 포스트케인지안 경제학은 임금분배율의 변화에 주목한다. 하지만 이윤율 경제의 큰 그림에서 보면, 임금분배율 변화는 결정적 변수가 아니다. 자본생산성 변화가 더 중요한 변수이며, 실제 경제 지표로 보아도 임금분배율의 변화는 자본생산성 변화보다 그 폭이 작다.

▌절대적이며 상대적인 착취

기업은 노동자의 근무시간을 늘리고 작업강도를 높이기 위해 관리자의 억압적 통제, 시간급·성과급 임금, 다양한 생산기술 등을 활용한다. 근무시간이 연장되면 이윤이 증가하고, 별도의 설비투자가 필요한 것이 아닌 만큼 이윤율도 상승한다. 작업강도가 높아지면 시간당 노동생산성이 상승해 이윤이 증가하는데, 다만, 작업강도를 높이기 위해 자본 투자가 적정 수준 이상으로 증가하는 경우, 다시 말해 노동강도 증가로 인한 노동생산성 상승보다 노동강도를 높이기 위해 투자되는 자본의 증가분이 더 큰 경우, 이윤율은 하락할 수도 있다. 참고로 노동시간 연장이나 노동강도 강화는 임금분배율을 그다지 변화시키지는 않는다. 노동시간 연장에는 시급이 그만큼 증가하고, 노동강도 강화에는 노동조합이 그에 상응하는 임금 인상을 시도하기 때문이다.

마르크스는 노동시간 연장으로 이윤이 증가하는 것을 절대적 잉여가치의 증가, 노동생산성 상승으로 이윤이 증가하는 것을 상대적 잉여가치의 증가라고 표현했다. '절대적'이라 함은 이윤 증가와 이윤율 상승이 함께 이뤄진다는 의미이다. '상대적'이라 함은 이윤 증가에도 불구하고 투자 자본과 노동생산성의 상대적 효과에 의해 이윤율 증감이 결정된다는 의미이다.

기업은 절대적 잉여가치와 상대적 잉여가치를 함께 증가시키기 위해 노력한다. 전자에는 인간의 육체적 한계로 인해 물리적 제한이 있고, 후자에는 투자에 따른 이윤율 하락의 위험이 있다. 둘을 적절하게 섞는 것이 경영 능력이다. 다만 경제가 성장하고 노동자의 투쟁이 확대될수록 기업은 상대적 잉여가치에 더 초점을 둘 수밖에 없다. 인간의 육체적 한계를 넘어서 끝없이 성장하고 싶은 것이 자본의 욕구인데, 노동자 역시 노동시간 단축을 위해 끝없이 저항하기 때문이다.

절대적이든 상대적이든, 분배의 공정성은 핵심이 아니다. 우리가 문제로 삼아야 하는 것은 임금과 이윤의 몫 이전에 그런 분배를 만드는 조건이다.

8장

귀족인가,
빨갱이인가?

노동조합의 이중적 지위와 역할

[1985년] "대우어패럴 노동자들은 노조 간부들의 석방을 요구하면서 단식농성에 들어갔다. 이에 대한 대응으로 회사는 시위자들에게 음식공급을 차단하고 건물의 전기와 수도를 끊어버렸다. 또한 경영자들은 시위자들의 부모에게 전보를 보내서 '당신 자식들이 공산주의자에 속아서 볼모가 되었다' 등의 협박을 하였다. 화가 치민 많은 부모들은 성난 목소리로 '빨갱이 같은 년들 집에 가서 죽여버린다' 같은 험한 말로 딸들을 위협하기조차 했다. 일부 아버지들은 파업노동자들이 있는 방으로 쳐들어와서 머리채를 잡아끌면서 딸을 데리고 가기도 했다"[35]

[2018년] "민노총은 이날 집회에서 '비정규직 철폐' '최저임금 1만 원 인상' 등의 구호를 외쳤다. 2030세대를 겨냥한 구호들이다. 하지만 이를 바라보는 2030세대는 싸늘한 시선을 보냈다. 이날 시위 현장에선

민노총 조합원들과 논쟁을 벌이는 청년들의 모습도 눈에 띄었다. 취업 준비생 박모(29)씨는 "입으로는 '공정'을 외치면서 뒤로는 특혜를 누리려는 이중성에 화가 난다"며 "취업 준비를 해보니 왜 민노총이 '귀족노조'라 비판받는지 알 것 같다"고 말했다. 시위 현장 주변에 있던 시민과 자영업자들의 반응도 싸늘했다. 한 시민은 "민노총은 재벌 해체 구호를 외치며 부의 세습을 비판하는데, 자기들은 노사 협약으로 조합원 자녀에게 입사 때 가산점을 달라고 한다"고 비판했다."[36]

귀족은 봉건제 사회에서 세습해서 권력을 누리는 계급을 지칭한다. 고려시대 권문세족이나 유럽의 영주 같은 계급이 귀족이다. '빨갱이'는 러시아 혁명 이후 계급사회 철폐를 주장하는 사회주의자들을 지칭하는 말이다. 우리나라에서는 한국전쟁 이후 빨갱이로 몰려 고초를 겪었던 지식인과 노동자가 많았다.

그런데 귀족과 빨갱이, 도저히 공존할 수 없을 것 같은 이 두 단어가 한 존재를 동시에 지칭하는 사례가 있다. 바로 노동조합이다. 1980년대까지도 노동조합을 만들면 빨갱이로 낙인찍혀 갖은 고생을 했는데, 2000년대 중반부터는 보수언론을 중심으로 노동조합 앞에 귀족이라는 말을 붙여 귀족노조라 부르기 시작했다. 빨갱이가 귀족으로 극적으로 바뀐 것이다. 도대체 노동조합에 무슨 일이 있었던 것일까?

이번 장에서 우리는 자본주의에서 노동조합이 가지는 의미를 살펴보며, 오늘날 한국 사회에서 노동조합의 역할을 따져본다.

┃ 노동조합은 시장의 제도이자 비판자

노동조합은 이중적 성격을 가진다. 노동조합은 시장의 제도이면서 동시에 시장을 비판하는 계급의 조직이다.

먼저, 노동조합은 노동시장의 가격제도로 역할을 한다. 경제학은 일반적으로 실업자가 없다는 전제에서 임금이 노동생산성에 비례해 상승한다고 주장한다. 하지만 실업이 없는 경제는 예외적이며, 존재하더라도 일시적일 수밖에 없다. 노동자는 항상 실업 위험에 노출되어 있어 교섭 열위 상태에서 임금 협상에 나선다. 그 결과 임금은 보통 노동생산성 상승에 뒤처진다. 노동조합의 역할이 여기에 있다. 노동자는 노동조합으로 단결하여 임금 인상을 위해 투쟁하고, 노동자의 자본에 대한 교섭열위 상태를 조정해야 한다. 노동조합은 임금이 노동생산성을 추격할 수 있게 만드는 제도, 다시 말해 노동자가 자신의 노동능력 상품을 제값 받고 기업에 팔 수 있도록 만드는 일종의 가격 제도이다.

다음으로, 노동조합은 시장에 대한 비판자이다. 경제가 잘 풀릴 때는 시장이 그럭저럭 작동하지만 경제가 침체하면 상황이 바뀐다. 파산하는 기업이 늘고, 생존한 기업도 비용절감을 위해 노동자를 해고한다. 노동조합은 고용과 임금을 방어하려 최선을 다하지만, 기업이 파산하고 경영위기가 심각해지면 노동조합이 아무리 노력해도 고용과 임금을 방어하기가 쉽지 않다. 노동자들은 일자리를 두고 경쟁하며 임금을 스스로 삭감한다. 시장은 불황의 피해를 노동자에게 떠넘기며 실업을 관리한다. 시장은 공평이니 공정이니 따위의 도덕적 수사들을 모두 치워버리고 자본이 노동을 지배한다는 냉혹한 계급적 모습을 드러낸다. 이런 조건에서 노동조합은 시장의 법칙을 준수하는 것으로 자신의 목적을 이룰 수 없다. 노동조합은 시장이 노동자에게 강요하는 희생을 비판하고, 계급적 모순을 지적해야 한다.

역사적으로 노동조합은 시장의 제도와 비판자라는 두 역할을, 임금 격차를 축소하고 실업을 줄이는 연대임금·연대고용 전략으로 결합해왔다.

임금 격차 축소는 단순한 도덕적 평등주의가 아니다. 노동자가 자신의 임금을 개별적 보상이 아니라 사회적 분업의 결과로 받아들이는 것이 임금 격차 축소이기 때문이다. 노동자를 개별화하는 시장의 논리를 깨고 계급적 단결과 윤리를 만들어야 격차 축소가 가능하다. 그만큼 노동조합이 사상으로나 힘으로나 시장과 견줄 수 있어야 한다. 실업을 줄이는 것도 마찬가지다. 자본의 노동에 대한 지배는 실업에서 가장 노골적으로 드러난다. "해고는 살인이다"라는 구호가 있는 것처럼 실업은 노동자를 벼랑 끝으로 몰아붙인다. 실업이 늘면 일자리 경쟁이 격화되고, 경쟁이 격화되면 임금 격차도 증가한다. 그래서 취업자와 실업자가 연대하지 못하면 노동조합은 총체적으로 실패하고 만다. 연대임금, 연대고용 전략은 노동조합이 총체적으로 실패하는 것을 방지하는 노동조합 운동의 최후 방어선이다.

경제적 불평등이 커진다는 것은 노동조합이 본연의 역할을 하지 못하고 있다는 방증이다. 그런데 노동조합이 이런 임금 격차 완화와 실업문제 해결에 나서지 못하면 제도나 계급적 조직으로서 자격 미달일 수밖에 없다. 좁은 의미의 이해관계자 조직이 된다. 이해관계자로서의 노동조합, 더구나 상위 임금소득자 중심의 이해관계자인 노동조합은 '귀족노조'라는 비난을 피할 수 없다.

┃ 만인의 만인에 대한 일자리 경쟁

임금 격차 문제는 산업예비군 증가와 관련이 있다. 산업예비군이 늘어 일자리 경쟁이 격화될수록 해고가 쉬운 일자리에서 임금은 상대적으로 더욱 정체·하락한다.[37]

신자유주의로도 불리는 2000년대 노동시장 신축화(유연화)는 실업과 취업 사이 경계를 허물어 반(半)실업 반(半)취업 상태의 불완전취업자를 다수 만들어냈다. 비정규직이 바로 그런 불완전취업의 대표적 형태다. 우리나라에서는 여기에 더해 자영업을 노동시장의 배후지로 활용해 신축화를 극대화했다. 전문가들은 한국의 자영업을 노동시장의 배수통이라 부르기도 한다.

우리나라의 산업예비군 숫자를 살펴보자. 〈경제활동인구조사〉에 따르면 2019년 경제활동인구는 3,000만 명, 취업자는 2,700만 명, 실업자는 300만 명이다. (고용보조지표를 이용했다. 비경제활동인구 중 잠재적 취업

가능자를 더한 숫자다.) 그런데 이 취업자 중에는 제대로 된 취업자가 아닌 경우가 많다. 예로 임금노동자 2,000만 명 중 700만 명은 불완전 취업의 대표 격인 비정규직이다. 자영업 700만 명 중 100만 명은 실업과 비슷한 상태로 볼 수 있는 무급가족종사자이고, 400만 명은 임금노동자 평균보다 못한 월 200만 원 이하 수입을 벌고 있다. 자영업이지만 반실업 상태로 볼 수 있다.

정리하면, 2019년 우리나라에는 300만 실업자와 1,200만 불완전 취업자가 있다. 3,000만 경제활동인구의 절반에 달하는 인구가 제대로 된 일자리를 구하지 못한 상태라는 것이다.

참고로 노동시장의 가장 대표적 문제인 비정규직은 80퍼센트가 중소기업, 개인기업(자영업) 등 자본규모와 자본집약도가 낮은 부분에 존재한다는 점도 확인해두자. 정규직 대비 비정규직 비율은 개인기업에서 48퍼센트에 이르며, 중소기업에서도 38퍼센트나 된다. 대기업의 경우 26퍼센트, 일반정부는 15퍼센트이다. 전체 비정규직의 80퍼센트가 중소기업과 개인기업에 밀집해 있다. 한국의 비정규직 문제는 중소기업, 개인기업에서의 고용과 관련된 문제라고 할 수 있다.

| 한국, 임금 격차의 전시장

우리나라는 여성/남성, 정규직/비정규직, 대기업/중소기업 등 분류

가능한 모든 영역에서 선진국 최고 수준의 임금 격차를 가지고 있다. 그야말로 노동시장 불평등의 전시장이라 하겠다.

먼저 〈일자리행정통계〉에 따르면 2018년 기준 한국의 노동자 평균 임금은 월 300만 원이다. 중위임금은 220만 원이다.(중위임금은 평균이 아니라 중간 순위의 임금이다.) 중위임금은 평균임금의 70퍼센트 수준에 불과하다. 평균 이하로 임금을 받는 노동자가 평균 이상으로 받는 노동자보다 많다는 뜻이다. 상위 20퍼센트는 월 440만 원 이상을 받는다. 하위 20퍼센트는 110만 원 이하를 받는다. 상하위 20퍼센트의 경곗값이 네 배나 차이가 난다.

정규직과 비정규직의 임금 차이를 보자. 2018년 〈고용형태별근로실태조사〉에 따르면, 정규직 월 임금 총액은 350만 원, 비정규직 160만 원이다. 정규직 임금은 비정규직보다 2.2배 많다. 단, 근무시간당 임금으로 보면 이 격차는 1.5배로 감소하는데, 정규직과 비정규직 임금 격차에 노동시간의 격차도 한 요소라는 의미이다. 비정규직에는 아르바이트 같은 단시간 근로가 많이 포함되어 있다. 대기업과 중소기업의 임금 격차도 살펴보자. 앞서 본 〈일자리행정통계〉에 따르면 종사자 300인 이상인 대기업 노동자 월 평균임금은 500만 원, 중소기업은 230만 원이다. 차이가 2.2배에 이른다.

산업별 임금 격차도 중요하다. 앞서 본 〈고용형태별근로실태조사〉에 따르면 제조업은 360만 원, 도소매는 270만 원, 보건·사회복지 250만 원, 건설업 270만 원, 숙박·음식점은 150만 원이다. 제조업을

그림 9 · 한국은 임금 격차의 전시장 ─────────────

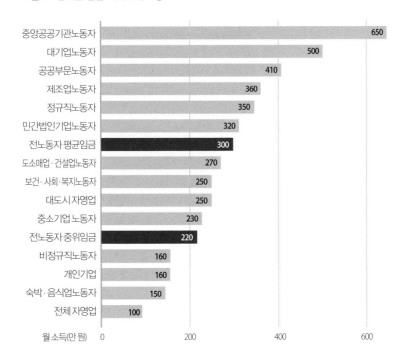

	월소득(만 원)
중앙공공기관노동자	650
대기업노동자	500
공공부문노동자	410
제조업노동자	360
정규직노동자	350
민간법인기업노동자	320
전노동자 평균임금	300
도소매업·건설업노동자	270
보건·사회·복지노동자	250
대도시자영업	250
중소기업 노동자	230
전노동자 중위임금	220
비정규직노동자	160
개인기업	160
숙박·음식업노동자	150
전체자영업	100

우리나라는 여성/남성, 정규직/비정규직, 대기업/중소기업, 공공/민간, 산업별 등 분류 가능한 모든 영역에서 선진국 최고 수준의 임금 격차를 가지고 있다. 그야말로 노동시장 불평등의 전시장이라 할 만하다.

제외하면 모두가 전체 평균 300만 원에 미달한다. 특히 숙박·음식점은 최저임금에도 미달한다. 공공과 민간도 비교해보자. 한국은행 〈공공부문계정〉의 피용자보수(보수의 약 85퍼센트가 임금, 나머지 15퍼센트는 사용자 부담 사회보험)와 통계청 〈공공일자리행정통계〉의 일자리 숫자로 계산해보면, 공공부문(중앙정부, 지방정부, 공공기관) 평균임금은 월 430

만 원이다. 법인기업 평균임금 330만 원의 1.3배, 개인기업 평균임금 170만 원의 2.5배에 이른다. 비슷한 기업 규모끼리 비교해보면 중앙 공공기관 월평균임금은 650만 원으로 대기업 평균보다 1.3배 많다.

남성과 여성의 임금 격차는 지금까지 살펴본 임금 격차를 종합한 것이다. 〈고용형태별근로실태조사〉에 따르면 남성은 여성보다 임금이 1.5배 높다. 여성 비중은 정규직보다 비정규직에서, 대기업보다 중소기업에서, 제조업보다 도소매, 음식·숙박업이나 보건·사회복지 같은 저임금 서비스업에서 높다.

다음으로 자영업 부문을 살펴보자. 2018년 국민계정의 가계 혼합소득과 통계청 〈경제활동인구조사〉의 자영업자(무급가족종사자 제외) 수로 계산해보면 자영업자의 1인당 소득은 연 1,200만 원이다. 월 환산 100만 원꼴이다. 여기에 무급가족종사자까지 합하면 1인당 소득은 월 80만 원까지 내려간다. 노동자 임금의 1/3도 되지 않는 액수다. 평균소득이 이렇게 작은 이유는 고령 자영업자 때문으로 보인다. 노상에서 야채를 파는 할머니, 거주지와 붙어있는 동네 슈퍼마켓을 떠올려보면 짐작이 갈 것이다. 2018년 1~4분기 〈가계동향조사〉를 보면, 고령 자영업자가 속해 있는 근로자외가구 2분위(하위 20~40퍼센트)는 가구주 연령 62세에 월 사업소득이 60~70만 원에 불과하다. 대도시의 경우 자영업 소득은 250만 원 정도로 추정된다.[38] 그런데 대도시에서도 극빈층에 해당하는 자영업자 수가 적지 않다. '고용원이 없는 자영업자(영세자영업자)'의 60퍼센트가 월소득 100만 원 이하다. '고용원이 있는 자영업자'의 경우도 월 소득이 100만 원이 안 되는 경우가 40퍼센트나 된다. 반면 대형 식당, 개인병원 같은 전문직의 경우 월 소득이 1,000만 원이 넘어간다.

노동조합이 상대적으로 고소득 부분에 밀집되어 있는 점도 우리나라 임금 격차의 특징 중 하나다. 자동차 산업 대기업이 조합원 상당수를 차지하는 금속노조의 경우 2018년 월평균임금이 600만 원대로 알려져 있다. 금속노조 조합원 대다수가 한국 임금소득 상위 10퍼센트에 속해 있는 것이다. 민간에 비해 평균임금이 30퍼센트 이상 높은 공공 부문에서는 노동조합 조직률이 민간에 비해 압도적으로 높다. 민간의 경우 조직률이 10퍼센트가 안 되지만, 공무원과 공공기관의 경우 조직률이 50~60퍼센트에 이른다. 중소기업이 대기업보다, 여성이 남성보다 노동조합 조직률이 훨씬 낮은 것도 잘 알려진 사실이다.

❙ 비정규직 문제에 대한 잘못된 접근

임금 격차 완화를 위해 노동조합 운동이 힘을 쏟았던 의제는 비정규직 문제 해결과 최저임금 인상이었다. 21세기 한국 노동시장에서 비정규직과 최저임금은 양극화의 상징이다. 민주노총은 거의 모든 투쟁에서 "비정규직의 정규직화"를 내걸었고, 매년 최저임금의 급격한 인상을 요구했다. 그리고 문재인 정부 출범 이후 민주노총의 요구는 실제

정부 정책으로 입안되기도 했다.

그런데 2019년 8월 〈경제활동인구조사 부가조사〉에 따르면 전해에 비해 비정규직이 86만 명 증가했고, 정규직은 35만 명 감소했다.[39] 통계청은 비정규직 증가 중 35~50만 명이 조사방법 차이로 발생한 착시라고 주장했다. 하지만 그 숫자를 제외해도 여전히 비정규직이 많이 늘어난 것은 분명하다. 비정규직이 최소 36만 명, 최대 51만 명 증가한 것인데, 이는 2018년 이전 4년간 연평균 12만 명 증가보다도 세 배 이상 많다. 임금근로자 증가 중 비정규직 증가가 차지하는 비중도 2017년 38퍼센트에서 2018년 92퍼센트, 2019년 최소 60퍼센트, 최대 99퍼센트로 이전보다 작지 않았다. 정부와 민주노총이 한마음으로 비정규직 정규직화를 추진하고 있음에도 실적이 좋지 않다.

비정규직 증가를 주도한 것은 고령층과 청년층이다. 2016년과 비교해보면 60세 이상이 33퍼센트, 20~29세가 22퍼센트 증가했다. 퇴직한 노동자들이 비정규직으로 노동시장에 재진입하고, 또 청년들이 비정규직으로 노동시장에 신규로 진입하고 있는 것이다.

고령 비정규직 증가는 인구고령화의 효과다. 한국은 비슷한 선진국과 비교해도 노인 복지가 매우 부족하다. 가계소득 하위 20퍼센트의 소득 하락을 이끄는 것도 고령가구였다. 고령층이 생존을 위해 노동시장에 뛰어들고 있는 실정이다. 청년 비정규직 증가는 경제침체의 효과다. 경제성장률이 하락하고 있고, 신규고용과 직결된 자본투자도 급전직하로 감소 중이다. 2018년 2분기부터 5분기 연속 민간 투자가 감소했다. 외환위기나 세계금융위기 같은 경제충격에서나 발생했던 일이다. 청년을 위한 좋은 일자리가 만들어질 리 없다.

이런 조건에서 정부와 민주노총은 '최저임금 1만 원'과 공공부문 정규직화에 힘을 집중했다. 하지만 이 정책들은 비정규직이 왜, 어디에 존재하는지를 무시한 것이다.

악덕한 사업주 때문에 비정규직으로 일하는 노동자가 20퍼센트라면, 기업의 지불능력이 부족해서 비정규직으로 일하는 노동자가 80퍼센트이다. 정부와 민주노총은 앞의 20퍼센트만 주목했다. 지불능력이 안 되는 기업이 급격한 최저임금 인상에 적응하는 방법은 편법 꼼수로 임금을 삭감하거나 노동자를 해고하는 것뿐이다. 일반정부와 공기업에서 정규직화를 추진하는 것은 극소수 비정규직에만 영향을 미친다. 결과적으로 최저임금 인상과 공공부문 정규직화는 앞의 20퍼센트에는 약간 긍정적 영향을 미쳤고, 뒤의 80퍼센트에는 상당히 악영향을 미쳤다.

최저임금도 안 주는 악덕한 사업주를 규탄하는 것이 속은 시원하다. "제대로 된 정규직화"를 내걸고 단숨에 상위 15퍼센트의 임금체계로 도약하는 것이 비정규직 노동조합에 투쟁할 동기를 부여하는 데도 유리하다. 물론 현장에서 투쟁하는 비정규직 노동자들을 비판하는 것은 아니다. 현장의 차별과 노동조건을 개선하는 투쟁은 항상 정당하며 노동자의 권리다. 무책임한 것은 정부 당국이나 민주노총같이 거시적, 장기적 대책을 고민하고 수립해야 하는 조직들이다. 이들은 어렵고 곤란하더라도, 상황을 실제로 개선하기 위해 필요한 일들을 해야 한다.

노동운동 친화적 지식인들도 마찬가지로 무책임하다. 예로 '최저임금 1만 원'을 옹호한 노동시장 전문가들은 2018년 취업자 수 감소가 '고용원 있는 자영업자'가 아니라 '고용원 없는 자영업자'에게서 나타났다며, 최저임금이 일자리에 악영향을 미치지 않았다고 주장했다. 그런데 2018년 10월부터 2019년 10월까지 상황을 보면, 그 반대의 일이 발생했다. 최저임금 노동자를 고용하는 자영업자는 크게 줄었고, 반대로 혼자 일하는 자영업자는 증가했다. 저성장 조건에서, 더구나 저임금 비정규직이 어디에 밀집해있는지 따져보면 불 보듯 뻔한 결과였다.

하지만 최저임금 인상의 부정적 효과가 없었다고 열변을 토하던 연구자들 중에 누구 하나 이런 상황을 제대로 설명하는 사람이 없다. '제대로 된 정규직화'가 노동시장의 정의라고 주장하는 지식인들은 정규직화 자체가 무용지물인 절대다수 비정규직 상태에 대해 침묵한다. 이들은 비정규직 증가를 정부 탓, 재벌 탓으로 돌리지만, 정규직화가 무용지물인 곳이 더 많다는 사실, 아예 재벌도 거들떠보지 않는 경제영역에 비정규직이 더 많다는 사실에 주목하지 않는다.

| 대기업, 공공부문이 평균이 될 수 있나?

임금 격차 완화 방안을 고민해보기 위해 역으로 임금 격차가 없는 사

회는 어떤 상태일지 2018년 소득 분포를 기준으로 상상해보자.[40]

먼저, 국민총소득을 취업자 전체에게 똑같이 분배한다고 가정해보자. 단, 생산을 지속하기 위해 필요한 부분(고정자본형성에 지출된 소득)은 제외하자. 한국은행 국민계정과 통계청 〈경제활동인구조사〉를 이용해 계산해보면, 전일제근무 취업자 기준 1인당 월소득은 약 430만 원으로 증가한다. 노동자의 월평균임금이 약 130만 원(46퍼센트) 인상되는 것이다. 물론 모두 그런 것은 아니다. 임금소득 상위 10퍼센트 노동자의 경우 평균 390만 원이 삭감된다. 상위 20퍼센트의 노동자는 평균 60만 원이 삭감된다. 나머지 80퍼센트의 임금은 최소 20만 원부터 최대 380만 원까지 인상된다.

임금 격차의 가장 큰 원인으로 지적되는 대기업과 중소기업 간 임금 격차를 없애는 상상도 해보자. 대기업 평균임금은 500만 원이고, 중소기업은 230만 원이다. 이 임금 격차를 없앤다면, 중소기업의 약 1,100만 노동자의 임금이 평균 265만 원 인상된다. 총액으로 약 350조 원이 필요하다. 국민계정에 측정되는 이윤 전체를 임금으로 지급해야 한다. 그런데 이런 경우 기업이 새롭게 투자할 자금을 마련할 수 없다. 기업들은 한 해 약 180조 원을 신규로 투자한다. 기업들에 새로 투자할 수 있을 만큼은 이윤을 보장해 주어야 한다. 이 경우 월 임금 400만 원에서 평준화가 가능하다. 대기업 노동자의 경우 88만 원(−22%)이 삭감되고, 중소기업의 경우 177만 원(80%)이 인상된다.

공공부문과 민간부문의 평준화는 어떨까? 공무원 월평균임금은 320

만 원이고, 공공기관 월평균임금은 560만 원이다. 민간기업 전체가 공무원 평균으로 따라가려면 평균임금 기준으로 40만 원(14%) 인상이 필요하고, 공공기관을 따라가려면 280만 원(100%)이 인상되어야 한다. 공무원 평균으로 임금을 인상할 경우 민간기업에서 이윤의 35퍼센트 정도를 인건비로 더 지출해야 한다. 이럴 경우 민간기업이 투자금 마련에 어려움을 겪을 것이다. 한마디로 따라잡기는 불가능하다.

임금 격차의 원인이 고용주의 지불능력을 결정하는 생산성 격차라는 점을 감안하면 자본간 생산성 격차의 평준화도 상상해볼 수 있겠다.

〈OECD 한국경제보고서〉에 따르면 중소기업의 대기업 대비 노동생산성은 30퍼센트 수준이다. OECD에서 가장 낮은 축에 속한다. 다른 나라들은 보통 60~80퍼센트 수준이다. 서비스업의 제조업 대비 노동생산성은 40퍼센트 수준으로 OECD 평균 80퍼센트에 한참 떨어진다. 이런 노동생산성 격차가 한국의 유별난 임금 격차를 상당 부분 설명해준다. 그렇다면 왜 이렇게 노동생산성 격차가 클까? 노동능력에 이 정도 큰 차이가 있다고 볼 수 없다면, 결국은 자본집약도(취업자 또는 노동시간당 자본스톡)의 차이가 노동생산성 격차에 영향을 줬다고 생각해야 할 것이다. '자본'주의는 자본을 투자해 노동생산성을 올리는 경제시스템이다.

국민대차대조표와 일자리 통계를 이용해 계산해보면, 전 업종의 대기업과 중소기업 간 자본집약도 차이는 열 배에 달한다. 제조업만 봐도 대기업과 중소기업의 자본집약도 차이가 세 배에 달한다. 제조업과 저임금 일자리가 밀집한 도소매·음식·숙박업의 차이는 여덟 배다. 자본집약도 차이를 최대한 좁히려면 중소기업과 서비스업에 어마어마한 자본을 투자해야 한다.

도소매·음식·숙박업의 자본집약도를 제조업의 절반 정도로 끌어올리려면 약 700조 원이 투자되어야 한다. 전체 노동자의 한 해 임금 전부를 소비가 아니라 투자에 사용해야 할 정도로 규모가 크다. 현실적으로는 불가능한 액수이다. 더불어 투자가 이뤄져도 문제다. 자본투자만큼 노동생산성이 오르지 않는 것이 최근의 경향이기 때문이다. 소비 감소로 내수서비스 수요가 부족해지는 상황도 감안해야 한다. 어차피 상상이긴 하지만, 복잡하고 어렵다.

대기업, 공공부문 노동자의 임금을 기준으로 삼아 임금 격차를 좁힐 수는 없다. 저임금 노동자가 이들의 임금을 추격할 수 없어서다. 우리 경제가 감당할 수 없다. 임금 격차를 줄이려면 대기업, 공공부문 정규직 노동자의 임금은 낮추고, 중소기업과 저임금 산업의 임금은 높여야 한다.

빈곤의 저수지에서 탈출할 수 있을까?

저임금, 임금 격차 문제 해결은 앞서 봤듯 광의의 산업예비군을 줄이는 것과 직접 관련된다. 산업으로 보면 거대한 빈곤의 침전지 역할

을 하고 있는 곳은 도소매, 음식·숙박, 사업지원(시설관리), 사회서비스 부분이다.[41]

〈경제활동인구조사〉에 따르면, 2018년 기준 도소매업에는 370만 명이 종사한다. 이 중 60만 명의 비정규직, 90만 명의 영세자영업자가 노동 빈곤층을 형성하고 있다. 그런데 도소매는 가치를 창조하지 않는다. 일자리를 억지로 늘릴 이유가 없다. 비정규직과 영세자영업자 150만 명은 다른 산업으로 이동하는 것이 낫다. 음식·숙박에는 230만 명이 종사한다. 이 중 140만 명의 비정규직과 영세자영업자가 심각한 빈곤층이다. 자본투자를 통해 대형화·고부가가치화한다고 해도, 공급과잉 상태를 해결해야 한다. 임금수준을 고려할 때 60퍼센트 이상이 타 산업으로 이동해야 할 것으로 보인다. 또한 도소매·음식·숙박업의 50만 명에 달하는 무급가족종사자들 역시 다른 산업에서 일자리를 만들어야 한다.

사업지원서비스에는 130만 명이 종사한다. 이 중 100만 명의 비정규직과 영세자영업자가 문제다. 자본투자를 통한 자동화, 생산성 향상이 필요하고, 이들의 임금이 두 배 넘게 인상되어야 평균이 된다는 점을 고려해, 절반 이상이 다른 산업으로 이동해야 한다. 기술발전도 빠른 만큼 저임금 노동집약적 산업을 중간 임금, 자본집약적 산업으로 바꿔야 한다. 사회복지서비스에는 80만 명이 종사한다. 대부분 비정규직이며, 최저임금 미만의 임금을 받고 있다. 고령화로 규모가 빠르게 확대되는 부분이다. 공공서비스 영역이니만큼 정부가 대대적으로 투자해 국영업체를 육성하고, 고용을 늘리면서 임금도 높여야 한다.

정리해보자. 서비스업 빈곤의 침전지에서 약 350만 명의 취업자가 이동해야 한다. 음식·숙박, 사업지원은 대기업 진출을 통한 대형화와 자본투자가, 사회복지는 국영화가 필요하다.

이들 350만 명이 연 급여 3,000만 원 정도의 일자리를 얻으려면 얼마만큼의 경제성장이 필요한지도 따져봐야 한다. 이들의 현재 연소득(1,500만 원)이 약 50조 원 정도니, 추가로 50조 원의 임금기금이 필요할 것이다. 민간 기업에서 고용이 이뤄진다면, 이윤분배율 30퍼센트를 감안할 때 이윤 20조 원도 추가되어야 할 것이다. 계산해보면 국내순생산이 70조 원 증가해야 한다. 2018년 국내순생산 1,400조 원의 5퍼센트 규모다. 경제성장률이 현재보다 5퍼센트포인트 높아져야 한다는 의미로 경제성장률이 7~8퍼센트가 되어야 한다는 결론이다. 현실적으로 쉽지 않다.

그렇다면 저임금 서비스업 일자리를 대기업과 공공부문에서 흡수할 수 있을까? 이 역시 쉽지는 않아 보인다. 다만 이 부분에서 어느 정도 좋은 일자리를 이전보다 더 많이 만들 수는 있을 것이다.

〈일자리행정통계〉에 따르면 2018년 기준 대기업에서 370만 명, 공공부문에서 250만 명을 고용하고 있다. 이 부분에서 얼마나 신규 고용을 창출할 수 있을까? 참고로 신규 고용은 기존 일자리의 흡수를 의미하는 것이 아니다. 예로 대기업·공공부문에는 간접고용 200만 명이 존재하는데, 이들의 직고용이 일자리의 증가는 아니다.

한국은행 〈기업경영분석〉으로 보면, 2018년 말 대기업의 경상이익은 170조 원이다. 이 중 제조업 대기업이 120조 원으로 약 70퍼센트를 차지한다. 서비스업은 50조 원 안팎이다. 제조업 이익은 고도의 장비산업인 반도체, 석유화학 등이 50퍼센트를 차지한다. 서비스업 역시 자본집약적인 금융, 통신이 이익의 60퍼센트 이상을 차지하고 있다. 즉 제조업과 서비스업 모두 고용창출 효과가 낮은 곳에 이익이 집중되어 있다.

연구기관들의 조사에 따르면, 제조업 해외고용은 30대 기업집단이 2010년대 약 20만 명, 이와 연관된 중소·중견기업이 10만 명 정도이다. 해외공장 절반이 유턴해도 제조업 15만 명(제조업 440만 명의 3퍼센트) 증가에 불과하다. 한편, 제조업 노동시간을 10퍼센트 단축하면 30만 명 정도 고용이 증가할 수 있다. 우리나라의 제조업 취업자 비중이 타국과 비교해봐도 지나치게 빠르게 감소했다는 점을 고려하면, 이런 정책도 충분히 수용할 수 있을 것이다.

현재 공공부문 일자리는 250만 개다. 이 중 행정·국방·치안 120만 개, 교육이 70만 개다. 비생산적인 행정·국방·치안이나 인구감소로 더 이상 증원이 불필요한 교육은 일자리 확대에서 제외해야 한다. 고령화 사회를 고려하면 보건·사회·복지 일자리를 대폭 증원하는 것은 가능해 보인다. OECD 평균 수준으로 사회복지 지출을 늘린다면 현재보다 대략 네 배, 32만 명을 늘릴 수 있을 것이다.

대기업과 공공부문의 간접고용 200만 명은 약간의 임금 상승과 임금체계 개편을 동반해 직접고용으로 전환할 수 있다. 정부 지원금으로 민간에서 운영 중인 보육(약 35만 명), 요양(40만 명) 등도 과감하게 완전 국영화하는 것이 필요하다. 일자리 증가는 아니지만, 임금 격차 축소에는 도움이 된다.

▌ 연대임금, 연대고용

노동조합의 원칙적 문제 해결 방향은 연대고용·연대임금이다. 노동조합의 거시 경제 목표는 실업자와 불완전취업자에게 좋은 일자리를 제공하는 것이다. 대기업과 공공부문에서 고용을 극대화해야 한다. 이 부분의 연대임금 정책이 중요할 것이다. 고용에 친화적이며, 보편적으로 적용 가능한 임금체계와 임금수준을 만들어야 한다. 사회 전체에 적용 가능한 직무급으로 임금체계를 개편하거나, 급경사 연공급을 완화하거나, 실노동시간을 단축하는 방안 등, 이 부분의 고용 확대에 관한 사회적 합의가 필요하다.

대기업과 공공부문의 노동조합들이 연대임금에 동참하려면, 임금을 높이는 것이 항상 정당하다는 생각을 버려야 한다. 임금 교섭권 역시 기업 내의 노동조합이 아니라 산별노조와 총연맹 같은 초기업적 조직에 이전할 수 있어야 한다. 또한, 정부는 사회적 합의에 준하는 재정, 산업, 노동 정책을 준비해야 할 것이다.

참고로, 노동조합 주도로 자본 격차와 임금 격차를 동시에 줄였던 사례도 있다. 20세기 중반 스웨덴이 대표적이다. 당시 스웨덴에서는 노동조합 주도로 저생산성-저임금 부분을 구조조정하고, 고생산성-고임금 부분에서 고용을 늘렸다. 이것이 스웨덴 연대임금 모델이다. 블루칼라 노동자가 중심인 스웨덴 노총은 중앙교섭을 통해 전 산업에 걸쳐 임금 격차를 최소화했는데, 그 결과 임금을 감당할 수 없었던 저생산성 부분이 구조조정되었고, 상대적으로 생산성 향상보다 임금 인상이 적었던 고생산성 부분에서 고용이 증가했다.

물론 이런 경험을 한국에 바로 적용할 수는 없다. 왜냐면 20세기 중반 스웨덴과 21세기 한국은 모든 조건이 정반대이기 때문이다. 20세기 중반 스웨덴은 실업률이 최저치였고, 성장률은 최고치였으며, 노총의 단협적용률은 80퍼센트 그리고 심지어 자본생산성 상승으로 이윤분배율이 감소해도 이윤율이 상승할 수 있었다. 하지만 현재 한국은 실업률이 최고치이고, 경제성장률은 계속 낮아지고 있으며, 노총의 교섭권은 부재하고, 단협적용률은 10퍼센트 내외에 불과하다. 한국적 상황에 맞는 연대임금, 연대고용 정책이 필요하다.

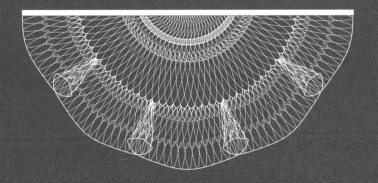

3부

성장과 위기

수천 년의 인류 역사에서 생산능력 발전이 지속해서 이뤄진 시기는 최근 200년 남짓뿐이었다. 끊임없는 축적을 본성으로 삼은 자본주의의 성과다. 하지만 최근 경제는 성장에 제동이 걸린 상태다. 세계 경제의 성장 둔화는 길게 보면 20세기 후반부터 시작되어 2007~2009년 세계금융위기 이후 더욱 심화했다. 경제학은 여러 대안을 내놓고 있지만 그다지 신통치는 않아 보인다. 한국의 저성장은 특히 시사적이다. 성장 둔화 속도가 매우 빠른 데다, 저성장에 전혀 준비가 되어 있지 않아서다. 한국은 저성장으로 인한 문제점이 사회 전반에서 심각하게 나타나고 있다. 3부에서는 경제성장에 관한 경제학의 이론들을 비판한다. 부동산, 주식, 채권 등의 가공자본이 경제를 지배할 때 발생하는 문제, 서비스업 규제개혁으로 성장 동력을 확보하자는 주류경제학 성장이론의 결함, 임금 인상으로 분배와 성장 두 마리 토끼를 한 번에 잡을 수 있다는 포스트케인지언 성장이론의 오류가 분석대상이다. 더불어《자본》2권의 자본회로 모형을 개괄하면서 경제성장에 관한 마르크스의 분석을 살펴보겠다.

9장

갓물주 탄생의 비밀

가공자본과 지대에 대한 분석

우리나라 학생들의 장래 희망이 임대료 받는 건물주라고 한다. 진취적인 꿈과는 거리가 멀다. 무엇을 '하고' 싶다는 꿈은 없고 부를 '가지고' 싶다는 욕망만 있으니 말이다. 하지만 이들의 꿈을 이해 못 할 것은 또 아니다. 우리나라에서 "조물주 위에 건물주 있다"는 말이 과장이 아니기 때문이다. 사회 엘리트들 대부분이 부동산으로 부를 쌓았다. 우리 주변을 돌아봐도 좀 잘산다 싶은 사람은 서울에 아파트를 가지고 있다. 대학을 나와도 절반 이상이 비정규직으로 전전하는 상황에서 청년들이 건물주를 꿈꾸는 것이 전혀 이상할 게 없는 세상이다.

지표로 보면 우리나라에서 가장 거대한 부는 부동산 중에서도 토지다. 한국은행 국민대차대조표에 따르면 2018년 토지의 총가격은 8,000조 원이다. 민간이 소유한 토지는 75퍼센트인 6,000조 원이다.

한해 국내총생산의 세 배다. 지주들은 토지를 팔아 3년간 우리나라에서 생산된 상품을 독차지할 수 있다. 참고로 공장 설비는 900조 원, 지적재산권은 500조 원이다. 제조업 경제, 지식기반 경제 같은 말들이 많지만, 둘을 합쳐도 부동산의 20퍼센트도 되지 않는다. 자산 가격의 크기로만 보면 한국은 건물주의 나라가 맞다.

경제학은 토지의 가치를 자원의 희소성에서 찾는다. 토지는 인간 노동으로 생산될 수 없다. 희소한 자원이다. 노동생산물과 비교한 토지의 상대적 가치는 경제성장과 함께 계속 증가할 수밖에 없다. 그런데 토지의 상대적 가치가 이렇게 증가하면 노동으로 부를 쌓기보다 점점 더 토지를 소유해 부를 쌓으려는 사람이 늘어날 수밖에 없다. "소는 누가 키우냐"는 문제가 발생한다. 경제학은 지대가 큰 비중을 차지하는 경제는 성장할 수 없다고 분석한다. 그런데 동시에 소유권을 신성불가침의 권리로 전제하기 때문에 지주의 소득을 침해할 수는 없다고 주장한다. 건물주의 나라는 가난한 나라가 될 수밖에 없지만 그럼에도 건물주는 신성하다. 경제학의 딜레마다.

쌀이나 채소 같은 농산물 생산이 아니라 순전히 매매 차익을 목적으로 거래되는 토지, 즉 부동산 상품이 된 토지는 기본적으로 가공자본 fictitious capital의 원리를 따른다. 자본이라는 점에서 증식은 하는데, 가공이라 함은 현재의 노동이 증식의 토대가 아니라는 의미다. 가공자본의 크기는 미래 소득에 대한 청구권 가격으로 결정된다. 임대료, 이자, 배당 같은 형태의 소득을 미래에 얼마나 청구할 수 있는지로 자산의 가격이 정해진다는 것이다. 가공자본이란 착취할 미래에 대한 기대로부터 등장한다. 예로 10억 원의 명동 한복판 점포 부지는 먼 미래까지 지대로 10억 원을 걷을 수 있다는 기대를 표현한다. 기대이기 때문에 가공자본은 주관적으로 커질 수 있고, 심지어 미래는 끝이 없으니 상한선도 존재하지 않는다. 이번 장에서 우리는 가공자본을 분석해보겠다.

| 부동산 불패신화

역대 정부들의 경제정책에 빠지지 않았던 것이 바로 부동산 대책이다. 정부는 불황기에는 부동산 경기 활성화 대책을, 호황기에는 부동산 안정화 대책을 내놓는다. 하지만 정권의 무슨 대책이 나오건, 우리나라 부동산 가격, 특히 서울 부동산 가격은 '불패신화'라는 말이 있을 정도로 그다지 하락한 적이 없다.

집값은 고가일수록 건축비보다는 토지 가격에 따라 좌우된다. 서울의 신축 아파트 가격 원가는 40퍼센트만 건설에 필요한 비용이고 60퍼센트가 토지 가격이다. 시간이 흘러 건물 가치가 낮아지면 토지가격 비중은 더욱 높아진다. 예로 지은 지 40년이 지난 서울 은마아파트는 매매가가 20억 원에 달하는데, 건물 자체의 가격은 1억 원도 되지 않는다.

그렇다면 토지 가격은 어떻게 결정될까? 농업용이 아니라면 토지 자체는 어떤 생산물도 만들지 않는다. 토지 소유로 얻는 미래의 지대(토지 임대료)가 있을 뿐이다. 즉 미래의 지대에 대한 청구권 가치가 현재의 토지 가격을 결정한다. 물론 여기서 미래의 지대는 주관적 기대치이다. 10년 후, 20년 후 지대는 그때의 수요─공급 사정에 따라 결정될 것이다. 단, 토지는 생산이 불가능해 공급보다 수요 측 변화가 가격에 미치는 영향이 크다.

토지 수요 기대에 영향을 미치는 것은 미래의 금리와 지대에 대한 주관적 예상이다. 내가 10억 원이 있는데 이것을 어디에 투자할지 결정한다고 생각해보자. 먼저 적금 이자가 연 5퍼센트라면, 3년 후 금리 수입은 약 1억 5,000만 원이다. 그런데 10억 원으로 연 5,000만 원 이상 임대료를 얻을 수 있거나, 3년 후 매각 가격이 11억 5,000만 원 이상이 될 것이라 예상되는 토지가 있다면 당연히 이것을 사는 것이 이득이다. 여기서는 짧게 3년을 가정했지만, 현실의 부동산 시장에서는 짧게는 10년, 길게는 30~50년의 경기변동에 따른 금리와 토지 수요 변화를 판단해야 한다. 그런데 사실 누구도 이렇게 긴 미래를 정확히 예상할 수는 없다. 정확한 예상이 불가능한 만큼 주관적 심리가 가격 결정에 크게 개입한다.

금리와 토지 수요 예상에는 경제성장과 인구증가가 핵심 변수다. 경제가 성장하고 인구가 증가하면 공급이 제한된 토지의 상대가격은 당연히 오를 것이다. 고도성장기에는 도시로 인구가 몰려들기 때문에 대도시의 토지가격이 더 빠르게 상승한다. 우리나라에서는 대도시 중 대도시라 할 서울, 그중에서도 대기업 본사와 명문 고등학교가 밀집한 강남이 그런 사례다. 금리 역시 경제가 성장하면 자금 수요가 증가하기 때문에 상승한다. 다만 금리는 정부의 통화정책도 영향을 미치는데, 정부가 인플레이션을 잡겠다고 통화긴축을 할 경우 금리가 더 상승한다. 물론 정부 정책은 경기 변화에 따라 예측 가능한 수준에서 이뤄지기 때문에 경제성장 예측과 완전히 동떨어지지 않는다.

그런데 여기서 주의할 것은 경제와 인구가 감소할 때도 토지가격이 오를 수 있다는 점이다. 자본과 인구의 집중 때문이다. 불황이 닥치면 집적concentration이 집중centralization으로 발전한다. 100억 원의 신규자금을 열 개 기업이 아니라 두 개 기업에 몰아서 투자하는 것이 집적이라면, 신규자금이 100억 원에서 80억 원으로 줄어들 때, 두 개 기업이 나머지 여덟 개 기업을 합병하여 이전보다 더 많은 자본을 쌓는 것이 집중이다. 경제와 인구가 감소할 때 지방 군소도시의 경제와 인구를 서울이 흡수하는 방식으로 토지 가격이 상승할 수 있다는 것이다. 이럴 경우 서울이 커지는 만큼 지방 군소도시는 몰락한다.

1960년대 자본이 부족했던 우리나라는 서울로 자본을 집적해 성장을 극대화했다. 물론 대도시로 자본이 집적되는 현상은 다른 선진국에서도 일반적으로 나타나지만, 선진국을 빠르게 따라잡는 추격성장 국가에서는 이런 집적이 더 극단적으로 나타난다.[42] 한국은 대도시 집중도가 선진국 사이에서도 높은 편이다. 서울공화국이라는 말이 과장만은 아니다.

서울로의 집적은 경제와 인구의 성장이 둔화할 때 집중으로 발전한다. 2010년대 이후 서울의 토지 가격 상승은 집적이 집중으로 발전하면서 이뤄진 것이었다. 시민들은 국민경제에 문제가 발생하면 그래도 끝까지 살아남을 지역은 서울이라고 생각한다. 실업률이 높아지면 지역의 청년들이 일자리를 구하러 서울로 올라가고, 지역 유지들도 자산 가치를 유지하려고 서울에 투자를 늘린다. 경제성장률이 1퍼센트 하락하면, 지역경제는 2퍼센트 하락하고, 서울경제는 그래도 1퍼센트 상승하는 것이 한국 경제의 작동방식이다. 출산율과 경제성장률이 이전보다 많이 하락했지만 최근 부동산 가격은 서울에서는 폭등, 지방에서는 폭락으로 양극화됐다.

부동산 불패신화에도 이렇게 경제 법칙이 있다. 투기심리가 가격상승을 더 부추기는 것은 사실이지만 투기는 가격상승을 도울 뿐이지 이끄는 것은 아니다.

물론 부동산 가격은 노동가치론을 따르지 않는다. 토지는 인간이 생산한 것이 아니고, 또 생산할 수도 없는 것이다. 그런데도 토지에 가격이 붙는 이유는 오로지 그것이 개인에게 배타적으로 소유될 수 있기 때문이다. 지주는 지구에서 얻은 토지를 다른 시민이 사용하지 못하도록 소유할 수 있다. 그래서 토지 소유자의 지대 소득은 사회적 노동의 증가와 관련이 없다. 지대는 소득의 이전일 뿐이다. 토지 소유주는 사회에서 지출된 노동을 임대료나 매각차익으로 이전받는다.

| 집과 차를 모두 공짜로!

2000년대 내내 세계적인 저금리 상황에서 은행이 주택담보대출을 늘리고, 풀린 돈이 다시 집값을 상승시키는 과정이 반복됐다. 우리 나라에서는 2000년대 초까지 100조 원도 되지 않던 주택담보대출이 2017년 말 600조 원까지 팽창했다.

은행 대출을 이용하는 것은 주택 구매자만이 아니다. 건설사도 은행에서 돈을 빌려 부동산 개발에 나선다. 현물 담보가 부족한 건설사들은 미래의 분양권을 담보로 대출을 받는다. 이를 프로젝트파이낸싱PF이라고 고상하게 부른다. 은행은 집을 짓는 건설사와 집을 사는 가계 모두에 대출해준다. 은행 빚으로 집을 짓고, 은행 빚으로 집을 사는 것이 부동산 시장이다. 그래서 금융이 발전할수록 부동산 시장도 커진다.

부동산 시장의 빚은 사람들이 주택가격 상승을 기대하면 계속 커져도 문제가 없다. 하지만 문제는 이런 기대가 사라졌을 때다. 이 빚의 사슬이 지불의 사슬로 바뀌어 은행이 대출을 거둬들이면, 가계와 건설사가 망하고, 결국 은행도 망한다. 그래서 정부가 부동산 시장을 잡겠다고 말해도 실제로는 쉽사리 칼을 들이대지 못한다. 자칫 나라 경제가 풍비박산 나는 수가 있다. "어차피 다 망할 바에는 차라리 기대를 키우자"는 것이 가계, 건설사, 은행, 정부 모두의 숨겨진 속내다.

2000년대에 세계적으로 부동산값이 폭등하는 데에는 금융이 중요한 역할을 했다. 미국에서는 1997년부터 주택가격이 상승해 10년간 집값이 두 배 뛰었다. (참고로 1997년 이전 20년간 미국의 주택가격 상승률은 10퍼센트에 불과했다.) 얼마나 부동산 시장이 뜨거웠는지 세계 1위 자동차 기업인 제너럴모터스마저 이 시기에는 부동산 관련 사업을 했다.

2000년대 초반 제너럴모터스는 수익구조만 보면 부동산 회사에 가까웠다. 제너럴모터스의 금융계열사는 자동차 할부 금융과 부동산 금융을 함께 확대해 큰돈을 벌었다. 부동산 가격이 정점을 향해 치닫던 2004년, 제너럴모터스는 자동차 사업부분의 적자에도 불구하고 금융 수익으로 29억 달러 순이익을 냈다. 쉽게 설명하자면 제너럴모터스의 사업구조는 이런 것이었다. 소비자가 1억 원짜리 집을 9,000만 원 담보대출로 구매하고, 5,000만 원짜리 자동차를 5년 할부로 구매한 후에, 5년 후 집값이 1억 5,000만 원이 될 때 집을 팔면, 집값 대출금과 자동차 할부금 모두를 상환할 수 있다. 약간의 이자만 부담하면 소비자가 5년간 집과 차를 공짜로 사용할 수 있다. 제너럴모터스는 주택가격 상승 덕에 차도 많이 팔고, 부동산 금융도 확대할 수 있었다.

미국의 금융기업들은 부동산 매매를 첨단 금융으로 확대했다. 먼저 은행들은 신규 대출 자금을 마련하기 위해 가지고 있는 기존 담보물을 유동화할 수 있는 금융상품으로 만들었다. 이것이 모기지담보증권 MBS이다. 모기지담보증권은 금융기관이 가지고 있는 대출 채권을 다시 담보로 해서 증권을 만든 것이다. 2000년대 초중반 부동산 시장이 미친 듯 끓어오를 때에는 모기지담보증권을 한 차례 더 증권으로 만든 파생금융상품도 등장했다. 이것이 부채담보부증권CDO이다. 부채

담보부증권은 저신용자 대출담보로 만든 위험도 높은 모기지담보증권과 신용도 높은 모기지담보증권을 섞어서 만든 담보증권 패키지 상품이다. 은행들은 담보가 부실한 사람들에게도 대출을 늘리기 위해 이런 금융상품까지 만들었다. 부채담보부증권을 판매해 얻은 자금으로 은행들은 대출을 늘렸고, 세계금융위기 직전인 2006년에는 서브프라임sub-prime이라 불리는 저신용자 주택담보대출이 전체 주택담보대출의 20퍼센트까지 폭증했다.

담보가 증권을 만들고, 증권이 다시 담보가 되어 또 다른 증권을 만드는, 가공의 가공의 가공의 자본을 만드는 일이 세계 금융기관들에서 이뤄졌다. 가공자본은 계속 커질 때는 아무런 문제가 없는 것처럼 보인다. 폰지 사기와 비슷하다. 하지만 부채의 사슬이 지불의 사슬로 바뀌면, 즉 가공자본이 실제 자본이나 현금과 짝을 맺어야 하는 상황이 되면 파국적 상황이 발발한다. 신용이 현금보다 엄청나게 크기 때문이다. 그리고 휴지 조각이 된 금융상품들이 시장을 덮치면서 공황이 발발한다. 세계금융위기가 그런 사례였다. 부동산 가격이 하락하면서 파생금융상품의 가치가 최종적 담보물과 크게 괴리됐다. 그 결과 실물을 찾을 수 없는 가공자본이 부도나면서 금융시장이 붕괴했다.

이렇게 빚의 사슬은 한순간에 지불의 사슬로 뒤바뀌기도 한다. 지불의 사슬이 만들어지면 누군가는 최종적으로 빚을 청산할 실물 담보와 현금을 가지고 있어야 하는데, 빚의 사슬 속에서 부풀려진 신용은 당연히 실물 담보나 현금보다 클 수밖에 없다. 빚 청산이 불가능하다. 그래서 연쇄 부도가 발생하고 금융위기가 발발한다.

| 미래를 착취할 권리

1984년 개봉해 세계적으로 흥행한 〈터미네이터〉라는 SF영화가 있다. 줄거리는 이렇다. 1997년 인간이 만든 인공지능 스카이넷이 핵전쟁을 일으켜 인류를 멸망시킨다. 살아남은 사람들은 스카이넷의 지배를 받으며 어렵게 살아간다. 하지만 존 코너라는 영웅이 탄생해 반기계연합을 결성해 상황이 반전된다. 반란군을 제압할 수 없었던 기계들은 2024년 반군 대장인 존 코너의 탄생 자체를 막기 위해 그의 엄마 사라 코너를 죽이려 한다. 기계들은 터미네이터를 타임머신에 태워 1984년 LA로 보낸다. 이 정보를 입수한 반기계연합군 역시 카일 리스라는 젊은 장교를 타임머신에 태워 과거의 LA로 보낸다. 사라 코너는 카일 리스와 함께 여러 차례 죽을 고비를 넘기며 사랑에 빠지고 임신을 한다. 두 사람은 터미네이터를 무찌르지만, 사이버다임이라는 회사가 미래에서 온 터미네이터의 잔해를 수거해서 터미네이터를 만드는 스카이넷을 만든다. 그리고 사라 코너와 미래에서 온 카일 리스 사이에서 탄생한 아기가 미래의 인류연합군 사령관이자 카일 리스를 과거로 보낸 존 코너가 된다.

〈터미네이터〉의 스토리는 전형적인 영겁회귀의 순환 논리다. 왜냐면 미래에서 터미네이터가 과거로 오지 않았더라면 스카이넷이 만들어질 리 없었고, 기계가 핵전쟁을 일으킬 일도, 터미네이터가 만들어질 일도 없었기 때문이다. 또 카일 리스가 터미네이터를 따라 과거로 올 리도 없었을 것이고, 사라 코너와 사랑에 빠질 수도 없었을 테니, 존 코너가 태어날 수도 없다. 한 마디로 1984년 사라 코너와 그의 동료 시민들 처지에서 보면, 미래에서 터미네이터가 오지 않았으면 인류는 터미네이터 없이 평온하게 살 수 있었다. 미래에 기대되는 어떤 일이 현재와 미래 모두를 결정하는 모순적 상황이다.

가공자본을 거래하는 시장 논리는 〈터미네이터〉의 이야기 구조와 비슷하다. 미래의 수입이 현재의 자산 가격을 결정하고, 또 현재의 자산 가격이 미래의 수입에 영향을 미친다. 미래 수입의 현재 가치를 자본으로 삼는 것은 가공적이다. 자본을 소유한 개인에게는 엄청난 부처럼 보이지만, 그에 대응하는 사회적으로 축적된 노동생산물이 존재하지는 않는다. 사회적 대응물 없이 스스로 가격을 갖는 자본이다. 국채, 주식, 부동산처럼 미래 수입에 대한 청구권의 가격이 기대에 따라 끊임없이 변동하는 자산들이 바로 그런 가공자본의 형태이다.

경제에서 가공자본이 인정될 수 있는 것은 자본 소유자가 생산물을 차지할 권리를 가지고 있기 때문이다. 자본 소유자가 차지할 수 있는 것은 미래로도 확장된다. 소유법칙은 이제 자본 소유자가 미래 노동에 대해서도 청구할 권리로 확장된다. 아파트의 가치는 세입자에게 현재와 미래에 지출할 노동 중 일부를 월세로 청구할 수 있는 권리의 가격이다. 아파트 자산은 가공적이지만, 그가 받는 수입은 실제 노동이다. 자산 소유자는 가공자본을 통해 현재의 노동만이 아니라 미래의 노동까지도 착취할 수 있다.

현재의 노동은 물리적 제한이 있지만, 미래에 투입될 노동에는 물리적 제한이 없다. 그렇다 보니 현대 자본주의에서는 실제 자본보다 오히려 가공자본이 압도적으로 많아지는 경향이 있다. 실재와 가공이 뒤바뀌어, 장자(莊子)의 말처럼 "내가 꿈속에서 나비가 된 것인지, 나비가 꿈속에서 내가 된 것인지" 모르는 상황이 도래한다.

2017년 말 우리나라에는 여러 형태의 가공자본이 1경 원가량 된다. 국내에서 지출된 노동보다 열 배가 많고, 생산에 사용되는 설비자산보다도 열여섯 배가 많다. 만약 이 자산의 소유자들이 평균 금리 3퍼센트 정도의 자산 수익을 올린다면, 1년에 약 300조 원 가까이가 가공자본의 소유자들에게 점유될 것이다.

이런 가공자본의 확대와 착취의 증가 그리고 시장의 불안정성이 자본주의 소유법칙에서 나오는 근본적 속성이다. 자본주의적 소유법칙을 철폐하지 않는 한, 규제는 일시적이고 제한적으로만 효과가 있다.

▎ 자본가의 궁극적 목표는 지대추구

가공자본은 지대를 얻는 효과적 수단이다. 여기서 지대란 광의의 이전소득, 즉 제로섬게임이 되는 소득을 의미한다. 지대의 전통적 의미는 지주-소작농 관계에서 발생하는 농지 임대료였다. 하지만 이런 지대의 의미가 현대에 와서는 매우 넓어졌다. 자본주의적 소유권의 발전과 함께 수익 청구권을 행사할 수 있는(즉 이전소득을 발생시킬 수 있는) 다양한 수단이 만들어졌기 때문이다. 국채, 주식, 지적재산권, 부동산, 파생금융상품 같은 다양한 가공자본이 바로 그러한 수단들의 대표적사례이다.

사실 지대추구rent-seeking는 자본가들의 궁극적 지향이기도 하다. 지대가 착취의 고통스러운 흔적을 완전히 지워버리기 때문이다. 예로 건물주가 받는 임대료에는 생산현장의 고통스러운 착취가 흔적조차 남아있지 않다. 공장에서 자본이 노동과 매일 마주해야 하는 참혹한 투쟁도 없다. 건물주의 소득은 통장에 꽂히는 임대료로 나타날 뿐이다. 아래에서 《자본》의 일부분을 직접 인용해 왜 자본주의가 궁극적으로 지대추구의 세상으로 나아가게 되는지 설명해보겠다.[43] (독자들은 《자본》의 표현이 보여주는 묘미를 여기서 한 번 만끽해보기 바란다.)

자본주의 사회에서 시민들은 매일매일 이자, 지대, 임금 등의 수입을 얻는다. 경제학은 이자, 지대, 임금을 각각 자본, 토지, 노동자의 소득으로 정의한다. 모든 소득은 생산에 기여하는 만큼 크기가 결정된다. "자본-이자, 토지-지대, 노동-임금, 이것은 사회적 생산과정의 모든 비밀을 포괄하는 삼위일체"와 같은 절대적 진리이다.

하지만 경제학의 소득 정의는 소득의 본질에 대한 은폐일 뿐이다. 경제학은 이자, 지대, 임금을 기독교의 삼위일체 같은 절대적 교리로 삼으면서도 그 본질에 대해서는 정작 아무런 말도 하지 않는다. 기독교는 삼위(성령, 성부, 성자)의 본질이 하느님이라고 분명하게 밝히기라도 하는데, 경제학은 현대의 종교로 행세하면서도 정작 종교의 핵심이라 할 본질에 대해서는 질문하지도 답하지도 않는다.

상품경제에서 생산물들은 교환되는 화폐량으로 가치가 매겨진다. 그리고 이 가격에 따라 양적 분배가 이뤄진다. 이런 과정에서 상품생산에 필요한 구체적이고 개인적인 인간의 노력 역시 화폐를 통해 추상적이고 사회적인 수량으로 전화된다. 상품경제에서 노동은 화폐 한 단위로 양자화되는 노력이다. 상품 생산 과정은 "그 자체로 사회적 관계를 하나의 물적 존재−화폐로 전화시켜버린다."

직접적 생산과정에서 자본가의 이윤이 무급노동이라는 점은 자본가와 노동자 모두에게 암묵적으로 인식된다. 노동강도나 시간이 증가할 때 임금이 오르지 않으면 이윤이 늘어나고, 반대로 노동강도나 시간이 그대로인 상태에서 임금만 오르면 이윤이 감소한다. 이것은 기업 안에서 누구나 알고 있고, 직접 체감하는 바이다. 그래서 생산 현장에서는 노동강도, 노동시간, 임금을 둘러싼 투쟁, 즉 이윤과 임금의 분배를 둘러싼 계급투쟁이 항상 격렬하게 진행된다.

그런데 자본주의적 생산양식에서는 이런 착취의 모습이 뒤바뀌어 나타난다. 바로 기술혁신이나 자본투자로 생산성이 향상될 때다. 예로 기업이 기계를 들여와 시간당 생산량이 증가하면, 그것은 노동자가 지출하는 노동이 증가한 것이 아니라 기계의 생산성이 상승한 것으로 인식된다. 자본주의적 생산에서는 노동의 사회적 생산력이 노동 그 자체가 아니라 자본에 속하는 힘으로 뒤바뀌어 나타난다. 그래서 이렇게 뒤바뀐 세계에서는 노동자의 투쟁이 없으면 생산성 향상이 임금보다 이윤에 유리하게 작용한다. 노동자는 항상 임금 인상을 위해 투쟁해야만 가까스로 생산성 상승에 비례하는 임금 인상을 달성할 수 있다.

직접적 생산과정에 자본의 순환과정이 추가되면 이 세계는 또 한 번바뀐다. 자본의 순환이야말로 "원래의 생산관계들이 완전히 배후로 물러나는 영역"이다. 노동생산물은 상품, 화폐 단계를 거쳐야 비로소 순환을 마무리하는데, 이런 외관상의 모습 때문에 생산에 투입된 노동은 물론 상품에 포함된 무급노동도 순환을 통해 실현될 뿐 아니라 마치 자본순환으로부터 발생하는 것처럼 보이게 된다.

4차 산업혁명의 선도자로 평가받는 디지털 기업들은 이런 혼란의 대표적 사례다. 미국의 거대 유통기업 아마존은 상품 실현에 관여할 뿐 새로운 가치를 창조하지는 않는다. 정보통신기술을 이용해 상품 실현에 필요한 일과 시간을 줄여줄 뿐이다. 그런데도 아마존은 마치 스스로거대한 가치를 창조하는 것처럼 사람들에게 인식된다. 세계 10대 기업에 항상 들어가는 미국의 제이피모건이나 골드만삭스 같은 금융기관도 마찬가지다. 금융기관들은 신용을 통해 자본순환에 필요한 시간을 단축하지만, 새로운 가치를 직접 창조하는 것은 아니다.

이런 외관상의 착각은 두 가지 사정으로 인해 강화된다. 첫째, "판매를 통해 실현되는 이윤이 사기, 책략, 전문지식, 기능 그리고 무수한 시장 상황에 의존하기 때문이다." 예로 유명 모델의 광고로 어떤 상품의 판매가 급증해 수익률이 증가했다고 가정해보자. 이때 추가 수익은 광고 덕에 발생한 것처럼 나타난다. 하지만 이 이윤은 새로운 노동으로 만들어진 것이 아니다. 누군가의 소득이 이전된 것이다. 전체 시장에서 노동과 가격은 비례한다. 하지만 총상품의 가격이 아니라 개별 상품의 가격과 개별 기업의 이윤에만 관심을 가지는 시장에서는 이윤이 광고 덕에 창조된 것이라고 믿는다.

둘째, 생산에 필요한 노동 외에 "제2의 규정적 요소"로 이윤에 회전시간(자본 순환에 필요한 시간)이 더해진다는 점이다. 자본의 회전시간은 "사실상 노동을 증가시키는 데 부정적 제약요소로 작용할 뿐이지만, 노동 그 자체와 똑같이 적극적인 원인인 것 같은 외관을 갖는다. 물론 이 개별적 생산 담당자들에게 이 영역은 눈에 보이지 않고, 불가해한 것으로 존재한다."

예로 자동차가 1년에 100대 생산될 때 이윤이 1억 원 남는다고 가정해보자. 만약 판매시간이 길어져 절반이 재고로 쌓이면 이윤은 5,000만 원밖에 되지 않지만, 반대로 판매시간이 단축돼 1년에 100대를 모두 판매하면 이윤은 1억 원이 된다. 개별 자동차 기업에는 판매시간을 단축하는 것이 5,000만 원의 이윤을 만드는 것처럼 나타난다. 물론 실제로는 100대의 자동차를 생산하는 데 필요한 노동은 이 판매시간과 관계가 없다. 하지만 개별 자본가에게 보이는 이윤은 상품 속의 잠재적 이윤이 아니라 판매 이후 자본가의 수중에 돈으로 들어오는 이윤이다. 자본가에게는 회전시간 자체가 이윤을 창조하는 것으로 나타난다. "직접적 생산과정과 자본순환의 통일로서 현실 생산과정은 새로운 모습을 만들어내는데, 그 속에서는 내적 연관의 중추가 점점 사라지고 각 생산관계는 서로 무관한 것으로 화하며, 가치의 구성 부분들은 서로 무관한 형태들로 굳어진다."

더구나 시장에서 일상적으로 발생하는 다양한 부등가 교환도 이윤의 본성을 은폐하는 중요한 요인이다. 기술혁신이 만드는 특별 이윤, 시장 지배력으로 얻는 독점 이윤 등은 "특정 생산부분에 투자된 개별 자본과는 별개로 이윤을 특정 자본의 노동에 대한 현실적 착취로부터 이탈시킨다." 예로 하청기업에 대한 수탈로부터 얻는 현대차 원청 대기업의 이윤은 현대차 자본의 기업 내 착취와 상관이 없다. 원·하청 거래로 현대차의 이윤이 증가할 때, 현대차에서는 착취가 아닌 자본 스스로 이윤을 창조하는 것으로 나타난다.

"이윤의 기업가수익과 이자로의 분할은 이윤의 개별화를 완성한다. 이윤 가운데 일부는 다른 나머지 부분과 대립하면서 자본 관계 그 자체와 완전히 분리되어, 임노동의 착취로부터가 아니라 자본가 자신의 노동으로부터 발생하는 것으로 나타난다." 실제 최고경영자들의 영웅담들이 그렇다. 최고경영자들은 이윤이 사회적 노동이 아니라 그들의 천재성으로 창조된 것처럼 이야기한다. 하지만 그들의 성공과 천문학적 수입은 그들의 노동이 아니라 세계적 무급노동을 점유하는 새로운 방법 때문이다.

"게다가 이자는 노동자의 임노동과, 또 자본가 자신의 노동과도 무관한 것으로 나타나고, 그 자신의 독립적 원천인 자본으로부터 발생하는 것처럼 보인다." 이윤에는 착취라는 그것의 기원에 대한 기억이 남아 있지만, 이자에 이르면 그 기원에 대한 기억이 사라지고, 스스로 증식하는 자본만 남아 있다. 예로 경제학은 은행이 예금과 대출을 통해 얻은 이윤을 금융중개서비스라고 부르며 새롭게 창조된 가치로 평가한다. 2014년 국민계정에서 보면 금융중개서비스로 창조됐다고 평가되는 부가가치가 40조 원에 이른다. 물론 이 40조 원에는 그 어떤 착취의 흔적도 남아 있지 않다.

"마지막으로, 잉여가치(무급노동)의 독립적 원천으로서 자본은 토지소유와 결합하는데, 이 토지소유는 잉여가치의 일부분을 다음과 같은 한 계급에게 이전시킨다. 그 계급이란 스스로 노동하지도 않고 노동자를 직접 착취하지도 않으며, 또 이자 낳는 자본처럼, 예를 들어 자본을 대출하면서 부담하는 위험이나 희생과 같은 도덕적으로 위안이 될 만한 아무런 근거도 발견할 수 없는 계급이다. 여기에서는 잉여가치의 일부분이 사회적 관계와 직접 결부되어 있는 것이 아니라 하나의 자연요소인 토지와 결부되어 있는 것처럼 보이기 때문에, 잉여가치의 각 부분들 상호 간의 소외와 화석화의 형태가 완성되고, 내적인 관련은 결정적으로 파열되며, 잉여가치의 원천은 바로 생산과정의 여러 소재적 요소와 결부된 생산관계들이 각기 독립해버림으로써 완전히 은폐된다."

10장

서비스업
규제개혁론의 결함
신고전파 성장론 비판

우리나라의 치킨집은 2019년 기준 약 9만 개라고 한다. 켄터키프라이드치킨KFC의 글로벌 매장 수 2만 개보다도 네 배가 많다. 치킨공화국이라는 말이 과장이 아니다. 왜 이렇게 많을까? 치킨집이 '대박'이라서? 당연히 아니다. 치킨집 자영업자의 평균 순수입은 연 2,000만 원이 되지 않고, 3년 이내에 폐업하는 곳도 절반에 이른다.[44] 시민들이 치킨집을 차리는 이유는 하나다. 그것 말고는 마땅한 대안이 없어서다. 직장에서 퇴직한 노동자들은 혹시나 하는 마음으로 퇴직금을 투자해 치킨집을 창업한다.[45] 물론 '혹시나'는 대부분 '역시나'로 끝나지만 말이다.

우리나라 자영업은 노동시장의 '배수통'이라고도 불린다. 자영업자 대부분은 기업가적 열정으로 창업하는 것이 아니라, 해고됐거나 취업이 불가능해 생존의 마지막 보루로 창업을 선택한다. 자영업은 일자리에서 밀려난 실업자를 받아내는 배수통이다.[46] 그런데 이 자영업 경제는 자본 투자가 적고, 혁신으로 생산성을 향상시킬 여지도 별로 없다.

주류경제학자들은 자영업을 획기적으로 줄이기 위해 정부가 규제개혁에 나서야 한다고 주장한다. 이들은 자영업이 커지는 이유를 정부 규제에서 찾는다. 골목상권 보호를 명분으로 한 대형마트 입지·영업시간 규제가 대표적 사례다. 시장의 법칙이 제대로 작동했다면 생산성 낮은 영세 상인은 망하고 생산성 높은 대형마트가 확대됐을 것이다.

사실 서비스업 규제개혁은 역대 정부들의 단골 정책이었다. 2019년 기준 서비스업은 전체 취업자의 77퍼센트, 국내총생산의 53퍼센트를 차지한다. 노무현 정부는 "서비스산업 경쟁력강화 종합대책"을, 이명박 정부는 "서비스산업 선진화 대책"을, 박근혜 정부는 "서비스산업 활성화 대책"을 내놓았다. 이름만 조금씩 다를 뿐 내용은 대동소이하다. 서비스업 규제 개혁이 핵심이었다.

이번 장에서 우리는 서비스업 규제개혁론의 근거가 되는 신고전파 경제성장론과 이에 대한 비판을 살펴볼 것이다.

| 기적에서 성숙으로

하버드 아시아연구센터와 한국개발연구원KDI은 2009년부터 3년간 한국의 경제성장을 주제로 공동세미나를 진행했다. 아래는 그 세미나의 결론이다.

"개혁의 최우선 과제는 서비스 부문에서 제품시장과 노동시장의 규제완화를 통해 생산성을 촉진하는 것이다. 서비스업은 모든 선진국에서 그리고 심지어는 독일이나 한국처럼 제조업 전통이 강한 나라에서 조차 전체 일자리의 과반 이상을 차지하고 있다. 따라서 서비스 부문의 생산성을 제고하는 것은 국민의 생활수준을 향상하는 데 꼭 필요한 일이다. 이 과정의 핵심은 경쟁이다."[47]

이들이 이런 결론을 도출한 이론적 근거는 신고전파 경제성장론이다. 이 이론에 따르면 국민경제는 특정한 균형에 도달할 때 성장률이 일정해진다. 이 균형을 지속적 성장 상태steady state라고 부른다. 선진국 경험을 분석해보면, 지속적 성장은 대체로 2~4퍼센트 경제성장률 사이에 있다. 한 나라가 고도성장 중이라 해도 결국에는 이 정도의 성장률로 수렴된다.

경제성장이 수렴하는 이유는 크게 보면 두 가지다. 첫 번째는 기술혁신의 곤란함 때문이다. 개발도상국이 고도성장을 할 수 있는 것은 선진국 기술을 모방해 기술혁신 비용을 낮출 수 있어서다. 그런데, 경제가 성장할수록 모방 대상이 줄고, 모방의 난이도도 높아진다. 성장이 계속될수록 기술혁신 비용이 증가한다. 그리고 어느 수준이 되면 개발도상국 스스로가 위험한 도전을 감당해야 하는 상황에 부딪혀 실패 비용이 많이 증가한다. 이때가 바로 성장 속도가 둔화하며 성숙한 경제로 수렴되는 시점이다.

21세기에 고도성장에서 성숙한 경제로 이행하는 대표적 사례가 바로 한국이다. 우리나라의 1960~1970년대 전자, 자동차, 조선 대기업들은 미국, 일본의 기술을 모방해 급속도로 발전할 수 있었다. 그리고 30년간의 모방과 추격의 결과로 2000년대 초반에는 한국의 대표 수출 제조업체들 상당수가 모방의 최대치에 도달했다. 이때부터 한국 경제는 성장률이 낮아졌다. 연구진들은 이런 변화가 당연하다고 지적한다. 모방과 추격을 끝낸 후에도 두 자릿수 성장을 기대하는 것은 30대 성인의 키가 자라기를 기대하는 것만큼 어리석다.

모방 이후 실패비용이 커지며 어려움을 겪은 대표적 사례는 조선업이었다. 빅3 조선사로 불리는 현대중공업, 대우조선해양, 삼성중공업은 1990년대 후반에 대형원유운반선, LNG운반선 같은 초대형선박 부분에서 일본을 추월했고, 2000년대 초반에는 세계에서 독보적 위치를 차지했다. 그런데 세 업체는 세계금융위기 전후로 LNG운반선이 많이 팔리지 않자, 새로운 성장 동력을 찾는다며 이전에는 해보지 않은 것에 도전하기 시작했다. 바다 위의 종합예술이라 불리는 심해 해양 플랜트 사업이 대표적이었다. 하지만 해양플랜트 사업은 2015년 즈음세 업체를 모두 부도 위기로 몰고 갔다. 기술 부족 탓이었다. 세 업체는 미국, 노르웨이, 프랑스, 네덜란드의 기업들이 가지고 있는 핵심기술을 습득하는 데 어려움을 겪었다. 30년 전 일본 기업들과 달리 2010년대 선진국 기업들은 한국 기업에 기술을 쉽게 내주지 않는다.[48] 한국 제조업 전반이 비슷한 어려움을 겪고 있는 중이다.

경제성장률 수렴이 발생하는 두 번째 이유는 서비스업과 관계가 있다. 국민경제가 성장할수록 서비스업 비중이 높아지는데, 서비스업의 생산성은 제조업만큼 빠르게 상승하지 않는다. 예로 자동차 공장에서는 기계를 늘리면 생산속도가 빠르게 높아지지만, 병원에서는 엑스레이를 늘려도 환자의 치료 기간이 빨리 줄지 않는다. 국민경제에서 서비스업 비중이 높아지면 노동생산성 상승이 둔화하고 경제성장 속도도 하락한다. 서비스업 비중이 높아지는 이유는 소득 수준이 높아질수록 정신적, 문화적 서비스에 대한 수요가 증가하기 때문이다. 서비스업에서는 고용이 증가하고, 반대로 제조업에서는 생산성 상승으로 일자리 숫자가 이전보다 상대적으로 감소한다. 우리나라도 국민소득이 증가하며 제조업 비중이 작아졌다. 연구진들은 이런 변화가 성숙한 경제에서는 당연하다고 주장한다.

그런데 하버드-KDI 연구진들은 한국에 두 가지 문제가 있다고 지적한다. 하나는 제조업 비중의 하락 속도가 다른 고소득 국가보다 너무 빠르다는 것이다. 다른 하나는 제조업을 대체하는 서비스업의 생산성이 다른 고소득 국가보다 너무 낮다는 것이다. 제조업 비중의 지나치게 빠른 하락과 서비스업의 너무 낮은 생산성이 합쳐졌다. 그 결과 한국의 경제성장률이 다른 고소득 국가의 경험과 비교해볼 때, 상대적으로 더 빠른 속도로 하락했다. 다른 고소득 선진국들이 5퍼센트 성장률을 경험했던 시기에 한국은 3퍼센트 이하의 성장률로 미끄러지는 중이다.

연구에 따르면 제조업 비중이 빠르게 하락한 원인은 제조업의 첨단산업화와 해외 아웃소싱 때문이었다. 한국에서는 1990년대부터 정보통신기술 같은 노동절약적 첨단산업이 급속도로 확대됐고, 외환위기 이후 세계화로 제조업 공장들이 한꺼번에 너무 많이 해외로 이전했다. 1970~1980년대 제조업 비중 하락을 경험한 선진국들은 첨단화도 세계화도 없었다. 순전히 서비스업 비중이 커져 제조업 비중이 작아졌다. 하지만 2000년대 한국에서는 첨단산업과 아웃소싱이 제조업 비중을 줄이는 증폭기 역할을 했다. 연구진들은 이 문제에 대해 불가항력이라고 결론 내린다. 조건으로 받아들일 수밖에 없다는 것이다.

그러나 서비스업의 낮은 생산성 문제는 사정이 다르다. 외부 조건 탓이 아니라 순전히 국내 정책 탓에 발생한 일이기 때문이다. 우리나라의 서비스업 고용비중은 1990년 47퍼센트에서 2005년 65퍼센트로 18퍼센트포인트 증가했는데, 이 기간 서비스업의 국내총생산에 대한 기여는 50퍼센트에서 56퍼센트로 6퍼센트포인트밖에 증가하지 않았다. 한국과 비슷한 수출제조업 국가인 일본이나 독일은 서비스업의 고용비중과 국내총생산 기여도가 모두 70퍼센트이다. OECD 평균 역시 비슷하다. 그런데 한국은 고용은 비중이 같지만 생산기여도는 58퍼센트(2017년 말)에 불과하다. 서비스업 R&D지출도 한국은 전체의 7퍼센트인데, OECD 평균은 25퍼센트, 미국은 40퍼센트에 이른다.

이 모든 문제의 중심에는 자영업과 그들을 보호하는 규제가 있다는 것이 하버드–KDI 연구진들의 결론이다. 우리나라의 자영업 경제는 고용된 노동자까지 합하면 전체 취업자의 30퍼센트가 넘는다. 다른 고소득 국가보다 두세 배나 많다. 이렇게 많은 인구가 저생산성·저임금 경제에 묶여 있다. 연구진들은 한국의 정치인들이 자영업자의 표를 의식해 장기적으로 도움이 되지 않는 규제를 만들었기 때문에 악순환이 이어지고 있다고 비판했다. 투자 여력이 있고 생산성이 높은 대기업은 규제 탓에 제대로 시장에서 활동하지도 못한다. 시장의 경쟁도 느슨해졌다. 한국의 서비스업 규제는 자영업 지대, 저투자, 저생산성, 저임금을 만연케 하는 한국 경제의 최대 골칫거리다.

연구진들은 서비스업 규제개혁을 통해 한국의 성장률을 5퍼센트 이상으로 끌어 올려야 한다고 제안했다. 한국이 고소득 국가에 진입하려면 아직은 십수 년 더 고도성장 상태에 남아 있어야 한다. 현 상황에서 지속적 성장 상태가 되면 고소득 국가와의 소득 차이를 좁힐 수 없다. 연구진들은 서비스업 개혁을 못 한다면 한국은 '중진국 함정'에 빠지게 될 것이라고 경고했다.

성숙에서 위기로

《자본》의 경제이론도 기술혁신의 곤란으로 인한 경제성장률 하락을 강조한다. 경제가 도달하는 상태는 신고전파와 달리 지속적 성장 상태가 아니라 정지 상태stationary state이다. 정지 상태의 경제성장률은 제로 또는 마이너스다. 이윤율이 제로로 수렴하기 때문에 신규투자가 불가능해지고, 노동생산성 상승도 사라지며, 인구가 감소할 경우 경제성장률까지 마이너스가 된다.

둘의 결론이 다른 이유는 개별 기업과 국민경제가 맺는 관계를 두 이론이 다르게 이해하기 때문이다. 신고전파 성장론은 국민경제를 개별 기업의 가상적 평균으로 간주한다. 즉, 평균적 기업으로 ㈜대한민국이 있다고 상상하고, ㈜대한민국이 개별 기업처럼 수익률이 감소하는 지점에서 균형을 찾는다고 생각하는 것이다. 이 균형점에서는 자본생산성이 일정하게 유지되고, 이윤율도 하락하지 않는다. 지속적 성장은 국면경제가 평균적 기업과 같은 행동을 하는 완벽한 균형과 조화의 상태이다. 반면, 《자본》의 경우 국민경제를 개별 기업 간의 경쟁 결과로 이해한다. 1장에서 살펴봤듯 개별 기업이 편향적 기술진보로 특별 이윤을 얻는 것은 합리적 선택이지만, 이런 선택이 국민경제에는 이윤율 하락이라는 나쁜 결과를 가져올 수 있다. 개인과 사회 그리고 개별 기업과 국민경제가 조화를 이루지 못하는 것이 자본주의적 생산의 모순이다.

실증적으로 경제가 지속적 성장과 정지 중 어디로 나아가는지 살펴보자.

그림10은 1970~2018년 한국의 이윤율 추이를 보여준다. 보다시

그림 10 • 한국의 이윤율 추이

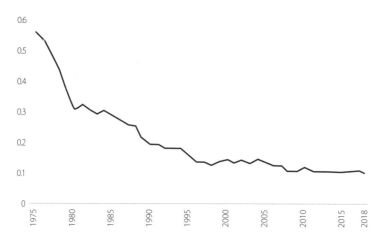

한국 자본주의의 이윤율은 1970년대 중순부터 본격화한 군사적 목적의 중화학공업화로 급락했다. 1980년대 중반 3저 호황 덕에 설비 가동률이 급상승해 이윤율 하락 속도를 늦췄다. 하지만 3저 호황이 끝나고 재벌의 과잉중복 투자로 이윤율은 다시 급락했고, IMF 구조조정 이후 하락이 멈췄다가 세계금융위기 이후 천천히 하락하는 중이다.

피 이윤율 변화가 멈추는 지속적 성장이 나타나지는 않는다. 우리나라의 이윤율은 큰 상승이 없다는 점이 특징이다. 선진국 같은 산업혁명 경험이 없어서다. 다만, 정책 실패에 따라 큰 하락은 두 차례 있었다. 첫 번째 폭락은 2차 오일쇼크와 박정희 사망 그리고 전두환 군부의 긴축정책이 있었던 1970년대 중반부터 1980년대 초반까지이다. 두 번째 시기는 3저 호황이 끝났음에도 재벌의 과잉투자가 계속되다 외환위기까지 발발했던 1980년대 후반부터 1990년대 중반까지이다. 이윤율이 하락 속도를 늦췄던 첫 번째 시기는 세계 경제의 회복과 3저 호황이 있었던 1983~1988년, 두 번째 시기는 외환위기 이후 대규모 구조

그림 11 · 미국의 이윤율 추이

뒤메닐과 레비의 미국 이윤율 분석에 따르면, 미국의 이윤율은 20세기 초 2차 산업혁명을 거쳐 크게 장기간 상승한 후에 1960년대 중반부터 1980년대 초반까지 감소했고, 이후 신자유주의 구조개혁과 정보통신혁명 덕에 2000년대 초반까지 상승하다 이후 다시 하락하고 있다.

조정과 세계적 호황이 있었던 2000~2006년이다.

위 그래프는 1869~2016년 미국의 이윤율 추이를 보여준다. 마찬가지로 지속적 성장 상태의 모습은 확인하기 어렵다. 미국의 이윤율은 세 차례 하락이 있었는데, 18세기 후반, 1966~1981년, 2005년~현재까지다. 한국과 결정적으로 차이가 나는 점은 이윤율 상승이라는 반작용이 미국에서는 분명하게 존재했다는 것이다. 미국에는 20세기 초부터 1965년까지 장기간의 이윤율 상승 기간이 있었다. 미국이 세계 헤게모니 국가로 자리를 잡은 이 시기는 인류 역사상 가장 위대한 경제성장이 이뤄졌던 때이기도 하다. 미국과 비교해보면 한국 자본주의는 이윤율 저하에 대한 제대로 된 반작용은 없었다고 볼 수 있다.

그렇다면, 서비스업 규제개혁과 자본투자가 한국 자본주의의 이윤율 하락에 반작용할 수 있을까?

대기업 주도로 자본투자가 증가하면 서비스업의 노동생산성이 단기간에는 상승할 수도 있다. 동네 슈퍼보다 대형마트의 노동생산성이 당연히 높다. 하지만 서비스업의 생산성 상승이 국민경제의 이윤율 하락을 멈출 만큼 오랫동안 높게 이뤄질 것이라 기대하기는 어렵다. 서비스업의 기술혁신이 그다지 새로울 것이 없는 데다, 산업 특성상 생산성 상승 속도도 더딜 수밖에 없어서다. 오히려 자본투자 증가가 이윤율 하락을 가속할 수 있는데, 자본투자가 기술혁신이 아니라 시장에서 경쟁사를 밀어내기 위한 중복 과잉투자로 이어질 가능성이 있어서다. 실제 역사에서 이런 사례가 없었던 것도 아니다. 재벌대기업들은 1990년대 초중반 이윤율이 급락하는 상황에서도 시장 점유율을 확대하려고 과잉 투자를 늘렸고, 결국 나라 경제를 부도냈다.

| 풍요의 생산인가, 가치 이전인가?

서비스업 규제 개혁론은 서비스업의 성격을 잘못 파악했다는 점에서도 결함이 있다. 경제학이 서비스업이라고 통칭해 부르는 업종 중 상당수는 가치를 생산하는 것이 아니라 노동을 이전받는 것에 불과하기 때문이다.

도소매업부터 보자. 시장 판매를 목적으로 사회적 분업이 조직되는 자본주의에서는 생산과 소비가 필연적으로 분리된다. 도소매업은 생산과 소비를 연결하는데, 이는 소비와 분리된 생산의 특성 탓에 필요한 것이다. 생산에 필요한 노동과는 관련이 없다. 그래서 경제성장에서 도소매업의 상한선은 상품 실현(판매)에 필요한 시간이 사라져 도소매업 자체가 사라지는 상황이다. 반대로 도소매업의 하한선은 상품 실현에 걸리는 시간이 무한대가 되어 재고만 쌓이는 상황이다. 도소매업자는 하한선에서 상한선으로 이동하는 대가로 중간 마진을 챙긴다. 도소매업자의 소득은 생산과 소비의 분리라는 자본주의적 특성 때문에 존재하는 것이다. 노동가치론 관점에서 도소매업자 소득은 이전된 소득이다.

그런데 우리나라의 이윤율은 상품 실현에 필요한 시간이 지체되어 하락하고 있는 것이 아니다. 그럼에도 경제학이 도소매업 생산성을 그 자체로 경제성장의 중요한 요소로 보는 것은 노동가치론을 무시했기 때문이다. 상품 생산에 필요한 노동과 그것의 실현에 필요한 일을 경제학은 구분하지 못한다.

물론 그럼에도 온라인쇼핑 확대 같은 도소매업의 획기적 변화는 국민경제 전체의 생산과 소비에 영향을 주기도 한다.[49] 소매업자가 매장 유지에 필요한 자본(설비나 건물)을 획기적으로 절감할 수 있고, 소비자도 이전에는 구매할 수 없었던 상품들을 구매할 수 있게 되어서다.

상품 실현에 필요한 자본스톡(건물이나 재고 등)이 많이 감소하면, 국민
경제 전체에 필요한 자본스톡도 감소하기 때문에 결과적으로 이윤율
상승에 기여한다. 하지만 이런 유통혁명은 효과가 크지는 않다. 예로
1990년대 등장한 온라인쇼핑은 이윤율 상승에 도움이 되긴 했지만,
곧바로 그 효과가 기존 유통업체의 매출 감소로 상쇄됐다.[50]

서비스업에서 도소매업 다음으로 생산 규모가 큰 부동산·임대업과
금융보험업은 가치 생산과 더욱 거리가 멀다. 한국은행이 측정하는 부
동산·임대업의 생산은 주거서비스가 대부분을 차지하는데, 이는 (세
입자든 자가소유자든) 모든 주택이 서비스를 생산하고 있다는 가정하에,
서비스 가치를 세입자가 지출하는 임대료를 기준으로 측정한 것이다.
그래서 주택 생산에 필요한 노동의 증감과 상관없이 부동산 시장에서
전·월세가 뛰면 서비스 생산량도 증가한다. 부동산 투기가 증가하면
경제가 그냥 성장한다는 것이다. 노동가치론을 무시하는 경제학은 가
격이 붙은 모든 서비스를 생산으로 측정한다.

금융보험업의 생산 측정도 부동산임대업과 비슷하다. 한국은행은
민간은행이 기준금리보다 더 높은 이자로 돈을 빌려주면 민간은행이
새롭게 가치를 창조했다고 간주한다. 예로 기준금리가 2퍼센트인데,
은행이 5퍼센트 이자로 100만 원 대출을 해주면, 이자 차이인 3만 원
을 금융중개서비스가 생산했다고 측정하는 것이다. 그런데 만약 중앙
은행이 저금리 기조를 유지하는 가운데, 금융기관들이 은행에서 자금
을 빌려 투기에 나서면 어떤 일이 벌어질까? 자금 수요자가 많으니 대

출 이자가 오를 것이고, 금융중개서비스 생산도 증가할 것이다. 금융거품이 커질수록 금융업은 고부가가치 산업이 된다.

참고로 한국은행이 측정한 도소매업서비스, 주거서비스, 금융중개서비스 등은 요소생산 전체의 20퍼센트에 이를 정도로 크다. 하지만 이 부분이 커진다고 해서 경제가 성장하지는 않는다. 이 부분의 생산은 이전된 소득이나 책상 위에서 만들어진 가공의 생산이 대부분이기 때문이다. 서비스업 규제개혁은 이것들을 키워서 성장의 동력으로 삼자는 주장이다. 실현되기도 어렵지만, 실현되어도 실제 경제에는 효과가 없다.

┃ 지속 vs 정지

경제학의 결함은 지속적 성장을 전제한다는 점과 가치의 생산과 이전을 구분하지 못한다는 점이다. 서비스업 규제개혁으로 한국 경제의 새로운 성장 동력을 찾자는 제안은 경제학의 이런 결함을 압축해서 보여준다.

《자본》은 자본주의적 성장의 도착지가 정지 상태라고 주장한다. 이윤율은 균형 상태에 도달하는 것이 아니라 "추락하는 것은 날개가 없다"라는 말처럼 바닥까지 떨어진다. 이윤율 운동의 역사적 궤적은 이러한 분석에 힘을 싣는다. 서비스업 규제개혁은 서비스업의 특성을 분석해볼 때 이윤율 하락에 반작용하는 힘이 될 수 없다. 우리는 정지 상태의 자본주의가 어떤 변화를 겪는지에 대해 4부에서 살펴볼 것이다.

11장

임금주도성장론은 착한 성장론인가?

포스트케인지안 성장론 비판

2010년대 경제적 불평등 논의가 세계적으로 이슈가 되면서 덩달아 유행한 이론이 임금주도성장론Wage-led Growth이다. 포스트케인스주의 학파에 의해 정립된 임금주도성장론은 임금 상승이 경제성장을 이끈다는 이론이다. 이제까지 주류 경제학에서 임금은 노동생산성 향상의 결과로 상승하는 것이었다. 많은 노동자가 소득이 줄어들어 고통받는 상황에서 임금 인상을 단순히 분배 측면이 아니라 성장론 측면에서도 긍정적이라 밝혔으니, 노동계를 비롯해 세계 진보진영 대부분이 크게 환영하지 않을 리 없었다. 국제노동기구는 아예 국제 캠페인까지 조직했다.

임금주도성장론은 자본가에게나 노동자에게나 정말로 '행복한' 결론이다. 분배를 둘러싼 갈등을 벌일 필요가 없으니 말이다. 임금을 인상하면 이윤도 증가한다. 200년 이상 지속한 계급적 갈등은 오해에서 비롯된 것이다. 기업 이윤의 증감으로 경제를 설명한 주류경제학도, 착취란 개념으로 자본주의적 생산의 모순을 지적한 마르크스의 경제이론도 더는 필요가 없다. 하지만 안타깝게도 이런 행복한 공존은 공상에 불과하다. 임금주도성장론은 이론적으로나 현실의 경제 정책으로나 설득력이 없다. 임금주도성장론의 대표적 정책 수단인 최저임금인상만 봐도 이론적 결함이 드러난다. 이번 장에서는 최저임금을 둘러싼 쟁점을 살펴보면서 임금주도성장론(한국에서는 소득주도성장론으로 소개되었다)의 문제점을 분석해보겠다.

▌최저임금 논쟁

2018~2019년 2년간 최저임금이 약 30퍼센트 인상됐다. 기승전 최저임금이라는 말이 나올 정도로 몇 년간 논쟁도 많았다. 물론 이전에도 연달아 두 자릿수로 최저임금이 인상된 사례가 없었던 것은 아니다. 2001~2002년에도 31퍼센트가 인상됐다. 하지만 당시는 논란이 크지 않았다. 최저임금 영향을 받는 노동자가 5퍼센트 남짓에 불과했기 때문이다. 최저임금 수준 자체가 워낙 낮았다. 하지만 2019년에는 사정이 달랐다. 최저임금 영향을 받는 노동자가 전체 노동자의 25퍼센트에 이를 정도로 많았다. 최저임금 협상이 국민 임금투쟁이라는 말

이 나올 정도였다.

　최저임금 인상의 해외 사례들을 살펴보면, 이런 한국의 사례는 예외적이다. 2001~2017년 OECD 34개 국가의 최저임금과 1인당 GDP 간의 상승률 차이는 0.7퍼센트포인트였다. 1인당 GDP를 노동생산성 지표로 보면, 최저임금 인상은 노동생산성 상승 범위 내에서 이뤄졌다는 의미다. 물론 한두 해 차이가 커지는 시기도 있었다. 하지만, 이는 몇 년에 걸쳐 조정되는 것이 일반적이었다. 우리나라의 경우 이 기간 차이가 2.3퍼센트포인트였다. 반면 2018~2019년에는 이 차이가 10퍼센트포인트 이상 났다. 그리고 2020~2021년 최저임금이 사실상 동결에 가깝게 낮게 인상돼, 결국에는 생산성 상승률과 큰 차이가 나지 않게 되었다. 결국 우리나라 역시 온갖 논란에도 불구하고 장기간의 경향성에서 벗어나지는 못했던 셈이다.

　최저임금 논쟁은 최저임금이 고용과 실제 임금 상승에 미친 효과가 쟁점이다.[51]

　고용과 관련한 쟁점부터 살펴보자. 최저임금 인상이 고용에 미치는 영향을 분석하는 것은 생각만큼 쉽지 않다. 경기변동, 업종특성 등 "다른 조건이 모두 같고" 최저임금 인상률만 다른 사업장에서 고용변화의 차이를 관측해야 하기 때문이다. 일반적으로 사용되는 방법은 최저임금이 인상되지 않은 집단(통제집단)과 인상된 집단(처치집단)을 통계적으로 만든 후 양자의 고용 변화를 비교하는 것이다. 이는 1990년대 미국에서 만들어진 분석방법으로, 미국에서는 지역별로 최저임금 인상률이 다르다 보니, 근접한 상권에서도 행정구역을 사이에 두고 최저임금 인상률이 다른 경우가 종종 있다.

하지만 이런 분석방법은 우리나라같이 전국, 전 산업에서 최지임금 인상률이 같은 경우에는 사용하기가 까다롭다. 최저임금 인상을 제외한 다른 모든 조건이 같은 집단을 통계적으로 만들기가 어렵기 때문이다.

우리나라에서는 나이, 성, 학력 같은 인구사회학적 집단이나 산업 같은 경제적 집단이 최저임금 인상 영향을 다르게 받는다는 점을 이용한다. 그런데 이런 통계적 집단에는 치명적 결함이 있을 수 있다. 각각의 변수들이 상호 연관되어 복잡한 현상을 일으키는 경우가 많기 때문이다. 더구나 실증연구들이 사용하는 표본조사는 표본이 크지 않아, 취업자를 소집단별로 나누어 분석할 때도 왜곡이 발생할 수 있다. 예로 최저임금 영향을 크게 받는 청년 집단과 그렇지 않은 중년 집단을 비교한다고 해보자. 청년집단은 처치집단이고 중년집단은 통제집단이다. 그런데 청년은 경기침체에도 중년집단보다 영향을 크게 받는다. 기업들이 해고보다는 신규채용을 줄이는 방법으로 경기침체에 대응하기 때문이다. 경기침체와 최저임금 인상이 동시에 발생한 경우 과연 어떤 것이 고용에 영향을 미쳤는지 구별하기 어렵다. 실증분석에 왜곡이 발생할 여지가 많다는 것이다. 어쨌거나 2018년부터 최저임금 인상 효과에 관한 실증연구들이 다수 발표됐다. 연구들은 처치집단과 통제집단을 만드는 통계방법에 따라 결론이 나뉘었다.

한편, 객관적 거시지표로 보면 고용사정은 2018년에 나빠졌다. 2018년 실업률은 3.8퍼센트로 전년보다 0.1퍼센트포인트 증가했고, 고용률은 60.7퍼센트로 전년보다 0.1퍼센트포인트 감소했다. 2019년 1/4분기를 보면 실업률은 4.5퍼센트로 전년 동기보다 0.2퍼센트포인트 증가했다 최저임금 인상을 옹호하는 연구자들은 이런 고용 부진을 최저임금 탓이 아니라 경기침체 탓으로 돌린다. 하지만 이런 주장은 이론적으로나 경험적으로나 설득력이 없다. 경기침체로 고용이 감소할 때 최저임금을 급격하게 올리는 것이 고용에 긍정적 영향을 미칠 리 없기 때문이다.

다음으로 최저임금이 실제 임금 상승에 미친 영향도 살펴보자. 최저임금 인상으로 저임금 노동자의 임금이 상승했다는 연구들은 대부분 고용 감소(또는 노동시간 감소)로 발생하는 임금총액의 감소를 고려하지 않는다. 하지만 문제는 앞서 봤듯 최저임금 인상이 고용을 줄여 임금을 받는 노동자 자체가 줄어드는 경우다.

저임금 노동자가 밀집해 있는 대표 업종인 도소매·음식·숙박업의 임금총액을 살펴보자. 명목 임금총액 증가율은 2017년 8퍼센트, 2018년 7퍼센트였다. 오히려 2018년에 증가율이 하락했다. 노동시간의 감소, 임시일용직의 증가, 상용직 증가세 둔화 등으로 고용의 양과 질이 나빠져 최저임금 인상 효과가 상쇄된 것이 원인이었다. 2013~2017년 5년을 살펴봐도 임금총액의 연평균 증가율은 8퍼센트로 2018년보다 높았다. 최저임금 인상률은 2013~2017년 연평균 7퍼센트였고, 2018

년은 16.4퍼센트였다. 최저임금 인상이 고용에 악영향을 미쳐서 결과적으로 임금총액 증가에도 부정적 영향을 미쳤다는 것이다.

임금 격차가 감소하지 않았다는 지표들도 여럿 있다. 예로 고용노동부 사업체노동력조사에서 양극단의 집단을 비교해보면, 5인 미만 상용직과 300인 이상 상용직의 임금 인상률 차이는 2017년 2.9퍼센트포인트였으나 2018년에는 −0.9퍼센트포인트였고, 통계청 근로형태별부가조사에서 비정규직과 정규직의 임금 인상률 차이 역시 2017년 2.9퍼센트포인트였으나 2018년에는 −0.8퍼센트포인트였다. 최저임금 영향을 받는 집단과 고임금 집단 간 임금 격차가 오히려 커졌다는 것이다.

한국노동연구원은 최저임금의 급격한 인상 이후 최저임금 미만율이 급증했다고 분석했다. 2018년 8월 경제활동인구 근로형태별 부가조사를 살펴보면, 전년 동월보다 최저임금 미만율이 2.2퍼센트포인트 상승해 15.5퍼센트를 기록했다. 숫자로는 45만 명이 증가해서 311만 명이 됐다. 2019년에는 최저임금 미만율이 16.5퍼센트로 더 늘어났다. 최저임금 인상의 효과가 현장에서 무시되고 있는 셈이다. 특히 최저임금 미만율이 급증한 부분은 도소매업, 숙박·음식업, 보건·사회복지로 저임금 노동자가 밀집해 있는 곳이었다. 편의점, 식당 알바로 상징되는 숙박·음식업은 최저임금 미만율이 50퍼센트에 육박했다.

그렇다면 왜 노동자들은 최저임금 미만의 임금을 수용하고 있을까? 당연히 일자리가 부족해서다. 일자리 경쟁이 격해질수록 노동자들은

'울며 겨자 먹기'로 낮은 임금을 수용할 수밖에 없다. 일자리 경쟁이 이전보다 치열해졌다는 사실은 최저임금 일자리를 두고 경쟁하는 인구 집단에서 실업률이 증가했다는 점으로도 확인할 수 있다.

▌임금주도성장론의 내적 결함

최저임금 인상의 근거가 된 임금주도성장론은 국민경제의 특성을 이윤 주도 성장체제와 임금 주도 성장체제로 구분한다. 임금분배율이 증가할 때 경제성장률이 더 높아지면 임금 주도 성장체제이고, 그 반대이면 이윤 주도 성장체제이다. 임금주도성장론을 지지하는 학자들에 따르면 한국은 임금이 노동생산성보다 더 빠르게 상승할 때(임금분배율이 상승할 때) 경제성장률도 높아지는 임금 주도 성장체제다.

임금주도성장론은 두 가지 선순환을 주장한다. 첫 번째는 '임금 상승 → 소비(판매) 증가 → 설비가동률 상승 → 설비투자 확대 → 고용 증가'로 이어지는 수요의 선순환이다. 그런데 이런 수요의 순환은 고용이 증가할 수 없는 상황(완전고용)이 오면 물가 상승을 일으킨다. 그래서 두 번째 순환이 필요하다. 두 번째는 '임금 상승 → 노동절약적 투자 증가 → 자본집약도 상승 → 노동생산성 상승'으로 이어지는 생산성의 선순환이다. 임금 상승으로부터 유도되는 노동생산성 상승은 국민경제를 장기적 성장으로 이끈다.

그러나 임금주도성장론의 문제점은 자본집약도 상승이 언제나 충분한 노동생산성 향상으로 이어진다고 전제한다는 점이다. 하지만 우리가 1장에서 봤듯, 노동생산성과 자본집약도의 비율인 자본생산성은 기술과 제도가 혁명적으로 혁신된 시기를 제외하면 오히려 하락하는 경향이 지배적이었다. 자본생산성이 하락하는 가운데 실질임금이 상승하면 이윤율이 하락하면서 임금이 재조정될 수밖에 없다. 이것이 우리가 앞서 살펴본 이윤율의 동역학이다.

임금주도성장론의 내적 결함은 우리나라에서 이미 경험했던 바이기도 하다. 임금주도성장론이 불가능하다는 증거는 다름 아닌 1997년 국가부도 사태였다. 우리나라 경제는 1989년 3저 호황 종료 이후에도 자본투자가 증가했고 임금 상승도 이어졌다. 특히 1987년 노동자대투쟁 효과로 이전까지 정체되어 있던 임금이 빠르게 상승하던 시기라 마치 임금 인상이 투자와 고용을 견인하는 것처럼 거시 지표가 나타나기도 했다. 물론 실제 상황은 전혀 그렇지 못했지만 말이다.

다음 페이지의 그림 12는 우리나라의 민간 경제성장률(요소소득 기준)을 고정자본스톡 증가율과 자본생산성 증가율로 분해한 것이다. 전통적으로 한국 경제는 자본투자 주도로 성장해 왔다는 것을 분명하게 알 수 있다. 특히 주목해서 볼 시기는 1989~1996년이다. 큰 폭의 자본생산성 하락 속에서도 자본투자가 이전 수준으로 유지되어 경제성장률이 그럭저럭 유지될 수 있었다. 더욱이 이런 투자 덕에 임금도 상승할 수 있었고, 임금분배율도 약간이나마 증가했다. 하지만 이런 성장

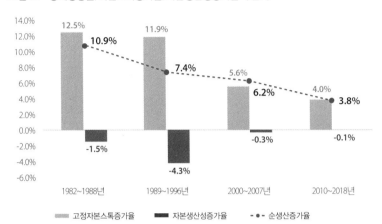

그림 12 • 경제성장률, 자본스톡증가율, 자본생산성증가율의 관계 —————————

전통적으로 한국 경제는 자본투자 주도로 성장해 왔다. 자본생산성은 대체로 경제성장률을 하락
시키는 요소였다. 자본투자로 자본생산성 하락을 상쇄시키며 성장률을 높여왔던 것이 한국의 역
사였다.

은 지속 가능한 것은 아니어서, 1997년 국가부도 사태를 기점으로 조
정될 수밖에 없었다. 요컨대 임금주도성장론은 과잉투자로 인한 임금
상승을 임금 인상으로 인한 투자 촉진으로 오해한다. 그 결과 임금주
도성장론이 적용되는 1990년대의 성장이 왜 1997년 국가부도로 이어
졌는지도 설명하지 못한다.

| 시장의 반격과 임금 인상의 상한선

임금주도성장론은 자본투자만큼 생산성이 증가한다는 낙관주의를

전제한다. 임금 인상이 자본가에게 이윤율 보존을 위한 투자 의욕을 불러일으키고, 그 투자 의욕이 임금 인상으로 낮아진 이윤율을 다시 높인다. 케인스처럼 말하자면, 임금 인상은 기업가의 '야성적 충동'을 일깨운다는 것이다. 하지만 이런 자본투자와 생산성에 관한 낙관주의는 앞서 살펴본 것처럼 현실과 상당히 다르다.

저성장 속에 이뤄진 한국의 급격한 최저임금 인상은 세계적으로도 특이한 사례였다. 그리고 그 효과는 저임금 노동자의 임금 인상이나 임금 격차 완화에 생각만큼 긍정적 영향을 미치지도 못했다. 그렇다면 2018~2019년 최저임금 인상은 왜 원하는 결과를 얻지 못했을까? 간단하게 말해 최저임금이 시장을 이길 수 없었기 때문이다. 임금주도성장론을 근거로 한 최저임금 인상은 노동자에게 오히려 불리한 결과를 가져온다.

12장

경제의 성장과 위기

자본순환론으로 분석한 경제성장의 요인

《자본》은 경제성장을 노동이 순환circulation하는 폐쇄회로closed circuit로 설명한다. 이 회로에서는 전기회로와 마찬가지로 회로 내부에서 노동이 보존된다. 전자가 전기회로를 돌며 여러 에너지 현상을 만들어내듯, 이 회로에서도 노동이 순환하며 여러 경제현상을 만들어낸다. 물론 노동의 순환은 노동하는 시민이 아니라 노동을 지배하는 자본이 통제한다. 그래서 이 회로는 노동의 회로가 아니라 자본의 회로일 수밖에 없다.

┃ 온돌보일러

자본회로는 우리가 평상시 사용하는 온돌보일러와 비슷하다. 온돌

보일러는 연료를 태워 물을 데우고, 데워진 물이 동파이프를 통해 방 바닥 이곳저곳을 돈 후에, 차가워진 물이 다시 보일러로 돌아와 앞의 과정을 되풀이한다. 자본회로에서는 시민의 노동능력이 연료, 자본스톡이 보일러, 화폐가 온수, 경제 제도가 동파이프, 상품 생산에 소모된 노동이 방의 온도 역할을 한다. 온돌보일러의 열 순환으로 방의 온도가 높아지듯, 자본회로의 노동 순환으로 경제가 성장한다.

① 방 온도는 투입된 연료가 이상적으로 모두 연소되었을 때 최고로 높아진다. 마찬가지로 자본회로에서 경제성장은 완전고용으로 시민의 노동능력이 이상적으로 모두 사용되었을 때 최고치가 된다. 그런데 보일러가 연료를 100퍼센트 연소시키지 못하는 것처럼, 자본회로에서도 시민의 노동능력이 100퍼센트 사용되지 못한다.

② 보일러가 클수록 방의 온도가 더 빨리 상승한다. 시간당 연소하는 연료가 증가하기 때문이다. 자본회로에서도 자본스톡이 커지면 경제가 더 빨리 성장한다. 자본스톡이 시민에게서 더 많은 노동을 추출하기 때문이다.

③ 보일러가 어느 수준 이상으로 커지면 연료 효율이 오히려 떨어진다. 보일러가 방으로 내보내는 열보다 보일러 자체의 온도 유지를 위해 사용되는 열이 더 많아지기 때문이다. 자본회로에서도 자본스톡이 어느 수준 이상으로 커지면 자본생산성이 하락한다. 자본스톡이 추출하는 노동보다 자본스톡의 생산·재생산에 사용되는 노동이 더 많이 증가하기 때문이다.

④ 새로운 기술이 개발되면 보일러 크기를 키우지 않고도 온수를 더 뜨겁게 데울 수 있다. 예로 가스보일러는 연탄보일러보다 작지만, 방은 더 빨리 데운다. 자본회로에서도 새로운 기술로 자본생산성이 상승하면, 자본스톡을 이전보다 덜 증가시키면서 노동을 더 많이 추출할 수 있다.

⑤ 보일러는 회전하는 온수로 방에 열을 전달한다. 보일러 물탱크에 물이 충분치 않으면 방 온도가 제대로 상승하지 못한다. 자본순환회로에서는 화폐로 노동이 표현된다. 화폐 위기를 겪으면 경제성장이 둔화한다.

⑥ 동파이프에 누수가 있거나 이물질이 끼어 있으면 온수의 열이 제대로 방바닥에 전달되지 못한다. 동파이프가 막혀 온수가 회전하지 못하면 아예 보일러가 작동을 멈추기도 한다. 자본회로에서는 제도가 동파이프 역할을 한다. 예를 들어 경제 제도의 대표 격인 중앙은행이 적절하게 통화를 공급하지 못하면 신용경색이 발생하면서 기업들이 유동성 위기를 겪을 수 있다. 대공황 사례처럼 신용제도가 붕괴하면 경제 전체가 위기에 빠진다.

▎회로의 기본 구조

자본회로를 도식적으로 표현하면 오른쪽 그림과 같다. ① 화폐 소유

그림 13 • 자본회로의 기본구조

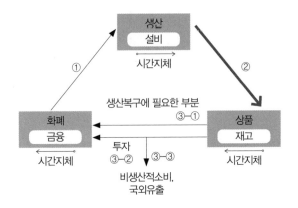

그림은 《자본》의 자본순환을 도식적으로 나타낸 것이다. 《자본》에서 쓰인 표현 그대로 표기하면, G=화폐, W=상품, P= 생산과정, ´는 증식이고, G-W ……P……W´ -G´가 된다. 즉 순환은 최종적으로 화폐의 자기 증식 과정(G-G´)으로 나타난다. 순환 과정에서 스스로 증식하는 것처럼 보이는 노동이 바로 '자본'이다. (출처: 던컨 K.폴리, 《자본의 이해》 114쪽의 그림을 필자가 재구성.)

자가 생산수단과 노동능력을 구매해 ② 노동능력에서 노동을 추출해 상품을 생산하고 ③ 상품을 판매해 화폐를 얻고 이를 재투자하는 일련의 과정이 바로 자본순환이다.

　자본순환의 가장 중요한 특징은 항상 ②의 노동이 ①보다 크다는 것이다. 노동능력 구매에 필요한 화폐보다 노동자에게 추출하는 노동이 항상 크다. ②의 노동에서 생산의 복구(노동능력과 생산수단의 재생산)에 필요한 노동(③-①)을 제외하고도 노동이 남는다. 그리고 이 잉여노동 중 일부는 자본순환의 규모를 키우기 위해 회로 내부로 재투자(③-②)된다. 나머지는 자본회로의 재생산과 무관하게 소비된다(③-③). 자본의 순환을 유지하고 확대하기 위한 소비를 생산적 소비(③-①과 ③-②)로, 순환의 재생산과 무관한 소비를 비생산적 소비(③-③)로 규정할 수 있다.

그런데 이 순환은 화폐 소유자의 입장에서 보면 처음 소유한 화폐가 회전 이후 더 많은 화폐로 되돌아오는 것이다. 《자본》에서 쓰인 표현 그대로 표기하면, G=화폐, W=상품, P= 생산과정, ´는 증식이고, G-W ……P……W´-G´가 된다. 즉 순환은 최종적으로 화폐의 자기증식 과정(G-G´)으로 나타난다. 순환 과정에서 스스로 증식하는 것처럼 보이는 노동이 바로 '자본'이다. 화폐에서 시작해 화폐로 끝나는 순환은 실제로는 노동의 순환이지만, 자본가가 조직하는 경제에서는 화폐의 자기증식 과정으로 나타난다.

시간지체와 자본스톡

자본회로에서 노동의 흐름은 화폐-생산-상품의 단계마다 시간 지체를 겪는다.[52] 생산→상품에는 생산시간이, 상품→화폐에는 판매시간이, 화폐→생산에는 투자시간이 필요하기 때문이다.

이런 시간지체는 물이 흐르지 않고 고이면 웅덩이가 만들어지는 것처럼, 각 단계에서 스톡(저량)을 만든다. 생산된 상품이 판매되기 전까지 재고(상품스톡)가 쌓이고, 상품 판매로 얻은 화폐가 다시 생산에 재투자되기 전까지 금융(화폐스톡)이 축적된다. 시간지체의 증감과 스톡의 증감은 이렇게 비례한다. 단, 생산단계의 스톡인 설비는 성격이 다르다. 시간지체가 원인이 아니라 시간지체를 줄이기 위해 축적되기 때문이다. 자본가는 빠르게 노동을 추출하기 위해 설비를 투자한다. 이 세종류의 시간지체가 생산단계의 회전속도 turnover times이다.

자본 흐름과 스톡

우리가 보통 경제성장이라 부르는 것은 주어진 기간에 더 많은 노동이 회전하는 것이다. 예로 연간 경제성장률이 5퍼센트라면 회로에 회전하는 노동이 연간 5퍼센트 증가했다는 것이다.

그렇다면 더 많은 노동이 자본회로에서 회전하게 만들려면 무엇이 필요할까?

첫째, 회전속도를 높여야 한다. 예로 잉여노동이 모두 비생산적으로 소비되고, 100만 원 화폐로 출발한 노동이 다시 화폐로 돌아오는 회전시간이 2개월이라고 가정해보자. 그러면 1년에 회전하는 노동량은 〈12개월/2개월 × 100만 원 = 600만 원〉이다. 이때 회전속도가 두 배로 상승(회전시간이 1개월로 단축)하면, 1년에 회전하는 노동량은 〈12개월/1개월 × 100만 원 = 1,200만 원〉이다. 경제가 두 배로 성장한다.

둘째, 순환의 규모를 팽창시켜야 한다. 앞의 예에서 잉여노동 중 20만 원이 회로에 재투입(투자)된다고 가정하면, 100만 원 화폐로 시작된 회전이 그다음에는 120만 원 화폐로 출발한다. 생산단계의 자본스톡을 키우면 시간당 추출하는 노동을 늘릴 수 있다. 즉 회로가 팽창하면서 경제가 성장한다.

이렇게 자본순환 회로의 경제성장은 회전속도 상승과 회전규모 증가로 이뤄진다. 회전속도의 상승은 자본생산성 상승이라고 표현할 수도 있다. 자본스톡이 그대로인 상태에서 노동 흐름(생산)이 증가하는 것이니 말이다. 회전규모의 증가는 투자의 증가, 즉 자본스톡의 증가와 같다. 즉, 경제성장은 자본생산성 상승과 자본스톡의 증가로 달성된다. 이를 아래와 같은 간단한 수식으로 표현할 수 있다.

$$\text{생산} = \frac{\text{생산}}{\text{자본스톡}} \times \text{자본스톡} = \text{자본생산성} \times \text{자본스톡}$$

따라서,

생산증가율(경제성장률) = 자본생산성증가율 + 자본스톡증가율

시간지체를 줄이는 방법

시간지체를 줄이는 방법은 크게 두 가지가 있다. 하나는 기술혁신이고, 다른 하나는 제도혁신이다. 기술혁신으로 경제가 장기적으로 성장한 사례는 1부에서 살펴봤으니 여기서는 제도혁신의 사례만 살펴보겠다.

제도를 혁신해 시간지체를 크게 단축했던 사례는 19세기 말 20세기 초의 제도혁신이 대표적이다. 당시 미국의 기업들은 기업 외부에 있던 금융, 판매, 생산관리, 부품조달 등을 모두 기업 내부에 통합해 시장 거래로 인한 시간지체를 많이 단축할 수 있었다. 또한, 기업 지배구

조를 개인기업에서 주식회사로 바꿔 자본을 이전보다 빠르게 조달하면서도 사업주의 책임을 분산할 수 있도록 만들었고, 소유와 경영을 분리해 기업경영의 전문성도 발전시켰다.[53] 제너럴일렉트로닉스GE나 제너럴모터스GM 같은 20세기를 대표하는 주식회사들은 모두 이렇게 탄생한 기업들이었다. 법인혁명[54]이라고 불리는 기업 제도 혁신이 2차 산업혁명과 결합해 20세기 초중반 인류 역사상 최대의 경제성장을 만들었다. 금융규제로 금융스톡이 필요 이상으로 커지는 것을 막고, 유효수요 정책으로 재고스톡이 작아지도록 만든 케인스주의 경제정책도 중요한 제도혁신이었다.

20세기 후반의 금융혁신 역시 제도혁신의 한 사례다. 미국은 1980~1990년대 여러 금융규제를 완화해 은행이 더 과감하게 금융투자를 할 수 있도록 허용했다. 예금을 받는 상업은행과 위험한 금융거래를 하는 투자은행이 서로 겸업할 수 있도록 허용한 것이 대표적 사례였다. 이런 금융화를 배경으로 기업들은 쉽게 금융시장에서 자금을 조달했고, 가계도 쉽게 부채로 소비를 늘렸다. 화폐와 상품단계의 시간지체가 금융화 덕에 단축된 것이다. 21세기 초반 미국과 유럽의 성장은 이런 금융혁신이 큰 역할을 했다.

금융혁신이 경제를 성장시키는 방법은 주택 시장 사례로 쉽게 이해할 수 있다. 만약 금융 지원 없이 아파트 건설과 판매가 이뤄진다면, 자금이 부족한 건설업체는 수천 호의 아파트를 동시에 건설할 수 없을 것이다. 자금이 허락하는 범위에서 일부만 건설해 먼저 판매하고, 판매대금을 회수해 다시 나머지 아파트를 지어야 한다. 소비자 역시 수억 원에 달하는 아파트를 자신의 소득으로만 구매해야 한다면, 평생을 저축해야 죽을 때쯤 간신히 집 한 채를 살 수 있을 것이다. 이럴 경우 화폐, 생산, 상품 단계의 시간지체가 매우 길어진다.

투자를 증가시키는 방법

투자는 잉여노동 중 비생산적 소비를 제외한 부분이다. 투자를 증가시키려면 잉여노동을 증가시키든지 비생산적 소비를 줄여야 한다. 우선, 잉여노동을 늘리는 방법은 딱 하나다. 추출하는 노동을 늘리고 생산복구에 필요한 노동은 줄이는 것이다. 즉 자본생산성 상승이 필요하다는 것이다. 이에 대해서 우리는 앞서 자세히 살펴봤다.

비생산적 소비를 줄이는 방법은 크게 보면 두 가지다. 첫째, 사치재 소비를 억제하고 저축을 늘리는 것이다. 대표적 사례는 박정희 정부였다. 박정희 정부는 보석, 유흥음식, 골프 같은 사치재 소비와 해외 소비를 엄격하게 규제했고, 더불어 가계에 압력을 가해 저축을 늘리도록 강제했다. 둘째, 정부 지출의 효율성을 높여 시장 유지비용을 절감하는 것이다. 군대, 경찰, 행정 같은 국가 기관들은 상품 생산에 관여하지 않는다. 즉 자본회로 내부에 존재하지 않는다. 공권력으로 불리는 이들의 역할은 소유권 제도나 국가의 경계를 물리력으로 유지하는 것이다. 그런데 이들이 소비하는 노동이 엄청나다. 예로 우리나라는 국내 신규투자의 60퍼센트에 달하는 규모를 행정, 국방, 치안에 사용했다. 공권력 유지에 필요한 소비를 줄여 생산적 부분에 투자할 수 있다면 경제성장률을 더 높일 수 있을 것이다. 반대로 군사적 대결, 사회범죄, 군인과 경찰의 부패가 증가해 이 부분에 필요한 노동이 증가하면, 생산적 부분으로 가야 할 투자가 감소할 수밖에 없다.

이윤율 법칙을 통한 종합

경제성장에 영향을 미치는 자본생산성과 자본투자의 변화는 이윤율 법칙으로 통합된다. 자본생산성 증가율과 자본스톡 증가율이 모두 이윤율을 변수로 삼기 때문이다.

먼저 이윤분배율이 일정하다면 자본생산성 상승률은 이윤율 증가율과 같다.[55] 다음으로 축적률(잉여노동 중 생산적 소비의 비중)이 일정하다면, 자본스톡 증가율은 이윤율과 같다.[56] 즉, 경제성장률은 이윤율 증가율과 이윤율의 합이다.[57] 우리는 경제성장 이론을 압축해 "이윤율의 경제학"이라 부를 수 있다.[58]

경제성장률 = 자본생산성증가율 + 자본스톡증가율

자본생산성증가율 = 이윤율증가율,

자본스톡증가율 = 이윤율

따라서,

경제성장률 = 이윤율증가율 + 이윤율

화폐와 신용

자본순환에서 한 가지 더 검토할 것은 상품 실현과 관련된 문제다. 상품 판매는 물물교환이 아니라 시장에서 화폐로 이뤄진다. 그래서 한 가지 문제가 발생한다. 화폐 → 생산 → 상품의 회전을 거친 노동이 첫 시작점의 화폐보다 많을 수밖에 없어서다. 앞의 예로 보면, 100만 원 화폐로 시작한 순환은 생산단계에서 추가된 노동으로 인해 120만 원의 상품이 된다. 하지만 회로 내의 화폐는 100만 원밖에 없다. 상품을 구매할 화폐가 20만 원 부족하다.

이 문제를 해결하는 직접적 방법은 중앙은행이 경제성장을 예상해 미리 화폐공급을 늘리는 것이다. 그러나 중앙은행의 화폐공급은 빠른 경기변동에 대응하기에는 경직적이다. 그래서 상품실현에 필요한 화폐 수요 변화는 중앙은행의 화폐공급보다 민간 은행의 신용을 통해 일상적으로 해결된다. 은행은 예금된 유휴 화폐를 대출해 유통되는 신용 화폐(통화)를 증가시킨다.

성장하는 경제에서는 중앙은행의 통화정책과 금융기관의 신용공급이 중요한 역할을 한다.

무역

지금까지 우리는 대외거래가 없다고 가정하고 자본순환을 분석했다. 폐쇄된 국민경제만 다룬 것이다. 하지만 현실의 국민경제는 세계경제의 국제적 분업 속에 존재한다. 우리나라만 봐도 재화와 서비스의 수출입 규모가 1년 GDP보다 크다. 각각의 국민경제가 독립된 자본회로라고 할 때, 수출입은 자본순환 회로 간의 노동 유입과 유출로 이해할 수 있다.

| 자본순환과 회계

자본순환은 경제 상태를 측정하는 회계 개념과도 일치한다. 자본순환으로 국민회계와 기업회계를 더욱 직관적으로 이해할 수 있다.[59]

국민계정

한국은행은 국민경제의 상태를 측정하기 위해 연, 분기 단위로 국민계정을 작성한다. 국민계정은 생산계정, 소득계정, 자본계정, 금융계정, 국외계정, 대차대조표계정으로 구성되는데,[60] 말은 어렵지만 각 계정은 자본순환을 여러 지점에서 기록한 것과 같다. 온돌보일러에 비유하면, 보일러, 물탱크, 동파이프, 방에 여러 측정 센서를 장착해 난방 상태를 종합적으로 측정하는 것이다.

생산계정은 생산단계에서 상품단계로 가는 노동 흐름을 계측한다. 2016년 우리나라에서는 생산단계에서 추출된 노동이 1,640조 원이었다. 소득계정은 상품단계에서 화폐단계로 가는 노동이 어떻게 분배되는지를 계측한다. 총노동 중에 730조 원은 임금으로, 420조 원은 이

그림 14 • 2016년 한국의 자본순환

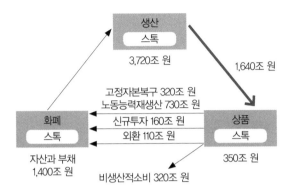

국민계정을 자본순환 다이어그램의 각 단계에 표시해보면 위와 같다. 단, 자영업자의 소득을 영업잉여와 임금으로 분해하지 않고, 한국은행 자료를 그대로 사용했다. 국민경제의 잉여노동 전체를 영업잉여와 생산물세의 합 590조 원으로 간주했다. 이 590조 원은 신규투자 160조 원, 외환 110조 원, 비생산적 소비 320조 원으로 분배된다.

윤으로, 170조 원은 생산물세(부가가치세)로, 그리고 320조 원은 생산 스톡의 복구비(고정자본의 소모)로 분배됐다. 자본계정은 잉여노동 중 얼마가 생산에 재투입되었는지를 계측한다. 총노동의 30퍼센트인 480조 원이 소비되지 않고 생산에 재투입됐는데, 320조 원은 소모된 고정자본의 복구비였고 나머지 160조 원은 신규투자였다. 금융계정은 화폐스톡을 계측한다. 2016년 말 기준으로 증권, 기금 등의 금융자산은 1경 4,000조 원인데, 한국은행이 발행한 화폐나 수출로 가져온 외환을 제외하면 대부분이 채권/채무 관계로 상쇄된다. 대차대조표계정은 생산과 상품 단계의 스톡을 계측한다. 2016년 말 기준으로 생산단계에는 건설자산이 3,000조 원[61], 설비자산이 720조 원 존재하고, 상품 단계에 재고상품이 350조 원 존재한다. 마지막으로 대외계정은 자본 순환 회로 외부와의 거래를 계측한다. 총노동 중 690조 원이 해외에서 상품으로 실현(수출)됐고, 해외의 580조 원 노동이 국내에서 상품으로 실현(수입)됐다. 그리고 해외에서 더 많이 실현된 110조 원의 노동은 달러 같은 외환 형태로 국내 화폐스톡에 축적됐다.

기업회계

기업의 경영 성과를 측정하는 재무제표는 자본순환을 기업 수준에서 작성한 것이다. 대차대조표는 각 단계의 스톡을, 손익계산서는 각 단계의 노동 흐름을 측정한다.

기업회계의 대차대조표는 기업자산을 유동자산과 비유동자산으로 나누고, 자산총계를 자본과 부채로 나눈다. 비유동자산에는 생산단계의 스톡을, 유동자산에는 화폐와 상품 단계의 스톡을 구체적 항목으로 나누어 기록한다. 기업회계에서 유동과 비유동자산 구분은 1년 내 현금으로 바꿀 수 있는지를 기준으로 삼는데, 투자자의 이해를 우선하는 기업에서는 자본순환 전체를 총체적으로 파악하는 것보다 화폐-화폐'가 명징하게 표현되어야 하기 때문이다. 부채와 자본은 스톡 중 채무의 비중을 표시한다. 국민계정에서는 누군가의 채권이 다른 누군가의 채무로 상쇄되지만, 개별 기업에서는 자본순환 외부에 채권자가 존재하기 때문에 둘이 상쇄되지 않는다.

그림 15 • 2017년 삼성전자의 자본순환

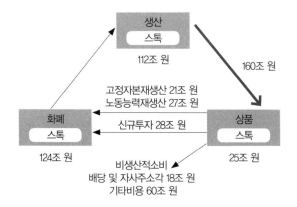

그림은 2017년 삼성전자의 재무제표를 자본회로에 대입해본 것이다. 위 그림에서 특이한 것은 국민경제보다 비생산적 소비의 비중이 높다는 점이다. 개별 기업에는 자신의 생산과 직접 관련이 없는 외부비용이 많이 발생한다. 금융비용, 물류비용, 광고비용 그리고 주주들을 위한 배당과 주가 부양비용까지 그 종류도 다양하다. 삼성전자의 경우 그중에서도 특히 주주를 위한 비용이 2017년에 많이 증가했다. 이재용 부회장의 경영권 승계에 주주들이 우호적 태도를 보이도록 배당(사외유출)을 크게 늘린 탓이다.

　손익계산서는 매출, 비용, 영업외비용, 이익을 정리한다. 매출은 생산단계에서 상품단계로 가는 노동 흐름인데, 개별 기업 회계의 특성상 새로 추출된 노동(순부가가치)만이 아니라 중간투입물도 포함한다. 비용에는 중간투입물이 재료비로, 생산복구비가 감가상각비와 인건비로 계산된다. 매출에서 비용을 뺀 것이 기업이 취득하는 잉여노동인데, 이 중 일부는 배당이나 영업외비용으로 외부로 분배된다. 이렇게 분배되고 남은 것은 사내에 유보되어 화폐스톡(현금이나 금융채권)으로 남는다.

| 경기침체와 경제위기

케인스주의 경제학은 자본회로에서 시간지체가 증가하는 원인에 주목한다. 미래에 대한 불확실성이 증가하면 실물투자를 주저해 화폐가 생산단계로 넘어갈 때 시간지체가 증가한다. 가계가 미래 소득에 대한 불안감으로 소비를 줄이면 상품단계의 시간지체가 증가한다. 이렇게 시간지체 증가로 자본의 회전 속도가 하락하면 경제성장은 둔화한다. 케인스는 기업과 가계의 심리 변화로 시간지체가 증가할 때 정부가 나서야 한다고 주장했다. 정부가 국채를 민간에 팔아 그 돈으로 직접 투자에 나서면 화폐스톡 일부가 생산단계로 빠져나가는 효과를 얻는다. 마찬가지로 정부가 재정지출을 늘려 민간의 사회서비스를 구매해 시민들에게 제공하면 상품스톡 일부가 화폐로 나가는 효과를 얻는다.

하지만 케인스의 이런 분석은 제한적이다. 생산단계의 시간지체 문제, 즉 고정자본 스톡이 증가하는 문제를 다루지 않기 때문이다. 자본주의 경제에서 심각하게 문제가 되는 것은 오히려 생산단계에서의 시간지체 문제이다.

편향적 기술진보로 자본생산성이 하락하는 것은 제도혁신이나 정부 정책으로 해결할 수 있는 문제가 아니다. 자본생산성 하락으로 시간지체가 증가하며 경제성장이 둔화하는 것이 구조적 위기다. 보일러에 비유하면, 케인스는 방의 온도를 높이기 위해 동파이프 중간에 펌프를 달아 온수 회전 속도를 높이자고 주장한 셈인데, 정작 보일러에 문제가 생겼을 때는 아무리 펌프를 설치해도 방의 온도를 높일 수 없다.

케인스의 한계는 '저축의 역설'에서도 드러난다. 케인스는 저축이 증가하면, 상품단계의 시간지체가 증가해 경제성장이 둔화될 수 있다고 주장했다. 저축이 역설적으로 경제성장을 감소시킨다는 것이다. 하지만 자본순환 회로 전체로 보면 저축 증가는 회로를 팽창시켜 상품단계의 시간지체 증가를 상쇄할 수 있다.

《자본》은 자본주의적 생산을 화폐-생산-상품-화폐의 순환으로 설명했다. 자본순환론은 노동가치론 관점에서 성장과 위기를 종합적으로 이해할 수 있도록 돕는다.

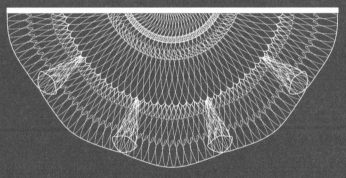

4부

역사의 법칙

오늘날의 지배적 세계관은 경제는 계속 성장할 수 있고, 사회는 풍요롭게 진보한다는 것이다. 경제침체나 불평등 같은 경제현상들은 일탈일 뿐이다. 다시 정상적 궤도로 돌아오면 자본주의 경제는 진보의 동력을 되찾는다.

하지만 《자본》의 역사법칙은 이와 다르다. 자본주의적 성장의 절대적이고 일반적인 법칙은 자본순환이 작동중지 상태로 나아가고, 시민 다수가 점점 더 비참해지는 것이다. 이번 장에서는 자본주의의 궁극적 위기에 대해 이야기한다. 경제적 불평등, 자본축적론, 사회주의 역사, 코로나19 위기를 분석하며 《자본》의 결론을 설명할 것이다.

13장

유행하는
불평등 이론들의 한계
자본주의 결함과 불안전한 사회

서울 강남에는 평당 1억 원에 달하는 아파트가 즐비하다. 32평형 아파트의 가격이 30억 원이 넘는다. 1년 가계소득이 1,400만 원 정도인 하위 20퍼센트 가계가 214년을 한 푼도 쓰지 않고 모아야 강남의 32평 아파트를 살 수 있다. 임금 격차 문제는 8장에서 봤듯 구분 가능한 모든 영역에서 증가하고 있다. 평범한 노동자는 저축은 고사하고 가족이 심각한 병이라도 걸리면 그대로 신용불량자로 나가떨어진다. 반면 상위 소득자는 주택담보대출을 끼고 대도시에 아파트를 사서 자산을 불릴 수 있고, 국민연금에 개인연금까지 더해 넉넉한 노후소득을 받을 수도 있다. 우리나라는 65세 이상 노인 둘 중 한 명이 빈곤층이다. 선진국 노인 빈곤율이 10퍼센트대인 것과 비교하면 매우 높다. 대기업과 공공부문에 취업한 소수의 청년은 열심히 일하고 자산을 불리고 가족을 꾸리며 미래를 설계할 수 있지만, 나머지 대부분의 청년은 비정규직을 전전하다 아예 결혼도 포기한다.

21세기 한국의 가장 첨예한 이슈는 경제적 불평등 문제이다. 우리나라만이 아니라 세계적으로도 그렇다. 세계 최상위 부자 몇 명이 세계 인구 절반과 맞먹는 부를 소유하고 있다거나, 미국의 상위 1퍼센트가 총소득에서 차지하는 비중이 하위 50퍼센트보다 더 많다는 식의 이야기는 이제 식상할 정도로 많이 인용된다.

주류경제학을 완고하게 지지하는 사람들은 불평등에 이러쿵저러쿵 토를 다는 이론들을 "질투의 경제학"이라고 비꼬기도 한다. 기회의 평등과 결과의 불평등이 자본주의 경제의 기본 원리이다. 주류경제학의 일반균형이론에서는 소득과 자산의 격차를 불평등이 아니라 시장이 만들어낸 자원의 최적 할당이라고 분석한다. 현재의 불평등은 시장이 창조한 최적의 균형 중 하나이다.

최근에는 경제적 불평등을 비판하는 경제학 이론들도 세간의 주목을 받고 있다. 불평등에 관한 경제이론은 크게 보면 두 부류다. 첫째, 불평등을 시장 외부의 재분배로 완화해야 한다는 이론이다. 불평등이 시장의 자연스러운 결과이긴 하지만, 그럼에도 지나친 불평등은 시민의 불만을 증폭해 사회 안정성을 해치기 때문에 국가가 시장 밖에서 빈부격차를 조정해야 한다는 주장이다. 둘째, 불평등을 개선하기 위해 시장의 공정한 경쟁을 강화해야 한다는 이론이다. 현재의 극단적 격차는 균형이 아니라 불공정한 경쟁으로 말미암아 발생한 것이다. 국가가 공정한 경쟁을 보장하도록 시장제도를 개혁해야 한다는 주장이다.

이번 장에서 우리는 불평등을 다루는 경제학 이론들을 비판하며,《자본》이 경제적 불평등을 어떻게 분석했는지 알아볼 것이나.

| 역U자인가, U자인가?

경제학에서 널리 알려진 불평등 이론은 쿠즈네츠 곡선Kuznets Curve이다. 쿠즈네츠 곡선은 역U자 모양(∩)으로, 불평등이 처음에는 경제성장 탓에 증가하다가 나중에는 경제성장 덕에 감소하는 것을 표현한다. "성장은 모든 배를 뜨게 하는 밀물이다."라는 말로 요약할 수 있겠다.

경제성장과 함께 불평등이 증가했다 감소하는 이유는 노동시장의 공급·수요 변화와 관련이 있다. 성장 초기에는 농촌 지역(또는 해외)에서 산업화된 도시로 인구가 몰려들어 노동자 임금이 정체하고, 싼 노동력을 이용하는 자본의 이윤이 증가한다. 새로 노동시장에 진입한 저숙련 노동자와 기존 고숙련 노동자의 임금 격차도 증가한다. 하지만 경제가 계속 성장해 농촌 노동력이 고갈되면, 노동력 부족으로 임금 상승 속도가 빨라지고 이윤은 감소한다. 대중교육으로 노동자의 교육 격차도 완화되면서 임금 격차 역시 감소한다. 실증적으로 보면, 선진국에서는 20세기 초중반 쿠즈네츠의 역U자 곡선이 실제로 나타났다. 우리나라에서도 1960~1980년대 중반까지 고도성장과 함께 불평등이 증가하다, 1980년대 중반부터 1990년대 중반까지 불평등이 감소하는 역U자 곡선이 나타났다.

브랑코 밀라노비치Branko Milanović는 국가 내 불평등과 글로벌 불평등을 나누어 분석했다.[62] 국가 내 불평등의 변화는 쿠즈네츠 파동Kuznets wave을 따른다. 그에 따르면 쿠즈네츠 곡선은 한 번으로 끝나는 것이 아니라 반복해서 나타나는 파동이다. 20세기 후반부터 확대된 불평등은 쿠즈네츠 곡선의 새로운 시작, 즉 2차 쿠즈네츠 곡선이다. 밀라노비치는 이런 불평등 파동이 나타나는 이유를 기술, 개방(세계화), 정책의 상호작용으로 설명한다. 쿠즈네츠 파동론에 따르면 현재의 불평등도 경제성장이 계속되면서 어느 시점에는 감소세로 반전될 것이다.

불평등 연구로 세계적 경제학 스타가 된 토마 피케티Tomas Piketty는 U자형 불평등 곡선을 주장했다.[63] 그에 따르면 경제적 불평등은 원래 큰 것이 정상이다. 20세기 초중반의 불평등 감소가 오히려 예외적이었다. 이는 세계대전으로 인한 자산 파괴, 산업혁명 이후 고도성장 덕분에 일시적으로 나타난 현상이었다. 그가 불평등 지표로 사용하는 상위 1퍼센트나 상위 10퍼센트의 소득비중을 보면, 선진국 대부분에서 19세기 말부터 현재까지의 불평등 곡선은 큰 U자형으로 나타난다. 피케티는 불평등 확대가 자본주의 법칙이라고 주장한다. 결론은 《자본》과 비슷한데, 다만 그 근거나 대안은 다르다.

먼저, 그는 자본을 재정의한다. 경제학에서 통상 이야기하는 기계설비, 건물 같은 생산물(자본재)이 아니라 부동산과 천연자원, 심지어 19

세기의 노예 같은 매매 가능한 모든 것을 자본에 포함한다. 생산 측면이 아니라 분배와 거래 측면에서 자본을 규정하다 보니 그렇다. 그에게 사본은 생산에 대한 기여가 아니라 소득을 분배받을 수 있는 소유권의 힘이다. 다음으로, 그는 이런 재정의를 전제로 자본수익률을 매매 가능한 소유권의 가격과 소유권 덕분에 얻는 소득의 비율로 규정한다. 그의 추정에 따르면 18세기부터 21세기에 이르기까지 자본수익률은 3~6퍼센트 사이에 있었다. 자본수익률은 역사적으로 일정했다.

불평등 쟁점에서 변수는 국민소득증가율이다. 자본수익률은 일정하지만 국민소득증가율은 변동이 크기 때문이다. 예로 자본수익률이 5퍼센트고, 피케티가 규정하는 자본이 1,000에서 1,200으로 20퍼센트 증가했다고 치자. 국민소득은 100에서 130으로 30퍼센트 증가했다. 자본소득은 50(자본 1,000×수익률 5퍼센트)에서 60(자본 1200×수익률 5퍼센트)으로, 나머지인 노동소득은 50(국민소득 100-자본소득 50)에서 70(국민소득 130-자본소득 60)으로 증가한다. 그 결과 자본의 몫은 국민소득의 50퍼센트(자본소득 50/국민소득 100)에서 46퍼센트(자본소득 60/국민소득 130)로 하락한다. 그런데 같은 조건에서 국민소득이 100에서 110으로 10퍼센트만 증가하면 어떨까? 자본소득은 그대로 50에서 60으로 증가하는데 나머지인 노동소득은 50에서 50(국민소득110-자본소득 60=노동소득50)으로 증가하지 않는다. 그 결과 자본의 몫은 국민소득의 50퍼센트에서 55퍼센트(자본소득60/국민소득110)로 상승한다. 이렇게 국민소득증가율이 자본증가율보다 낮으면 자본이 전체 소득에서 가져가는 비중이 상승한다.

피케티는 이런 논리를 통해 자본의 소득 비중이 커지는 것이 자본주의 일반법칙이라고 주장한다.[64] 자본의 증가율은 역사적으로 일정한 데 반해, 국민소득의 증가율은 지속적 성장 상태까지 하락하기 때문이다. 그의 추계에 따르면 나라마다 차이는 있지만, 자본의 크기는 국민소득보다 19세기 말에 일곱 배 정도 컸고(피케티는 이 비율을 β 또는 자본/소득 비율이라고 부른다), 고도성장기인 20세기 초중반에 두세 배 정도로 줄었다가, 20세기 후반부터 다시 급격히 증가해 21세기 초에 대략 여섯 배로 커졌다. 만약 세계 경제가 저성장을 지속한다면 이 비율은 계속 증가할 것이고, 19세기만큼 자본과 노동 간의 소득 불평등이 커질 것이다.

기술변화 탓

주류경제학은 생산요소(자본, 노동, 토지)에 대한 수요공급이 소득분배를 결정한다고 간주한다. 공급이 일정하다면 생산요소에 대한 수요는 그 요소의 생산성에 따라 변한다. 소득 분배의 불평등은 생산요소에 대한 수요 변화, 또는 기술변화가 초래하는 생산요소의 생산성 변화 때문에 발생하는 것이다. 자본이 더 많은 몫을 차지하는 것은 기술변화로 자본에 대한 수요가 노동보다 증가했기 때문이고, 숙련/비숙련 노동자 사이에 임금 격차가 커지는 것도 기술변화로 비숙련 노동자에 대한 수요가 감소했기 때문이다.

아제모글루는 주류경제학 전통에 따라 기술변화가 노동시장에 미치는 영향을 분석했다.[65] 그에 따르면 생산과정은 직무들tasks로 분해될 수 있는데, 기업은 수익성을 최대한 높이는 방향으로 각 직무에 자본, 노동, 해외수입 같은 생산요소들을 적절하게 할당한다. 이때 기술이 변하면 생산에 필요한 직무들과 그 직무가 필요로 하는 생산요소들도 변한다. 단, 기술변화는 기업이 선택할 수 있다. 기업은 기술이 필요로 하는 생산요소들의 상대가격 그리고 잠재적 시장의 크기를 고려해 어떤 기술을 발전시킬지 선택한다. 즉 생산요소들의 상대가격을 반영해 기업은 수익성을 최대화하는 방향으로 기술을 발전시키고, 그렇게 발전된 기술이 다시 생산요소의 수요에 영향을 미친다는 것이다.

자동차 생산의 기술변화를 예로 보자. 자동차 생산에는 연구개발, 사무관리, 생산작업, 영업 등의 직무가 있다. 19세기 말의 자동차 기업들은 숙련된 장인들의 기술에 의존해 자동차를 생산했다. 하지만 산업화로 해외와 농촌에서 저숙련 노동자가 대규모로 공급되고 있었기 때문에 자동차 기업들은 숙련 장인 대신 저숙련 노동자를 많이 이용하는 것이 수익성에 유리하다고 판단했다. 그래서 생산 직무들을 표준화, 탈숙련화하는 컨베이어벨트 시스템을 개발했고, 기업들은 숙련 장인들 대신 저숙련 노동자를 대거 채용했다.

그런데 1970년대부터 상황이 바뀌었다. 저숙련 노동자를 공급하던 이주노동자와 농촌인구가 감소한 데다, 노동조합의 투쟁과 케인스주의 정책으로 노동자 임금이 크게 상승했기 때문이다. 기업들은 대중교육의 확대로 고등교육을 받은 고숙련 노동자가 대폭 증가한 조건을 이용해 저숙련 노동자 수요를 줄이는 자동화 기술을 적극적으로 개발했다. 1980년대에는 자동화 기술을 다룰 수 있는 고숙련 노동자가 충분히 공급되고 있었기 때문에 기술개발 속도도 빨랐다. 수요가 감소한 저숙련 노동자의 임금은 하락했고, 수요가 증가한 고숙련 노동자의 임금은 상승했다. 이런 변화를 숙련편향적skill-biased 기술변화라고 부르기도 한다.

20세기 후반에 이르면 정보통신혁명으로 숙련편향적 기술변화가 한 차원 더 발전했다. 21세기에는 적당한 숙련이 필요했던 사무관리나 영업직에도 컴퓨터 자동화가 도입됐다. 더불어 기업들은 정보통신기술을 이용해 다양한 직무들을 기업 밖으로 내보냈고, 세계화를 이용해 직무에 필요한 노동을 아예 해외에서 도입할 수도 있었다. 해외의 저임금과 경쟁해야 하는 저숙련 노동자의 임금은 지속해서 하락했고, 기술변화를 이끈 고숙련 노동자의 임금은 상승했다.

최근의 숙련편향적 기술변화는 특히 적당한 숙련을 필요로 했던 직무들에 치명적 타격을 가했다. 1980년대 이래 임금이 지속해서 낮아졌던 저숙련 직무들이 자동화 기술과 그럭저럭 비용 경쟁을 할 수 있었던 반면, 적당한 숙련으로 이때까지 괜찮은 임금을 받던 직무들은 자동화 기기와 직접적으로 비용 경쟁을 해야 했기 때문이다. 특히 21세기 자동화 기술들은 이런 직무를 대체하는 데 매우 효과적인 방식으로 발전했다. 예로 로봇이 베이비시터를 대체할 수는 없지만, 열 명이 하던 사무실 회계업무를 두 명이 하도록 만들 수는 있었다.

이런 중간 숙련, 중간 임금 일자리의 감소는 임금 분포를 더욱 양극화했다. 임금 분포에서 중간이 사라지고 저임금과 고임금 양극단만 증가했다. 더욱이 21세기의 인공지능 기술 발전은 이러한 임금 양극화를 더욱 심화시킬 가능성이 크다. 일자리 전부가 인공지능 로봇으로 대체되는 SF영화 같은 상황은 발생하지 않겠지만, 좀 더 넓은 범위의 중간 숙련, 중간 임금의 일자리가 인공지능 로봇으로 대체될 수는 있기 때문이다. 더군다나 로봇에 투자하면 세금을 내지 않지만, 노동을 투입하면 사회보장세를 내야 한다. 자본재 투자에 훨씬 유리한 제도 때문에 이러한 숙련편향 경향은 앞으로도 더욱 심화할 가능성이 크다.

우리나라에서 숙련편향적 기술변화가 빨라진 시기는 1990년대 초반부터였다. 1987년 노동자대투쟁 이후 제조업 생산직에서 임금이 급격하게 상승해 기업의 기술발전 방향에 큰 영향을 미쳤다. 이때부터 한국 기업들은 세계 그 어떤 나라보다 생산직을 줄이는 자동화 기술에 투자를 집중했다. 정보통신산업도 빠르게 발전해 적당한 숙련의 직무들도 빠르게 감소했다. IMF구조조정으로 노동시장 유연화가 확대돼 비정규직과 아웃소싱도 급증했다.

다만 우리나라는 숙련편향적 기술변화로 인한 임금 양극화가 개별 노동자의 숙련 특성보다 기업별 격차로 나타난 점이 미국과 다른 특징이다. 강한 노동조합과 해고 제한이 있는 대기업에서는 숙련편향적 기술변화의 영향이 작았고, 무노조에 해고도 자유로운 중소기업에서는 기술변화의 영향이 빠르게 나타났다. 대기업은 이런 제약을 회피하기 위해 숙련편향적 기술에 영향을 받는 직무들을 중소기업으로 대거 아웃소싱했다. 기술변화와 한국적 노동시장 제도가 결합해 대기업·중소기업 간의 엄청난 임금 격차가 발생했다는 것이다.[66]

▎불공정한 시장 제도 탓

케인스주의 경제학자인 조지프 스티글리츠Joseph Stiglitz는 경제적 불평등의 원인을 지대추구 행동의 증가에서 찾았다.[67]

지대추구란 사회적 이익 이상으로 개인적 보수를 챙기는 행위다. 완전 경쟁 시장에서는 개인이 받는 보수가 딱 사회적 생산에 기여한 만큼이라, 개별적 보수와 사회적 이익이 일치한다. 그래서 불평등도 과도하게 커지지 않는다. 하지만 시장 경쟁이 제한되고 지대추구 행동이 증가하면 불평등은 확대된다. 그런데 현실 시장에서는 완전경쟁이 쉽지 않고, 정보의 불균형으로 시장이 실패하는 경우가 많다. 그리고 이때 시장 실패를 바로잡는 역할을 하는 것이 바로 정부다. 정부가 시장의 규칙을 정하기 때문이다. 스티글리츠는 20세기 후반의 경제적 불평등은 정부가 상위계층의 영향력 아래에서 지대추구를 규제하지 않은 탓이라고 주장한다.

금융시장은 지대추구의 대표적 사례다. 금융부문은 정부의 규제완화 덕분에 20세기 후반부터 다양한 지대추구 기술들을 개발해왔다. 예로 규제가 없는 장외시장의 파생금융상품들에 대해서는 소비자가 정보를 얻을 수 없어 금융기관이 소비자보다 압도적으로 유리하다. 은행들의 대출상품도 소비자에게 충분한 정보가 제공되지 않기 때문에 소비자는 은행에 정당한 이자 이상을 뜯길 수밖에 없다.

거대 디지털 기업들 역시 지대추구의 최전선에 있다. 구글, 마이크로소프트 같은 기업들이 지속적으로 큰 수익을 올리는 것은 이들이 엄청난 기술을 개발하기 때문만은 아니다. 경쟁자의 시장진입을 막고 시장을 독점하기 때문이다. 20세기 초의 루스벨트 정부는 반독점법을 통해 스탠더드오일, 아메리칸타바코 같은 독점기업들을 해체했다. 하지만, 21세기의 정부들은 새로운 독점기업들을 오히려 지적재산권 제도로 보호한다. 천문학적 연봉의 최고경영자들, 또는 상위 1퍼센트의 부자들 대부분이 이런 지대추구 게임의 승리자들이다.

스티글리츠에 따르면 오늘날의 정부들은 지대추구 행위자들이 더 많은 부를 축적하는 것을 돕고 있다. 역진적 조세제도와 인플레이션 관리 정책이 대표적 사례다. 미국의 경우 부자나 지대추구로 얻은 수입에 대해서는 오히려 중산층 노동자보다도 낮은 세율이 적용된다. 이렇다 보니 기업은 이들에게 더 쉽게 수익을 배분할 수 있다. 인플레이션 억제를 목표로 완전고용을 포기하는 통화정책은 실업률을 높여 노동자 임금을 정체시킨다.

불공정한 시장 탓에 불평등이 증가했다는 이러한 주장은 우리나라 개혁진영에서도 많이 이야기된다. 우리나라에서는 지대로 부를 축적하는 대표적 경제 행위자가 재벌이다. 이들에 따르면 재벌은 원·하청 불공정거래, 부당내부거래, 골목상권 침해 등으로 지대를 추구한다.

▍이윤율의 경제와 불평등 동학

《자본》은 경제적 불평등을 이윤율과 계급투쟁의 동역학으로 분석한다. 위의 불평등 이론들을 비판하며 《자본》의 불평등 이론을 살펴보겠다.

먼저, 쿠즈네츠 곡선을 재해석해보자. 기본적으로 기술진보로 이윤율이 상승할 때는 자본축적이 활발해지고 고용도 증가한다. 인구가 급격하게 증가하지 않으면 산업예비군이 감소하고 노동시장 경쟁이 완화되면서 임금도 상승한다. 여기에 노동조합의 계급투쟁이 더해지면 임금 상승이 가속된다.

그런데 임금 상승은 이윤율 상승에 뒤처지는 것이 일반적이다. 산업예비군이 감소하고 노동조합의 임금인상 요구가 커지는 데 시간이 걸리기 때문이다. 이윤율 상승 초기에는 임금이 노동생산성보다 덜 오르면서 이윤분배율이 높아질 수 있다. 또한 기술선도 기업의 초과이윤으로 기업 간 이윤 격차가 커지고, 특별 이윤을 얻는 기업의 임금이 먼저 오르면서 노동자 간 임금 격차가 커질 수 있다. 다만, 이런 격차들은 곧 줄어든다. 노동자가 투쟁으로 노동생산성 상승을 따라잡는 임금 인상을 쟁취하고, 기술선도 기업의 특별 이윤도 시장경쟁과 기술추격으로 사라지기 때문이다. 또한 산업예비군의 감소, 노동조합의 평등주의적 임금정책, 정부의 분배·재분배 정책이 더해지면서 소득 격차는 더 빠르게 줄어든다. 요컨대, 쿠즈네츠 곡선은 20세기 초중반의 이윤율 상승기 특징을 간단한 곡선으로 묘사한 것이다.

쿠즈네츠 곡선이 묘사하지 못하는 것은 이윤율 하락 국면에서의 불평등이다. 이윤율이 하락하면 임금 상승에 제동이 걸린다. 노동생산성 상승만큼만 임금을 인상해도 자본생산성 하락으로 이윤율은 계속 하락한다. 이윤율 하락으로 자본축적이 감소하면 고용 증가가 둔화하고, 일자리 경쟁으로 임금에 하방 압력이 가해져 결국 임금이 하락한다. 특히 산업예비군과 직접 경쟁하는 일자리에서는 임금 하락이 상대적으로 더 크다. 그 결과 임금 격차가 커진다. 실업으로 노동조합이 약화되고 노동시장 제도가 노동자에 불리하게 개혁되면, 임금 상승은 노동생산성 상승에도 뒤처지면서 임금분배율이 하락할 수도 있다. 1970~1980년대 미국과 유럽 그리고 1990년대 중반 한국 상황이 바로 이러했다.

이렇게 이윤율과 계급투쟁의 동역학으로 불평등 변화를 분석하면, 쿠즈네츠 파동은 성립하지 않는다. 쿠즈네츠 곡선은 이윤율 상승 국면의 분배 특징을 묘사한 것인데, 쿠즈네츠 파동은 이를 아예 영구적 패턴으로 일반화한다. 파동에서는 하락이 곧 상승을 만들어내는 힘이다. 밀라노비치는 이윤율 하락이 이윤율 상승의 힘이 된다고 주장하는 셈이다. 하지만 우리가 이 책에서 살펴본 것처럼 이윤율은 파동이 아니다.

20세기 미국의 이윤율은 포드주의와 케인스주의로 대표되는 20세기 초의 산업혁명으로 크게 상승했고, 그 효과가 사라진 후 다시 하락했다. 정보통신혁명과 금융세계화로 대표되는 20세기 후반의 기술변화가 이윤율을 약간 끌어올렸으나, 21세기 들어 다시 하락으로 반전됐다. 이윤율은 산업혁명이라는 자본의 혁명적 재구성을 통해 상승하나, 혁명의 효과가 끝나면 곧바로 하락의 일반법칙으로 되돌아간다. 그런데 이윤율 변화가 분배에 미치는 영향은 단순한 비례, 반비례 관계가 아니어서, 분배만 보면 이윤율 변화가 그 속에 숨어있다는 사실을 간파하지 못한다.

피케티의 불평등 이론은 자본에 대한 개념적 오류로 "배가 산으로 간" 경우다. 우리가 자본주의 분석의 시작점으로 삼아야 하는 자본은 가공자본이 아니라 실제 자본이기 때문이다. 가공자본은 미래의 수입에 대한 청구권일 뿐이며, 현재의 생산에 직접적 영향을 미치지 못한다. 단적인 예로 투기로 토지 가격이 상승한다고 노동생산물이 늘어나지 않는다. 토지 소유자가 지대로 미래의 노동을 더 많이 착취할 권리를 가질 뿐이다. 얼마나 많은 노동이 추출되었고(경제성장), 그중 얼마가 자본가와 노동자에게 분배되는지(분배율)를 논의하려면 실제 생산과 관계된 자본을 다뤄야 한다는 것이다.

실제 생산과 관련된 자본으로 피케티의 이론을 재해석해보자. 자본 수익률은 이윤율이고, 그가 β로 부르는 자본/국민소득 비율은 자본생산성의 역수다. 즉 자본소득분배율이 자본수익률과 β의 곱으로 이뤄진다는 그의 법칙은 이윤율이 이윤분배율과 자본생산성의 곱으로 이뤄진다는 이윤율 법칙을 변형한 것에 불과하다.[68]

이윤분배율은 장기적으로 변하지 않고, 자본생산성은 기술진보의 영향으로 변한다. 이윤율은 자본생산성의 변화로 결정된다. 반면 피케티는 이윤율이 고정되어 있고, 자본생산성의 변화로 이윤분배율이 변한다고 간주했다. 그런데 이런 주장은 그가 계산하는 자본이 실제 자본보다 몇 배 큰 가공자본을 포함했기 때문에 성립하는 것이다. 피케티가 불평등 법칙의 변수로 삼는 β는 국민소득증가율보다도 자본의 크기 변화에 더욱 영향을 받는다. 그리고 피케티가 규정하는 자본에는 가공자본이 절반 이상을 차지하고 있다. 즉 β는 가공자본의 크기에 따라 결정된다. 프랑스의 예를 보면, 자본에서 주택이 차지하는 비중은 1970년대 33퍼센트에서, 2010년대 61퍼센트로 갑절 가까이 증가했다.

최상위 1퍼센트의 소득 비중 같은 불평등 지표가 β에 비례해 증감하는 것도 실은 당연한 이야기다. 가공자본의 크기가 당대 자산 소유자의 힘을 간접적으로 보여주기 때문이다. 금융 자본가와 이들의 자산을 관리하는 사람들이 전통적인 상위 1퍼센트였는데, 금융세계화 이후 전체 이윤 중 금융기관이 점유하는 부분이 엄청나게 커지면서 이들이 점유하는 소득 비중도 커졌다. 요컨대, 피케티의 불평등 이론은 법칙이라기보다는 금융화의 힘 또는 자본가의 사회적 힘을 묘사하는 것에 불과하다.

숙련편향적 기술변화로 불평등을 분석하는 이론들은 자본주의 기술변화의 핵심을 잘못 짚었다. 핵심은 노동을 절약하기 위해 자본을 소모하는 편향성이다. 기술변화에서 문제가 되는 것은 노동을 절약하는 방식이 얼마나 숙련을 필요로 하느냐가 아니라, 얼마나 자본을 소모하느냐이다.

아제모글루가 숙련편향적 기술변화를 가속했다고 분석하는 미국의 1970년대는 이윤율이 빠르게 하락한 시기였다. 즉 개별 기업들의 노동을 절약하려는 경쟁이 총자본의 이윤율 하락으로 나타났던 시기였다. 그런데 이윤율 하락 과정에서 노동자 간 임금 격차가 커지는 것은 당연하다. 숙련편향의 효과 이전에 이윤율 하락의 효과로 취약한 노동자부터 임금이 삭감됐고, 그 결과로 임금 격차가 커졌다는 것이다.

미국의 이윤율은 1980년대 중반부터 2000년대 중반까지 상승했다. 기업이 정보통신혁명과 세계화로 자본을 절약할 수 있어서였다. 이 기간에는 숙련에 관계없이 노동자 임금이 전반적으로 상승했다. 다만, 1970~1980년대 벌어진 임금 격차가 줄어든 것은 아니었다. 그리고 미국의 이윤율은 2000년대 중반부터 정보통신혁명의 효과가 약화되며 다시 하락했다. 산업예비군이 증가하면서 임금 격차 역시 커졌다.

숙련편향적 기술진보 이론의 치명적 결함은 이윤율 동역학을 무시한다는 점이다. 숙련편향이라는 프레임에는 자본소모가 중요한 변수로 등장하지 않는다. 주류경제학 전통은 암묵적으로 자본소모 없이도 노동생산성이 향상될 수 있다는 중립적 기술진보론을 전제한다. 하지만 경제적 불평등과 관련해 더욱 주목해야 하는 것은 기술변화의 노동절약-자본소모 편향성이다. 노동을 절약하기 위해 자본을 소모하는 기술혁신 경쟁 속에서 이윤율이 계속 하락하면, 산업예비군이 증가하면서 임금 격차 역시 증가할 수밖에 없다.

한편 지대추구로 불평등이 증가했다는 주장은 너무나 당연한 이야기이다. 문제는 지대추구와 불평등 관계가 아니라 지대추구 행동이 증가하는 이유이다. 우리는 이미 9장에서 그 이유를 살펴봤다. 지대는 자본가의 궁극적 지향이다. 자본가는 자본을 규제하는 사회적 힘이 약화했을 때 필연적으로 지대추구에 몰입하게 된다. 스티글리츠는 이를 자본 규제의 약화에서 찾았는데, 이는 하나 마나 한 이야기라 하겠다. 마르크스는 이윤율과 계급투쟁의 동역학으로 지대 추구가 극대화되는 조건을 분석했다.

| 비참해지는 시민

경제학은 불평등의 원인을 시장의 불완전한 작동에서 찾는다. 하지만 《자본》의 접근법은 다르다. 불평등은 자본주의적 성장, 즉 시장의 발전에 따른 필연적 결과다.

우선, 《자본》에서 분석하는 불평등의 근본적 원인은 소득 격차 이전에 소유권의 격차이다. 자본주의적 소유법칙은 자본의 소유자가 생산물을 배타적으로 취득한다. 노동능력의 소유자는 자본 소유자가 보상으로 지급하는 임금을 받을 뿐이다. 자본과 노동의 이런 비대칭적 소유권이 경제적 불평등의 근본적 원인이다. 노동자는 자본가에게 고용되어야만 소득을 얻는 탓에 자본가의 목표인 이윤 추구에 기여해야 한다. 그런데 이윤은 착취다. 다시 말해, 착취받기 위해 고용되어야 하고, 더 착취받기 위해서 더 열심히 일해야 하는 것이 노동자의 운명이다. 자본과 노동의 불평등, 이것이 가장 근본적인 경제적 불평등이다.

이러한 소유권의 불평등은 이윤율 변동에 노동자를 종속시킨다. 투자의 주체, 보상의 주체가 자본가이기 때문에 이윤율 변화에 따라 노동자의 임금이 결정될 수밖에 없다. 쿠즈네츠의 묘사처럼 이윤율 상승기에는 임금 격차가 증가하다가 감소한다. 하지만 이윤율이 하락하면 임금 격차가 다시 증가하다가, 결국에는 모든 노동자의 임금이 하락하면서 임금 격차도 감소한다. 이때의 격차 감소는 평등해진 결과가 아니라 모두가 불행해진 결과로써 달성된다.

자본주의적 성장이 만드는 경제적 불평등의 최종 결과는 시민 다수를 비참하게misery 만드는 것이다. 자본주의적 축적의 절대적이고 일반적인 법칙이 바로 이것이다. 여기서 비참하다는 것은 "빈곤, 노동의 고통, 노예상태, 무지, 포악, 도덕적 타락"이 시민에게 누적된다는 의미다. 오늘날 식으로 말하자면, "헬조선의 시민"이 점점 늘어난다는 정도로 이야기할 수도 있겠다. 참고로《자본》번역서들에서 misery를 궁핍이라고 번역하는 것이 일반적인데, 한국어에서 궁핍은 가난poverty을 뜻한다는 점에서 적당하지 않다. misery는 하루 세 끼를 먹다 두 끼를 먹는 절대적 가난을 뜻하는 것이 아니라, 생활의 불안전성insecurity이 커지고, 도덕적 타락이 심화한다는 의미다.

비참함의 첫 번째 성격인 빈곤은 산업예비군의 증가를 뜻한다. 자본주의는 산업예비군을 필요로 한다. 완전고용은 불가능하다. 자본주의적 성장은 잘나가는 시기에도 항상 인구의 일부분을 빈곤 상태에 남겨둔다. 그리고 이윤율이 하락할 때는 산업예비군이 증가한다. 인구의 더 많은 부분이 빈곤의 나락으로 떨어진다.

비참함의 두 번째 성격인 "노동의 고통과 노예상태"는 이윤율 하락에 대응하는 자본가의 노력을 의미한다. 기술진보의 곤란 속에서 기업이 하락하는 수익률을 반등시킬 방법은 노동자를 쥐어짜는 방법뿐이다. 해고로 노동자를 위협해 임금을 삭감하고, 노동강도도 높여야 한다. 이 과정에서 갑질도 난무한다. 이윤율 하락으로 산업예비군이 증가할수록 이러한 노동의 고통과 노예상태는 더 강화된다.

비참함의 마지막 성격인 "무지, 포악, 도덕적 타락"은 시민이 자본에 종속되어 시민적 윤리보다 종사자의 의무와 각자도생의 경쟁에 더욱 매달리게 된다는 의미다. 청년실업률이 높아지면서 청년들이 입시와 취업준비에 매몰되어 시민적 교양을 습득할 기회를 잃고, 심지어 비정규직의 정규직화마저 공정하지 않다며 비난하는 것은 이런 도덕적 타락의 한 단면일 것이다.

경제적 불평등은 단지 소득의 격차만이 아니라 이렇게 점점 더 많은 시민이 비참한 상태로 내몰리는 것을 의미한다. 《자본》은 경제적 불평등을 자본주의적 소유법칙이 이윤율 하락 속에서 만들어내는 사회의 파탄이라고 분석한다. 경제적 불평등 문제의 해결은 시장의 부분적 조정이 아니라 자본주의적 사회관계의 변혁에서 찾아야 한다.

14장

|

경제성장의 종착지

《자본》의 결론인 작동중지

2018년 우리나라의 1인당 국민소득이 3만 달러를 돌파했다. 인구가 5,000만 명 이상이면서 1인당 소득이 우리나라보다 높은 나라는 미국·영국·독일·프랑스·이탈리아·일본 6개국뿐이다. 규모와 소득을 동시에 갖춘 국민경제가 세계에서 생각보다 많지 않다. 50년 전만 해도 세계 최빈국에 속했던 우리나라였던 만큼 기적이라 불러도 과장이 아닌 경제적 성과다.

하지만 전망을 두고는 경제학자들 대부분이 걱정을 먼저 한다. 경제성장률이 워낙 빠르게 하락하고 있는 탓이다. 2010년대 들어 한국의 경제성장률은 3퍼센트 내외에 불과했다. 심지어 2020년대 잠재성장률은 1~2퍼센트대에 불과하다. 고소득 국가들이 한국 수준의 경제발전을 이뤘을 때보다 성장률이 낮다.

자본주의가 이전 생산양식에 비해 대단한 생산력 발전을 이뤘다는 점은 주지의 사실이나, 자본주의는 내적 모순으로 결국에는 몰락할 수밖에 없다는 것이 《자본》의 결론이다. 자본의 이윤 추구 원리로 작동하는 경제는 최종적으로 작동중지breakdown 상태에 도달한다. 물론 위기를 해결하는 자본의 혁명도 있다. 산업혁명이라 불리는 혁명 말이다. 그러나 이런 혁명은 쉽지 않다. 심지어 산업혁명도 작동중지 상태를 영원히 없애는 것이 아니라 지연시키는 것에 불과하다.

이번 장은 지금까지 살펴본 《자본》의 주요 내용을 요약하면서, 한국 자본주의의 미래를 예상해볼 것이다.

| 《자본》의 요약

《자본》의 핵심을 네 가지 키워드로 요약하면 가치법칙, 착취법칙, 자본순환, 축적법칙이라고 할 수 있다. 가치법칙은 1권의 "상품과 화폐", 착취법칙은 1권의 "절대적, 상대적 잉여가치", 자본순환은 2권 전체, 축적법칙은 1권의 "자본의 축적과정" 및 3권의 "이윤율 경향적 저하 법칙"에 해당한다.

첫째, 가치법칙은 생산의 사회적 관계가 화폐 관계로 뒤바뀌는 메커니즘을 설명한다.

이 뒤바뀐 세계에서는 화폐가 물신화fetishism된다. 경제현상들은 화폐로 표현되고, 개별 생산자들은 화폐 관계를 통해서만 사회성을 획득한다. 화폐가 사회적 관계를 독차지하는 이유는 시장에서 화폐가 유일무이한 노동의 보편적 등가물 역할을 하기 때문이다. 노동의 사회적 성격은 화폐를 우회할 수 없다. 경제학은 화폐를 단순한 교환수단으로 정의하며 화폐의 사회적 지배를 은폐한다. 화폐가 재생산하는 전도된 세계는 경제학을 통해 자연적 세계로 사람들에게 인식된다.

우리는 가치법칙을 통해 이 뒤바뀐 세계의 경제적 현상들을 비판할 수 있다. 화폐가 노동의 등가물인 한, 공동체가 생산한 상품 전체의 가격은 생산에 필요한 노동과 항상 일치한다. 요즘 유행하는 인공지능이나 디지털 경제 이론들은 노동 없는 상품 생산을 이야기하지만, 노동 없는 상품에는 가격도 있을 수 없다. 노동 없는 상품의 가격은 결국 다른 노동 있는 상품의 가격을 뺏어온 것이다.

노동과 분리된 화폐이론은 가격 있는 상품의 합계가 총가격이라고 오해하도록 만든다. 또한, 자본 스스로 증식 가능하다는 환상을 만들어 노동의 생산력이 자본의 생산력으로 보이도록 만든다. 경제학은 금융위기의 원인을 금융자본의 일시적 방종에서 찾지만, 가치법칙에 따르면 금융화로 불리는 금융자본의 팽창은 본질적으로 자본이 생산과정에서 노동을 충분하게 추출하는 것이 불가능해졌을 때 발생한다. 즉 자본의 과잉이 금융화의 충분조건이다. 금융위기의 원인은 과잉자본을 만드는 자본주의 모순이다.

둘째, 착취법칙은 이윤이 무급노동에 기초하며, 노동자가 누리는 풍요는 이윤의 낙수효과로 만들어질 뿐이라는 것을 증명한다.

자본주의적 소유법칙에서는 생산수단의 소유자(자본가)가 생산물을 취득하고, 노동능력의 소유자(노동자)는 자본가에게 고용되어 임금을 받는다. 그리고 이것이 하나의 자연법칙으로 인정된다. 자본가는 생산물 가격을 재료비, 감가상각비 같은 생산복구에 필요한 비용과 새로 창출된 부가가치의 합으로 간주하는데, 부가가치는 자본과 노동이 함께 만든 것이며, 이윤과 임금은 각각 생산에 기여한 만큼 그 크기가 결정된다고 여긴다. 하지만 가치법칙에 따르면 부가가치의 크기는 오직 새로 지출된 노동의 크기에 비례한다. 자본의 이윤은 임금으로 환급되지 않은 무급노동(착취)이다.

착취법칙이 작동하는 경제에서 노동자는 제한적으로만 풍요를 누릴 수 있다. 자본가의 착취 조건이 노동자의 고용 조건이다. 고용되지 않은 노동자, 착취받지 못하는 노동자는 비참해진다. 그래서 자본과 노동의 관계는 근본적으로 비대칭적이다. 노동자의 투쟁으로 부가가치에서 임금 비중이 커지고 이윤 비중이 작아지면 자본은 고용을 줄인다. 실업으로 착취받지 못하는 노동자가 많아지면, 노동자는 착취받기 위해 서로 경쟁하며 스스로 임금을 낮춘다. 이윤을 충분하게 보장할 만큼 생산성이 높아져야 노동자는 임금을 인상할 수 있다. 경제학이나 심지어 노동계에서 주장하는 '공정한 임금'은 이런 점에서 어불성설이다. 공정한 임금이란 충분한 이윤을 보장하는 임금일 뿐이다.

셋째, 자본순환론은 자본주의적 경제성장이 다양한 문제에 부딪힐 수 있다는 점을 보여준다. 그의 분석에 따르면 이윤율은 자본순환의 과정에서 여러 하방 압력을 받는다.

케인스는 《자본》과 비슷한 아이디어를 제시했다. 그는 자본순환의 어려움을 유효수요 부족으로 제기했다. 생산설비처럼 오랫동안 사용하는 내구재는 미래의 수입이 수익성을 결정하기 때문에 자본가는 위험을 감수하면서 동물적 충동animal spirit으로 투자를 감행한다. 하지만 시장에서 미래에 대한 불안감이 커지면, 자본가는 이 충동을 억제하고 안전자산인 화폐를 보유(유동성 선호)하려 한다. 그런데 자본가가 투자를 주저하면 자본재 수요가 감소하면서 경제가 침체한다. 케인스는 경기침체 해법으로 자본가의 동물적 충동을 부추기는 방법을 제안했다. 정부 스스로가 투자에 나서고 금융을 억압해, 자본가가 화폐를 소유하는 대신 투자에 나서도록 유도해야 한다.

《자본》은 자본순환의 어려움을 생산과정과 유통과정으로 나누어 분석한다. 투자 자본은 재료비나 인건비같이 상품 판매와 함께 곧바로 회수되는 유동자본과, 기계설비같이 자본순환에 묶여 오랜 기간에 걸쳐 회수되는 고정자본으로 나뉜다. 투자 자본의 수익률을 결정하는 것은 두 부분인데, 하나는 생산과정에서 노동을 추출하는 고정자본의 생산성이고, 다른 하나는 화폐-화폐'로 순환하는 유동자본의 회전시간이다. 전자를 생산과정, 후자를 유통과정이라고 부른다.

케인스는 여기서 유통과정에 주목했다. 하지만 케인스의 결함은 고정자본의 생산성과 유통시간을 종합적으로 이해하지 못한 것이었다.

고정자본의 생산성 자체가 하락하는 상황에서는 케인스의 해법이 오히려 이윤율 하락을 더 빠르게 만들 수도 있다. 예로 케인스주의는 1970년대 자본생산성 하락 국면에서 영향력을 잃었는데, 이는 단지 이데올로기 투쟁의 결과가 아니라 케인스주의가 당대 경기침체를 설명할 수 없었기 때문이었다. 현재도 마찬가지다. 세계금융위기 이후 경제학계의 좌파는 케인스주의의 복권을 주장하지만, 자본생산성 하락 국면에서 적자재정은 오히려 위기를 가속할 수 있다.

넷째, 자본축적론은 자본주의적 경제성장의 필연적 종착지가 작동 중지 상태라고 분석한다.

경제가 지속해서 성장할 수 있다는 것은 경제학의 오래된 합의이자 시민들의 통념이다. 신고전파 성장론에 따르면 지속적 성장 상태의 경제에서는 인구증가만큼 자본이 증가하며, 자본집약도 상승 없이도 기술혁신으로 노동생산성이 상승하고 자본생산성도 상승한다. 경제는 인구성장과 기술혁신만큼 성장한다. 경제성장은 이 균형을 찾아가는 대장정이다.

하지만 우리가 지금껏 살펴봤듯 자본주의적 성장은 내적 모순이 커지며 자신을 파괴해 나가는 과정이다. 기업은 노동을 절약해 특별 이윤을 얻으려 기술혁신에 매진한다. 그런데 이런 기술진보에는 자본이 소모된다. 기술선도 기업이 특별 이윤을 얻을 때는 자본소모에도 불구하고 선도기업의 이윤율이 상승한다. 하지만, 기술이 보편화하여 필요노동과 시장가격이 같아지고 누구도 특별 이윤을 얻지 못할 때는 결과적으로 소모되는 자본이 절약되는 노동보다 커져서 총자본의 수익성이 하락할 수 있다. 경제학의 성장론은 자본소모 없이 노동을 절약한다는 중립적 기술진보론을 전제로 삼지만, 이런 기술진보는 산업혁명으로 불리는 예외적 기간에만 발생한다. 기술진보의 일반적 경향은 수익성 있는 기술진보의 곤란 속에서 자본의 수익성을 오히려 하락시키는 것이다. 세계금융위기 이후의 장기 저성장은 자본주의의 필연적 결과이며, 이윤율 저하를 상쇄할 새로운 자본의 혁명이 없다면 결국 자본 주도의 경제 체계는 작동이 중지될 것이다.

| 'S'자 자본축적

마르크스의 고전파 경제학 비판을 현대경제학으로 확장한 윤소영은 《자본》의 성장법칙을 자본축적의 'S'자 궤도로 정리했다.[69] S자 궤도는 로지스틱logistic 곡선이라고도 불린다. 이 S자 궤도에서는 편향적 기술진보로 인한 이윤율 하락이 경제성장률 추락으로 곧바로 이어지지 않는다. 이윤율 위기 속에서도 경제는 한동안 성장한다. 이런 경제성장 탓에 사람들은 이윤율 위기와 경제위기 간의 관계를 알아차리지 못한다. 하지만 이윤율 하락 속의 경제성장은 일시적일 뿐이며, 결국 자본주의는 작동중지 상태에 이른다.

경제성장은 자본생산성과 자본스톡의 관계로 분석될 수 있다. 경제

그림 16 • 자본스톡의 로지스틱 S 곡선

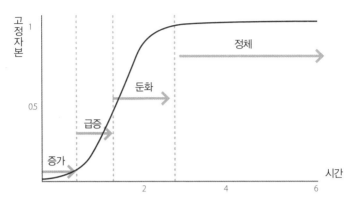

《자본》의 자본축적론은 위 그래프로 요약된다. 편향적 기술진보로 자본생산성이 하락할 때 나타나는 첫 현상은 자본스톡이 급증하는 것이다. 하지만 자본생산성 하락이 계속되면, 결국 급증한 자본투자가 부담되어 자본생산성 하락을 가속한다. 그리고 수익성 있는 투자를 찾기 힘든 기업들은 자본투자를 이전보다 많이 줄인다. 이후 장기침체 또는 장기불황이 시작된다. 자본의 혁명이 없는 한 장기불황은 마이너스 경제성장률로까지 이어진다. 국민경제 자체가 축소 단계에 이르는 것이다.

성장률은 자본생산성 상승률과 자본스톡 증가율의 합이다.[70] 경제학은 경제성장을 자본과 노동 같은 투입요소의 증감이나, 아니면 소비, 투자, 순수출 같은 수요의 증감으로 분석한다. 하지만 자본주의적 모순을 더욱 분명하게 보려면 경제성장의 모순이 집약된 자본생산성 하락을 핵심 변수로 삼아야 한다. 자본생산성 상승률은 현재의 자본으로 생산을 얼마나 늘릴 수 있는지 나타낸다. 자본생산성이 상승하면 당연히 경제성장률도 상승한다. 자본스톡 증가율은 기업의 생산능력 확대를 나타낸다. 투자가 늘면 생산이 증가해 당연히 경제성장률도 상승한다. 그런데 여기서 기업의 투자 능력은 자본생산성에 영향을 받는다.

자본생산성 하락으로 기업의 수익성이 하락하는 경우 투자 능력도 감소할 수밖에 없다.

윤소영은 자본생산성이 하락하는 조건에서 자본스톡 변화를 로지스틱 모델로 단순화했다. 로지스틱 모델은 S자 성장 모형으로, 증가 → 급증 → 둔화 → 정체 순으로 성장이 변한다.

증가 → 급증

편향적 기술진보로 자본생산성이 하락할 때 나타나는 첫 현상은 자본스톡이 급증하는 것이다. 기업들이 수익성 하락에서 어떻게든 벗어나려고 자본투자를 과감하게 늘린다. 자본생산성 상승기의 관성 탓에 기업들은 투자를 통해 위기를 극복할 수 있다고 낙관적으로 생각한다. 그래서 이 시기의 경제성장률은 이전보다 둔화하긴 하지만 그렇다고 성장률이 마이너스가 되는 위기를 겪지는 않는다. 자본스톡 증가율 상승이 자본생산성 증가율 하락을 상쇄한다. 이 시기에는 위기보다 오히려 낙관주의가 시민들의 지배적 정서가 되기도 하는데, 기업 수익성 하락보다는 투자 증가로 인한 고용 증가와 임금 상승을 경험하기 때문이다.

급증 → 둔화

하지만 자본생산성 하락이 계속되면, 결국 급증한 자본투자가 부담되어 자본생산성 하락을 가속한다. 수익성 위기에 처한 기업들은 자본

투자를 줄이고 생산성이 낮은 자본을 폐기하는 구조조정을 단행한다. 이런 구조조정 과정에서 자본생산성은 일시적으로 상승할 수도 있다. 일종의 자본의 다이어트 효과다.

둔화 → 정체

하지만 다이어트가 영원히 계속될 수 없듯, 결국 자본생산성은 다시 하락한다. 수익성 있는 투자를 찾기 힘든 기업들은 자본투자를 이전보다 많이 줄인다. 자본생산성 증가율과 자본스톡 증가율이 동시에 하락하니, 경제성장률 역시 고꾸라질 수밖에 없다. 장기침체 또는 장기불황이 시작된다. 자본의 혁명이 없는 한 장기불황은 마이너스 경제성장률로까지 이어진다. 국민경제 자체가 축소 단계에 이른다. 이것이 경제가 제대로 작동하지 못하는 최종적 위기terminal crisis 또는 작동 중지 상태이다.

S자 모델을 실증적 경제 지표로 검증해보자. 다음 페이지의 표5와 표6은 미국과 한국의 자본생산성 증가율, 자본스톡증가율, 경제성장률을 몇 개의 구간으로 나눠 정리한 것이다. 각 구간은 이윤율이 수년에 걸쳐 상승, 하락하는 기간이다.

미국 경제는 제2차 세계대전 즈음부터 1960년대 중반까지 자본생산성이 매년 2퍼센트 이상 상승했다. 자본스톡도 매년 3퍼센트 가까이 증가해, 이 두 수치의 합계인 연평균 경제성장률(순생산증가율) 역시 5퍼센트에 육박했다. 이때가 바로 자본주의 황금기로 불리는 시기였다.

표 5 · 미국의 자본생산성, 자본스톡, 경제성장의 연평균 증가율(AAGR)

	1940~1963년	1964~1986년	1987~2004년	2005~2015년
자본생산성 상승률	2.1%	-0.5%	0.2%	-0.3%
자본스톡 증가율	2.7%	3.9%	2.7%	1.7%
경제성장율(순생산)	4.8%	3.5%	3.0%	1.5%
자본스톡 S곡선 구간	증가	급증	둔화	정체

S자 자본축적 모델은 현실 경제를 설명할 때도 유용하다. 위에서 볼 수 있듯 증가, 급증, 둔화, 정체 단계가 분명하게 자본주의의 장기 역사에서 나타난다.

하지만 산업혁명 효과가 사라지고 편향적 기술진보가 지배적 경향이 되는 1960년대 후반부터 자본생산성은 하락했다. 1964~1986년의 자본생산성 상승률은 이전보다 2.6퍼센트포인트가 낮은 -0.5퍼센트였다. 그런데 이 당시 특징은 자본스톡 증가율이 오히려 이전보다 더 높아졌다는 점이다. 자본주의 황금기보다 1.2퍼센트포인트나 높은 3.9퍼센트였다. 앞서 본 자본축적 S자 곡선의 '급증 구간' 특징이 그대로 나타난 것이었다. 자본스톡 증가율이 자본생산성 하락률을 상쇄해 경제성장률은 이전보다 크게 하락하지 않았다. 이 시기 미국 시민들은 베트남전 패전, 1,2차 오일쇼크 등의 우여곡절을 겪었지만, 동시에 68세대와 민권운동으로 대표되는 급진주의 문화의 정점을 경험하기도 했다.

1980년대 중반 이후에는 S자 곡선의 '둔화 구간' 현상이 나타났다. 자본생산성 상승률은 연평균 0.2퍼센트로 소폭 높아졌으나 자본투자 증가율은 2.7퍼센트로 이전보다 대폭 감소했다. 이 시기 자본생산성

표 6 · 한국의 자본생산성, 자본스톡, 경제성장의 연평균 증가율(AAGR)

	1983~1988년	1989~1996년	2000~2007년	2010~2018년
자본생산성 상승률	- 1.5%	- 4 .3%	- 0.3%	- 0.1%
자본스톡 증가율	12.5%	11.9%	5.6%	4.0%
경제성장율(순생산)	10.9%	7.4%	6.2%	3.8%
자본축적 S곡선 구간	증가	급증	둔화	정체

한국 자본주의 역시 S자 자본축적의 단계들이 나타난다. 하지만 미국과 비교해볼 때 자본생산성 상승은 미약하고, 자본축적 변화는 큰 것이 특징이다.

반등은 금융자본이 주도한 세계적 인수합병과 구조조정이 중요한 원인이었다. 자본의 다이어트 시기였다. 정보통신혁명으로 불리는 기술혁신도 영향을 미치기는 했지만, 그 효과는 이전 산업혁명과 비교해 제한적이었다. 1980년대 중반부터 1990년대 후반까지 이뤄진 인수합병은 액수로나 건수로나 1970년대에 비해 열 배 가까이 많았다. 이 시기 연평균 경제성장률은 3퍼센트로, 자본생산성이 상승하던 시기보다 0.5퍼센트포인트 낮았다.

금융세계화 구조조정 효과가 끝난 2000년대 중반 이후에는 자본생산성 상승률이 다시 마이너스로 돌아섰다. 자본스톡 증가율은 더욱 낮아져 역대 최저치인 1.7퍼센트였다. S곡선의 '정체 구간' 특징은 자본생산성 상승률과 자본스톡 증가율이 함께 하락해 경제성장률이 크게 하락하는 것이다. 2004~2015년까지 경제성장률은 1.5퍼센트였다. 2007년 터진 세계금융위기는 S자 곡선의 '정체 구간'이 시작됨을 알리는 신호였다. 자본축적의 로지스틱 궤도가 이어진다면 경제성장률이 계속 낮아지며 미국 자본주의는 작동중지 상태에 도달할 것이다.

한국도 미국과 마찬가지로 자본축적의 S자 곡선이 나타난다. 다만 우리나라는 자본생산성이 장기간 상승하는 기간이 나타나지 않는데, 편향적 기술진보를 상쇄할 만한 제대로 된 기술진보가 없었다는 의미다.

우리나라 경제는 1970년대 말 위기를 딛고 1983년부터 다시 성장했다. 대미 수출과 무역흑자가 경제성장을 이끌었다. 1980년대 미국 레이건 정부의 신냉전 전략이 냉전의 전진기지인 한국에 우호적 조건을 제공했고, 1985년 미일 플라자합의 이후 일본 엔화가 폭등해 수출 경쟁력도 높아졌다. 수출제조업 가동률 상승으로 1970년대 중반부터 이어진 자본생산성 급락이 멈췄다. 그리고 두 자릿수를 기록한 자본스톡 증가율 덕분에 연평균 10퍼센트가 넘는 경제성장률을 달성했다.

1980년대 말부터는 S자 곡선의 '급증 구간'이 시작됐다. 자본생산성 상승률은 폭락했지만, 자본스톡 증가율은 그다지 하락하지 않았다. 자본생산성이 2.8퍼센트포인트 하락하는 동안 자본스톡 증가율은 고작 0.6퍼센트포인트 하락했을 뿐이다. 자본스톡이 상대적으로 급증했다고 볼 수 있다. 그리고 이런 투자 덕분에 자본생산성 폭락 속에서도 7퍼센트 넘는 고도성장이 이어질 수 있었다. 하지만, 이런 투자는 자본생산성 하락 속도를 더 빠르게 만들 수밖에 없었다. 그런데도 우리나라에서 중산층 시대라는 말이 나온 것은 이 시기였다. 마이홈 마이카, 캠퍼스의 낭만, X세대 대중문화 등으로 대표되는 이 시기는 우리나라에서 상대적으로 가장 평등하게 풍요했던 시대이기도 했다. 어둠이 오기 전 노을녘이 가장 아름답고, 별은 소멸하기 전에 발광으로 가장 밝게 빛나는 법이다. 자본축적의 모습 또한 다르지 않다.

1998년 외환위기라는 경제사변을 계기로 우리나라 경제는 S자 궤도의 '둔화 구간'으로 진입했다. IMF 프로그램에 따라 노동시장유연화, 공공기관민영화, 재벌구조조정, 금융시장 규제철폐, 민영화 등이 빠르게 진행됐다. 노동시장 경쟁으로 노동강도가 강화됐고, 수익성 없는 자본은 폐기되거나 외국자본에 인수되어 구조조정을 거쳤다. 한국식 자본 다이어트가 시작된 것이었다. 신자유주의로 불리는 구조개혁의 결과로 자본생산성 하락은 가까스로 멈췄다. 하지만 자본투자가 크게 줄었다. 자본스톡 증가율은 이전 시기의 절반에 가까운 9퍼센트였다. 경제성장률은 이런 낮은 자본스톡 증가율에도 불구하고 자본생산성 하락이 둔화하여 그럭저럭 8퍼센트를 유지했다. 다만 고실업과 임금 정체로 시민의 삶은 이전보다 나아지지 못했다.

2008~2009년 세계금융위기 이후에는 S자 곡선의 '정체 구간'이 시작됐다. 이 시기 자본생산성 증가율은 이전과 비슷했지만, 자본스톡 증가율은 크게 하락했다. 당연히 경제성장률도 더 낮아졌다. 2010~2018년에는 4퍼센트에도 이르지 못했다. 로지스틱 모델에 따르면 자본생산성과 자본스톡의 증가율은 앞으로도 낮아질 것이고, 경제성장률 역시 지금보다 더 하락할 것이다. 정부가 성장 정책을 내놓고 있지만, 산업혁명 수준의 변화가 없다면 편향적 기술진보의 모순을 해결할 수는 없다.

┃ 노동과 자본의 공멸

마르크스는 《공산주의자 선언》(공산당선언)에서 "억압자와 피억압자는 항상 서로 대립하면서 때로는 숨겨진, 때로는 공공연한 싸움을 벌였다. 그리고 각각의 싸움은 그때마다 사회 전체의 혁명적 재구성 또는 투쟁하는 계급들의 공멸로 끝났다."라고 썼다. 마르크스가 묘사한 것은 자본축적의 S자 곡선 끝자락 모습이었다.

마르크스가 말한 "사회 전체의 혁명적 재구성"에는 두 가지 경로가 있다. 첫째 자본의 혁명이고, 둘째 노동의 혁명이다.

먼저, 자본의 혁명은 산업혁명이다. 우리는 1장에서 이를 살펴봤다. 한국의 경우 산업혁명과는 거리가 멀다. 혁명은커녕 추격성장의 한계만 드러나고 있는 실정이다. 한국 자본주의는 40여 년간 일본을 모방해 성장했지만, 모방 이후 기술 선도자로 나서는 데 어려움을 겪고 있다. 더불어 우리나라는 고등교육기관이 몰락해 기술선도 경제로 나가기 위한 지식 기반을 만드는 데도 실패 중이다. 미국 유학 알선기관이 되어버린 한국의 대학에서는 지식 축적이 불가능하다.

다음으로 노동의 혁명을 검토해보자. 노동의 혁명은 자본주의를 지양하는 사회혁명이다. 20세기 초 러시아 혁명이 대표적 사례였다. 하지만 자본의 혁명과 달리 노동의 혁명은 지금까지 성공 사례가 없다. 소련은 붕괴했고, 중국은 당이 조절하는 시장경제로 나아갔을 뿐이다. 20세기 내내 진행된 서유럽 노동운동의 도전 역시 결과적으로 자본주의를 보완하는 수준에서 중단되었다. 21세기의 노동운동에서는 자본주의를 위협할 만한 흐름이 나타나고 있지 않다. 한국의 노동운동 역시 대안은커녕 '귀족노조' 같은 말로 조롱받기 일쑤다.

마르크스는 자본가와 노동자라는 두 계급 모두 위기에 대응하지 못할 때 "공멸"이 올 것이라고 예상했다. 역사적으로 보면 이런 계급적 공멸의 한 형태가 바로 포퓰리즘이다.

포퓰리즘은 사회 변화에 관한 과학적 분석을 포기하고, 대신 기득권에 대한 비난, 영웅적 정치인에 대한 기대, 대중의 정념을 발산하는 정치를 확대한다. 대표적 사례가 1930년대 독일이었다. 당시 독일에서는 자본가가 공황에 대처하지 못했고, 노동자계급을 대표한 정당들 역시 경제와 사회를 재건하는 것에 실패했다. 이런 두 계급의 실패 틈새에서 반유대주의와 게르만 민족주의를 앞세워 히틀러가 권력을 잡았다.

지난 2016년 인종주의와 보호무역주의를 내걸고 당선된 미국 트럼프 대통령 역시 그런 사례였다. 세계금융위기 전후로 공화당과 민주당이 경제적 불평등과 불안정성을 해결하지 못하자, '위대한 아메리카'를 내걸고 이민자 추방을 외친 트럼프가 대통령에 당선됐다. 한국의 문재인 정부가 겪은 딜레마 역시 포퓰리즘의 한계를 그대로 보여준다.

21세기, 자본의 작동중지 상태에서 자본의 무능과 진보진영의 실패로 말미암아 마르크스가 말한 계급적 공멸이라는, 체제의 극한적 위기가 심화하고 있다.

15장

소련부터 21세기 섹시한 사회주의까지

20세기 사회주의 실패의 교훈

현대modern time 사회는 자유, 평등, 풍요를 이상으로 삼는다.[71] 그리고 자본주의는 두 세기 넘게 현대 사회의 이상을 실현하는 가장 적합한 경제체제로 인정받아왔다. 소련으로 대표되는 사회주의권이 몰락한 이후에는 더더욱 그러했다. 하지만 2008년 세계금융위기 이후 이런 확신에 금이 가기 시작한 것 같다. 사람들은 자본주의가 유일무이한 대안인지, 지속 가능한 체제인지 다시금 질문하고 있다.

최근 사회주의가 젊은 세대에게 인기를 끄는 것도 같은 맥락으로 보인다. 좀 웃긴 이야기지만, 한 패션 잡지는 미국 젊은이들이 첨단 모바일 기기를 가지고 다니며 자신을 사회주의자로 지칭하는 것이 도시의 '섹시'한 트렌드라고 소개하기도 했다. 2018년 갤럽 여론조사에 따르면 18~29세 미국 청년 중 절반 가까이가 사회주의에 우호적이었다.

미국 민주당 정치인 중 스스로를 '민주적 사회주의자'라고 칭하는 사람들도 늘고 있다.

사회주의는 인류가 자유, 평등, 풍요를 추구하려면 자본주의를 넘어서야 한다는 아이디어에서 시작했다. 자본주의는 모든 점에서 이전 봉건제 사회에 비해 놀라운 진보를 성취했다. 하지만 자본주의는 자신이 가진 근본적 결함으로 인해 스스로 진보를 멈출 수밖에 없다. 상품경제는 자원을 효율적으로 배분하지만 경제적 불평등을 키운다. 임금노동제는 자신의 의사에 따라 일할 자유를 노동자에게 줬지만, 동시에 노동자의 육체와 정신을 자본에 종속시켰다. 이윤을 향한 기술경쟁과 자본축적은 고도성장의 힘이면서 동시에 공황을 만드는 추진력이기도 했다. 사회주의자들은 자본주의의 이러한 내적 모순 탓에 자본주의로는 현대 사회의 이상을 끝까지 추구할 수 없다고 주장했다.

하지만 소련으로 대표되는 20세기 사회주의는 철저하게 실패했다. 소련은 20세기 말에 붕괴했다. 중국은 붕괴하지는 않았지만, 사회주의적 이상과는 전혀 관계없는 중진국 개발국가로 타락했다. 이번 장은 20세기 사회주의 실패의 원인과 최근 유행하는 21세기 사회주의들의 몇 가지 조류들을 《자본》의 이론으로, 경제적 측면에서 분석해본다. 물론 사회주의의 시도들이 봉착한 한계를 제대로 살피려면 세계 시장, 국가 간 관계, 민족적 역사, 진영 내부의 이데올로기적 갈등 등을 두루 살펴야 한다. 이는 《자본》을 넘어서는 이야기이다. 그럼에도 경제적 측면에서 사회주의를 평가해보는 이유는, 자본주의적 생산이 가진 근본적 결함을 해결하는 것이 어떤 점에서 어려운지를 파악하는 데 도움이 되기 때문이다. 이번 장에서 우리는 역사적 경험을 통해 《자본》의 대안을 어떻게 개선할지 고민해볼 것이다.

▌ 러시아 혁명의 딜레마

1917년 러시아 혁명의 배경은 제1차 세계대전이었다. 제1차 세계대전은 1914년 영토분쟁 중이던 오스트리아—헝가리 제국이 세르비아를 침공하면서 시작됐다. 침공과 동시에 세르비아와 동맹을 맺은 러시아가 참전했고, 독일, 프랑스, 영국, 이탈리아, 미국 등이 참전했다. 그런데 당시 러시아의 1인당 GDP는 서유럽의 40퍼센트, 미국의 30퍼센트에 불과했다. 이런 경제 상태로 서유럽 국가들과 전쟁을 벌였으니 나라가 온전할 리 없었다. 황제의 권위가 땅에 떨어진 상황에서 시위대 진압을 명령받은 페트로그라드 수비대가 1917년 2월에 반란을 일으켰다. 그리고 차르의 전제군주정은 모래성처럼 순식간에 무너졌다.

우여곡절을 거쳐 급진적 사회주의 정당이었던 볼셰비키가 1917년 10월 국가권력을 쥐었다. 볼셰비키 지도자였던 레닌은 10월 혁명의 대의를 두 가지로 내세웠다.

첫째, 러시아 혁명은 "제국주의 사슬의 약한 고리"를 타격하는 세계사적 의미를 가지고 있다는 것이었다. 레닌은 러시아가 제1차 세계대전의 참전국이자, 영국과 프랑스에 광물과 곡물을 수출하고 제조품과 자본을 수입하는 국제 분업의 일부분이라는 사실에 주목했다. 러시아에서 혁명을 일으키면, 제국주의 고리의 약한 부분을 끊어내 견고해 보이는 제국주의 전체에 타격을 가할 수 있다고 그는 주장했다.

둘째, 무능한 러시아 자본가를 대신해 유능한 노동자계급이 경제 발전을 더 효과적으로 달성할 수 있다는 것이었다. 레닌은 무능하고 후진적인 러시아 자본가들에게 서유럽 같은 발전을 기대할 수 없다고 생각했다. 차라리 노동자계급이 국가권력을 잡아 계획경제로 생산력을 발전시키는 것이 낫다고 여겼다. 이것이 바로 레닌의 '국가자본주의론'이다. 혁명으로 자본주의 경제가 일소되지는 않겠지만, 노동자계급이 지배하는 국유화된 기업들은 사회주의로 나아가는 우호적 환경을 만들 수 있다. 국가권력을 두고 자본가계급과 경쟁하는 것이 아닌 만큼 사회주의로 나아가는 길이 장기적이고 안정적으로 확보될 수 있다.

하지만 이런 혁명의 대의는 실현이 쉽지 않았다. 우선 국제적 혁명은 영국과 유럽 대륙에서 일어나지 않았다. 제국주의 사슬은 강고했다. 다음으로 국내 경제 사정은 혁명 이후 더 악화됐다. 민생 문제를 해결하지 못하면 볼셰비키의 존립 자체가 위태로울 수밖에 없었다.

러시아 경제는 혁명 직후부터 대혼란에 빠졌다. 우익 군부가 반란을 일으켜 나라를 통째로 전쟁터로 만들어버린 탓이었다. 백군으로 불린 우익 군부는 러시아 혁명을 견제했던 영국, 프랑스 등의 지원을 받아 4년 가까이 볼셰비키 정부를 괴롭혔다. 내전에서 제1차 세계대전의 네

배인 1,000만 명 가까운 사망자가 발생했다.

볼셰비키는 앞뒤로 꽉 막힌 국면을 당의 국가화와 전시 경제체제로 돌파했다. 볼셰비키는 혁명 직후 전쟁을 명분으로 체카(KGB의 전신)를 만들어 소비에트 내의 반동분자 색출에 나섰다. 당에서 파견된 당원들로 소비에트를 장악했으며, 전러시아소비에트회의 같은 소비에트 의사결정 기구도 무력화했다.[72] 노동조합에 대해서도 비슷한 조치가 취해졌다. 이러한 당의 독재는 내전 시기 경제체제, 이른바 전시 공산주의체제에서 더욱 강해졌다. 볼셰비키는 내전 직후 기업들을 국유화했다. 전쟁에 필요한 물자를 빠르게 조달하기 위해서였다. 그와 함께 당은 정치만이 아니라 경제 영역에서도 총책임자가 됐다. 당은 더욱 비대해지며 국가의 모든 일을 혼자 처리하는 전지전능한 조직이 되었다. 전시경제에서 볼셰비키는 노동자도 군대화했다. 노동자는 노동군(軍)이 되었고, 당은 노동군의 총사령부로 역할을 했다.

볼셰비키 전시경제 정책은 내전이 종전 국면으로 진입하는 1921년부터 큰 저항에 부딪혔다. 강압적 통제와 식량난을 견디다 못한 노동자들이 대규모 파업에 나섰고, 당 내부에서도 노동자 반대파로 불린 당원들이 지도부를 비판했다. 징발을 거부하는 농민 반란이 증가해 도시로의 곡물 송출도 급감했다. 식량난으로 수백만 명이 사망할 정도로 사태가 심각했다.

레닌은 노동자와 농민에 대해 각기 다른 정책을 시행했다. 먼저, 노동조합에는 협력을 요구했다. 노동자계급을 대표하는 당이 경영과 생산을 책임지고 있으니, 노동조합이 당에 협조하는 것이 노동자의 이해를 대변하는 것이라는 논리였다. 당 정책에 반기를 드는 노동조합 파업은 진압되었다. 다음으로 농민에게는 전향적인 개혁안을 제시했다. 네프NEP로 불렸던 신경제정책이 그것이었다. 정부는 농민에 대한 곡물 징발을 현물세로 대체했고, 남은 곡물을 농민이 시장에서 판매할 수 있도록 허용했다. 정부는 상품거래를 촉진하기 위해 법정화폐 발행기관인 국립중앙은행도 설립했다.

레닌은 내전의 후유증이 상당했던 농민을 다시 사회주의 건설에 동참시키지 않고서는 국가가 유지되기 어렵다고 판단했다. 러시아 농촌은 19세기 후반에야 농노제가 없어졌을 정도로 극도로 낙후되어 있었다. 농민들의 유일한 소원은 자작농이 되는 것이었다. 식량난으로 국가 존립이 위협받는 상황에서 농민과의 타협은 불가피했다. 레닌은 신경제정책이 원칙의 문제가 아니라 "2보 전진을 위한 1보 후퇴"의 전술일 뿐이라고 당원들을 설득했다.

물론 신경제정책에는 상황적 요인만이 아니라 러시아 혁명에 관한 근본적 고민도 담겨있었다. 생산성을 향상하면서, 동시에 자본주의적 습성을 제거할 방법이 도대체 무엇이냐는 고민이었다. 내전으로 폐허가 된 러시아 경제를 빠르게 재건하지 못하면 혁명은 좌초할 수밖에 없었다. 농업 국가 러시아는 곡물을 수출하고 해외에서 자본재를 수입하는 방식으로 경제를 성장시켜야 했다. 농업 산출량 증대가 경제 재건의 핵심이었다. 농민의 요구를 무시하고 농업 생산성을 향상할 수는 없었다. 그런데 소작농이 되고 싶은 욕구는 사회주의 의식과는 거리가 멀었다. 딜레마였다. 이는 농업경제와 봉건적 질서가 잔존하는 러시아에서 사회주의 혁명을 단행한 볼셰비키의 제약 조건이기도 했다.

자본주의적 생산력 발전은 자본가의 무한한 이윤 추구가 원동력이다. 자본가는 이윤 극대화를 위해 자본을 축적하고 생산요소의 할당을 최적화한다. 시장의 상품가격은 어떤 생산요소를 얼마나 할당할지 알려주는 정보다. 자본주의적 소유법칙과 시장은 이런 식으로 생산력을 발전시킨다. 소유법칙과 시장은 강압이 아니라 노동자가 스스로 따르는 원리이기 때문에 강력한 것이다. 그렇다면 사회주의에서는 어떻게 생산력 발전의 동기가 부여되고 또 그것이 재생산될 수 있는가? 이것이 레닌의 질문이었다.

볼셰비키는 전시 공산주의 시기에 사적 소유와 시장을 철폐했다. 하지만 볼셰비키는 가격이 전해주던 효용과 비용에 관한 정보 없이 생산자원을 어떻게 최적화할지, 사적 이익이라는 동기 없이 어떻게 생산자들을 생산성 향상에 나서게 만들지 알지 못했다. 옛것은 사라졌으나 새로운 것은 오지 않은 상태가 1920년대의 러시아였다. 레닌의 신경제정책은 이런 상황을 객관적 상황으로 인정한 것이었다. 부르주아적 습성을 단숨에 바꿀 수 없다면 제도를 그것에 맞게 점진적으로 변화시키며, 그 습성 또한 점진적으로 바꿔나가야 했다.[73]

신경제정책의 핵심에는 농민 협동조합이 있었다. 협동조합은 소농들이 토지를 공동소유, 공동경작, 공동분배하는 생산조직이었다. 러시아 개혁을 위해 농촌을 먼저 개혁해야 한다고 주장한 일군의 지식인들이 이미 19세기 초부터 농촌에 들어가 협동조합을 만들어 놓았다. 빈농들은 협동조합에 우호적이었다. 규모의 경제를 만드는 것이 여러모로 이득이었기 때문이다. 2월 혁명 즈음 이미 농가의 30퍼센트가 협동조합에 참여하고 있었다. 레닌은 이런 협동조합이 농민에게 "가장 단순하고 쉬우며 가장 잘 받아들여질" 사회주의적 생산, 분배의 방식이라고 생각했다. 1920년대 중반에는 전체 농가의 절반 가까이가 참여할 정도로 협동조합이 많아졌다.

신경제정책으로 곡물생산이 증가하면서 식량 사정이 나아졌다. 하지만 곧바로 위기가 닥쳤다. 협상가격 위기로 불리는 농산물과 공산품 간의 불균형이 발생했다. 신경제정책은 시장을 부활시켰지만 그렇다고 자유로운 거래를 완전히 보장한 것은 아니었다. 정부는 도시에서 식량문제가 발생하지 않도록 공산품과 농산물 간 상대가격(교환비율)을 조정했다. 그런데 1923년 농산물 생산은 크게 증가한 데 반해 공산품은 생산량이 그다지 늘지 않았다. 농민들은 정부가 책정한 불공정한 상대가격에 저항하며 정부와 거래를 줄였고 잉여생산물을 창고에 비축했다. 그 결과 도시에 식량난이 발생해 노동자들의 불만이 폭발했다. 와병 중이었던 레닌을 대신해 당을 장악한 스탈린은 정책을 변경해 상점들을 폐쇄하고 시장을 와해시켰다.

신경제정책의 또 다른 불안정성은 경제적 불평등이었다. 시장이 활성화되면서 네프맨NEPMAN이라 불리는 신흥부자들이 출현했고, 부농

(쿨라크)의 소득이 증가했다. 이들은 혁명 이전 같은 사치도 즐겼다. 반면 노동자의 처지는 나날이 나빠졌다. 국유기업의 잉여노동은 노동자에게 분배되지 않았고, 정부 계획에 따라 모두 재투자됐다. 노동시장이 없었기 때문에 노동자는 능력에 따라 임금을 받을 수 없었다. 혁명 과정에서 막대한 희생을 치른 노동자들의 상대적 박탈감이 커졌다.

레닌도 이런 문제점을 알았다. 다만 그는 머지않아 협동조합의 발전이 쿨라크를 대체하고, 당의 계획 능력이 네프맨을 대체할 것이라고 기대했다. 협동과 계획이 시장보다 자원 할당이나 생산물 분배에서 더 훌륭한 결과를 만든다면, 이 과정에서 노동자, 농민의 동맹과 계급의식도 함께 발전할 것이라 예상했다. 하지만 그 기대는 실현되지 못했다.

1927년 다시 협상가격 위기가 발생했다. 1923년보다 상황이 더 나빴다. 공산품만이 아니라 흉작으로 농산물 생산량도 감소했다. 공산품 가격이 오르자 농민들이 곡물 판매를 줄였고, 필요한 공산품도 가내수공업 제품으로 대체했다. 그 결과 정부가 농민에게서 수확한 농산물이 전년도의 절반으로 감소했다. 도시 식량난이 고조되자 노동자의 불만이 다시 폭발했다. 스탈린은 이 기회에 신경제정책을 끝내고자 했다. 그는 농민의 곡물 파업이 제국주의 침략과 연결되어 있다는 가짜 뉴스까지 만들었다. 스탈린이 선동에 나서자 당원들도 신경제정책의 종결을 지지하고 나섰다. 1927년 말 스탈린은 반대세력을 숙청한 후 '대전환의 해'를 선포했다. 그리고 '5개년 계획'을 시행했다. 러시아 혁명은 공식적으로 종료됐다. 그는 소련이 '전인민의 국가'가 되었으며 남은 문제는 오직 경제개발뿐이라고 선언했다.

이때부터 소련은 사회주의와는 전혀 상관없는 길을 걷게 됐다. 러시아 혁명 시기의 고민들은 모두 억압됐고, 오직 저개발 국가를 탈출하기 위한 경제개발 계획만 남았다. 시장은 사라진 듯 보였지만 실은 국유기업이 시장 전체를 독점했을 뿐이었다. 불평등은 국가 독점 기업의 경영자와 노동자 사이에서 재생산됐다. 계급 경제는 자본가가 사라졌다는 선언으로 감춰졌을 뿐, 지배하는 당과 지배받는 노동자 사이에서 이전과 별반 다르지 않게 이어졌다. 임금 노동은 형식적으로는 사라졌지만 이 역시 노동자가 노동과정과 사회적 분업에 주체적으로 참여해 사라진 것이 아니라, 임금을 받는 노동자가 배급을 받는 노동자 군대로 바뀌었을 뿐이다. 1930년대 소련은 국가─당이라는 자본가가 군대식으로 조직된 노동자를 지배하는 '국가'자본주의가 되었다.

┃ 소련의 실패

미국과 소련은 비슷한 시기에 경제적 위기를 겪었다. 1930년대 미국의 대공황과 소련의 대기근, 1970년대 미국의 침체와 소련의 침체가 바로 그랬다. 다만 위기의 결과는 한 번은 같았고, 한 번은 달랐다.

두 나라는 1930년대 경제위기 이후 2차 세계대전을 거치며 고도성장을 달성했다. 1940~1960년대 미국 경제는 오늘날의 세계를 만들어 낸, 인류사에서도 단 한 번만 존재했던 대단한 성장을 만들었다. 소련 역시 1960년대 말까지 일본 다음으로 높은 경제성장률을 기록하며 20세기 저개발국가의 가장 성공적인 경제성장 사례로 평가받았다. 하지만 두 나라의 운명은 1970년대 경제위기 이후 완전히 달라졌다. 미국은 케인스주의를 혁신해 신자유주의 세계화로 위기를 관리했던 반면, 소련은 이전 같은 노동과 천연자원을 소모하는 성장전략을 유지하다 위기관리에 실패했다.[74] 소련은 왜 미국과 달리 위기관리에 실패했을까? 신경제정책 이후 소련 경제의 문제점을 살펴보자.

1930년대 소련에서는 스탈린이 입안한 5개년 계획이 시행됐다. 계획의 관건은 빠른 산업화를 위한 곡물 확보였다. 산업화에 필요한 자본재를 이전보다 더 많이 수입하려면 곡물을 더 많이 수출해야 했고, 또한 증가하는 산업 노동자를 굶지 않게 만들려면 이전보다 많은 곡물을 정부가 가져와야 했다.

스탈린은 5개년 계획의 시작으로 농업 집단화를 단행했다. 명분은 사회주의에 협조하지 않는 내부의 적, 쿨라크를 집단농장으로 재편하는 것이었다. 물론 집단화는 협동조합과 쿨라크를 가리지 않았다. 6,000만 명의 농민이 단 몇 개월 만에 집단농장으로 재편됐다. 당연히 농민들은 심하게 반발했다. 하지만 국가의 공권력이 농민의 저항보다 강했다. 수백만 명의 사람들이 쿨라크, 네프맨으로 고발되어 강제노동수용소나 시베리아 등의 개척지로 보내졌다.

그러나 집단화가 스탈린의 생각처럼 농업 생산량을 늘리지는 못했다. 집단화 과정에서 농민의 저항으로 말, 소 같은 농업 자산이 절반 가까이 줄었다. 농민들은 이전보다 농사에 열정을 쏟지 않았다. 그 결과 농산물 생산량이 급감했다. 1932~1933년에 유례없는 대기근이 닥쳤고, 300~500만 명이 굶주림으로 죽었다. 소련의 농산물 생산량은 1930년대 말에야 1920년대 초 수준을 회복했다.

집단화가 경제성장에 기여한 부분도 있기는 했다. 집단농장에서는 트랙터 같은 기계 도입이 늘어나며 이전보다 필요한 인력이 줄어들었다. 그리고 농촌에서 젊은이들이 일자리를 찾아 도시로 이동해 공업화에 필요한 노동자를 공급했다. 국유기업들은 정부 지원 속에서 수익성에 제한받지 않고 투자를 늘렸는데, 이는 충분한 노동자 공급을 전제한 것이었다. 농촌의 인구가 도시로 대규모로 이동하지 않았다면 소련의 공업화는 성공하기 어려웠을 것이다.

수익성에 종속되지 않는 투자와 충분한 노동력 공급은 적어도 1970년대 초까지는 다른 저개발 국가보다 소련이 더 높은 성장률을 달성하는 원동력이 되었다. 1950~1970년 소련의 연평균 1인당 GDP 성장률은 5~6퍼센트에 달했다. 1928년 대비 1970년 1인당 GDP를 보면 소련은 세계에서 일본 다음으로 성장 속도가 빨랐다.[75]

보통 주류경제학은 계획경제가 자원을 비효율적으로 사용하기 때문에 경제성장에 실패할 수밖에 없다고 주장한다. 하지만 경제학이 간과하는 다른 측면이 있다. 바로 완전고용 문제다. 시장경제의 민간 기업은 수익성을 기준으로 투자를 결정한다. 그런데 이런 투자 결정은 인구를 최대한 활용하지 못하는 한계가 있다. 돈이 안 되면 일할 수 있는 노동자도 실업자로 놀리는 것이 시장경제의 법칙이다. 심지어 수익률이 하락하면 자본도 놀린다.

계획경제에서는 투자가 이윤율이 아니라 생산량 최대화를 목표로 결정된다. 생산은 자본 부족, 인구 부족 상태까지 증가한다. 이런 생산 방식은 시장경제에 비해 자본생산성이 떨어지지만, 자본과 인구를 놀리지 않는다는 점에서 양적 경제성장에는 유리한 점이 있다. 1940년대 이후 소련은 중앙당국의 계획에 따라 적자에 연연해하지 않고(연성 예산제약이라고 부른다.) 자본투자와 고용을 늘리면서 고도성장을 달성했다. 물론 스탈린의 5개년 계획이 성공한 정책이라는 뜻은 아니다. 로버트 앨런Robert Allen의 시뮬레이션 분석에 따르면 레닌의 신경제정책이 계속됐더라도 성장 속도는 떨어지지 않았다.[76] 신경제정책이 같은 결과를 덜 폭력적인 방식으로 달성할 수 있었다는 의미다.

5개년 계획은 당의 관료적 경직성을 심화시켰다는 점에서 소련 경제에 치명적 후유증을 남겼다. 스탈린은 5개년 계획에 대한 불만이 터져 나오자 당 정책에 대한 이견 표명을 금지했다. 이런 공포정치 탓에 생산현장에서 발생하는 여러 문제들은 보고되지도 않았다. 현장 피드백이 없었던 탓에 한번 잘못 결정된 계획이 수정되지 않고 파국적 결론을 낼 때까지 이어졌다.

1970년대가 되자 소련의 경제성장률이 급락했다. 이전까지 5퍼센트 이상을 기록하던 경제성장률이 1970년대 초반 3퍼센트대로 하락하더니, 1970년대 후반에는 2퍼센트대로 주저앉았고, 1980년대는 이보다 더 하락했다. 일본과 비교해보면, 1970년 소련의 1인당 GDP는 일본의 60퍼센트였는데, 1989년에는 40퍼센트로 낮아졌다. 성장 속도가 둔화하자 소련 국가자본주의의 문제들이 한꺼번에 나타났다.[77] 앨런의 분석을 한 번 살펴보자.

첫째, 인구증가의 둔화가 완전고용 체제에서 대규모 자본투자로 성장하던 소련 경제를 심각하게 위협했다.

소련의 자본투자 비율은 1950년에는 GDP의 22퍼센트, 1980년에는 GDP의 39퍼센트에 달했다. 이렇게 높은 투자율이 유지될 수 있었던 것은 앞서 봤듯 계획당국이 수익성이 아니라 생산량을 기준으로 국영기업 성과를 평가했기 때문이었다. 더구나 계획당국은 국영기업에 해당 지역에서 완전고용을 달성할 것도 요구했는데, 기업들은 고용 목표를 달성하기 위해 노동을 절약하는 기술을 채택하지 않았다. 이에 따라 생산량과 고용량은 많았지만, 기업의 생산성은 지속해서 낮아졌다.

정부 주도 투자와 완전고용은 미국 케인스주의 경제도 추구했던 것이다. 다만, 둘의 차이는 인구증가가 둔화할 때 나타났다. 소련은 20세기 초부터 다른 나라에 비해 인구증가율이 낮았고, 1960년대 농촌 인구가 감소하는 시점에서 완전고용을 달성했다. 이후 고용은 딱 인구가 늘어난 만큼만 증가할 수 있었다. 자본투자는 계속 증가했지만, 노동자가 부족했다. 소련에서는 1970년대 이후 공장 생산능력의 10~20퍼센트가 노동력 부족으로 가동되지 못했다. 그럼에도 당의 방침에 따라 노동을 절약하는 투자보다 노동을 소모하는 투자가 계속됐다.

둘째, 1970년대 투자계획이 인구위기로 인한 경제침체를 회복할 수 없는 위기로 악화시켰다.

1970년대 당시 경제계획의 핵심 목표는 두 가지였다. 하나는 구조조정이었고, 다른 하나는 자원개발이었다. 당권을 장악한 브레주네프는 노후화된 중화학공업 공장들을 현대화해 침체에 빠진 경제를 되살리려고 했다. 그런데 문제는 이 현대화 투자가 생산성 낮은 공장들을 폐기하는 것이 아니라 갱생시키는 데 집중되었다는 점이다. 이는 오늘날 산업에 비유하면, 전화기 만드는 공장에서 설비를 몇 가지 새로 깔아 스마트폰을 생산하겠다는 발상과 비슷한 것이었다. 20~30년 된 공장들은 매우 좁았고, 새로운 설비에 적합한 작업과정이나 인프라도 갖춰지지 않았다. 국영기업이 지역의 고용과 거주환경까지 책임지는 시스템이었기 때문에 함부로 인력 조정을 할 수도 없었다. 1970년대 구조조정은 많은 투자에도 불구하고 노동생산성을 그다지 높이지 못했다.

이런 조건에서 경제적 재앙에 가까웠던 자원개발 투자가 이뤄졌다. 소련은 유럽 쪽의 석유 자원이 고갈되자 시베리아의 유전 개발에 막대한 자원을 투자했다. 석탄 광물도 고갈되어 광산개발에도 투자를 늘렸다. 그런데 시베리아 유전 개발이나 석탄광산 개발은 해외수입보다 비효율적이었고, 채산성도 낮았다. 그런데도 소련은 투자를 단행했다. 철의 장막이라 불렸던 자급자족형 민족경제는 국제적 분업이나 무역의 이점을 무시했다. 결과는 참혹했다. 석유 산업의 생산성은

1975~1985년 21퍼센트 감소했다. 석탄 산업 역시 생산성이 24퍼센트 감소했다. 인구증가 정체로 산업 전반이 어려움을 겪던 시기 자원 개발 투자 실패는 소련 경제 전체를 파탄으로 내몰았다.

마지막으로, 미국 레이건 정부의 신냉전 정책이 소련의 군비 지출을 감당할 수 없는 수준까지 끌어올렸다. 소련은 1979년 아프가니스탄 침공으로 이미 막대한 군비를 소비한 데 이어, 미국과의 군사 경쟁에도 자원을 투자해야 했다. 비생산적인 군수 부분에 자원이 집중되니 생산성은 더욱 하락할 수밖에 없었다.

그야말로 소련 경제에 퍼펙트스톰이 몰아치는 가운데 1989년 폴란드, 헝가리, 독일, 체코 등 동유럽 사회주의 진영이 연달아 무너졌다. 러시아 소비에트 의장에 선출된 옐친은 공산당을 탈당해 1991년 6월 러시아연방 대통령 선거에서 비공산당 후보로 당선됐다. 8월에는 당 내 보수파가 고르바초프 정책에 반기를 들고 쿠데타를 일으켰으나 3일 만에 실패했다. 그리고 당과 국민 모두에게 신뢰를 상실한 고르바초프가 사임한 후 그해 12월 소련이 15개 국가로 해체됐다. 소련 사회주의가 1917년 혁명 이후 74년하고도 2개월 만에 붕괴했다.

▎붉은 자본가의 세계, 중국

중국의 현대는 1840년 아편전쟁으로 시작됐다. 아편전쟁은 영국이 대중국 무역적자를 해결하려고 인도산 아편을 판매하면서 발발했다. 요구도 황당하고 명분도 없는 전쟁이었지만, 청나라는 1840년, 1856년 두 차례의 전쟁에서 모두 패했다. 심지어 막대한 배상금까지 물어줬다. 수천 년간 세계의 절반을 지배해온 중국이 이렇게 몰락했다.

중국의 몰락은 역설적이지만 14세기 명나라와 17세기 청나라가 봉건제 혁신에 성공한 탓이었다. 서유럽은 14세기부터 역병이 창궐하고 종교전쟁이 계속되면서 지배계급이 체제 수호에 실패했다. 즉, 구체제의 붕괴로 말미암아 신체제로 이행을 감행하지 않을 수 없었다. 반면 명나라와 청나라는 관료제, 조세제도, 토지소유제도, 농사법 등을 혁신하는 데 성공했다. 명나라는 세계 총생산의 30퍼센트 이상을 차지할 만큼 생산과 인구가 증가했다. 하지만 지주-소작농 관계로 농업 경제를 재생산하는 체제가 아무리 뛰어난들, 자본-임노동 관계로 산업 경제를 재생산하는 체제를 당해낼 수는 없다. 봉건제 혁신 대신 자본주의 혁명에 성공한 서유럽은 18세기부터 중국을 압도하기 시작했다.

아편전쟁 패배로 충격을 받은 청나라 엘리트들은 양무운동으로 불린 부국강병 정책을 추진했다. 청나라는 서양의 무력을 따라잡기 위해 막대한 자금을 들여 총, 대포, 함대 등을 수입하고 군수공업을 육성했다. 하지만 양무운동의 결정적 한계는 혁신에 적합한 제도를 만들지 못했다는 점이다. 현대화에 성공한 일본은 서양 무기 수입과 더불어 1868년 메이지유신을 통해 국가 제도 전반을 혁명적으로 바꿨다. 막번(幕藩) 정치체제를 타파하고 입헌군주제를 실시했고, 의회, 조세,

교육 등 사회 전반의 제도도 30년간 뜯어고쳤다. 그야말로 유신(維新)의 한길로 매진했다. 반면 양무운동은 군수공업을 일으킨 것 외에는 딱히 큰 변화를 추구하지 못했다. 청나라는 1894년 서유럽 열강이 아닌 일본과의 전쟁에서도 패배했다. 패전의 충격으로 메이지유신을 모방한 변법자강운동이 개시됐지만, 이 역시 황실의 권력쟁투 과정에서 실패하고 말았다.

중국의 봉건적 군주제가 무너진 것은 1911년 신해혁명 이후였다. 자유주의 운동을 확대하고 있던 쑨원이 황실에서 반란군 진압을 명받은 위안스카이를 이용해 황제를 타도했다. 그리고 곧바로 중국 최초의 공화정인 중화민국이 수립됐다. 그런데 위안스카이가 중화민국 수립 후 쑨원을 밀어내고 자유주의적 변화 대신 새로운 군주로 행세하며, 혁명을 퇴보시키고 말았다.

중국 전역이 제국주의 열강에 유린당하는 상황에서 1919년 5·4운동이 발발했다. 이들은 제국주의와 중국의 봉건적 질서 모두를 혁파할 것을 요구했다. 그러나 5·4운동은 무력을 갖추지 못한 운동이라는 결정적 한계가 있었다. 운동은 정부 탄압으로 별 성과 없이 끝나고 말았다. 하지만 이 운동은 1921년 중국공산당 창당으로 열매를 맺었다. 그리고 중국공산당은 일본과 국민당 정부를 상대로 한 30여 년간의 투쟁 끝에 1949년 중화인민공화국을 수립했다.

중국공산당의 지도자 마오쩌둥은 소련을 벤치마킹하면서 동시에 그 결함을 교정하려고 시도했다. 1950년대 초반에는 소련과 비슷한 국유화, 토지개혁, 중화학공업화를 단행했고, 1950년대 후반에는 소련에는 없었던 인민공사를 만들어 농촌의 공업화를 추진했다. 마오쩌둥의 농촌 인민공사는 농민에 대한 수탈로 귀결된 소련식 농촌 집단화에 대한 대안이었다. 동시에 공산당 독재와 관료제를 개혁하는 방안이기도 했는데, 인민공사는 농민의 협동조합 또는 평의회를 지향했기 때문이다. 하지만 이러한 인민공사는 안타깝게도 경제적인 측면에서는 그다지 성공적이지는 못했다. 1970년대 말에 이르러서야 1950년대 수준을 회복할 정도로 생산성이 퇴보했다.

인민공사를 통한 농촌 집단화가 소련의 경험과 마찬가지로 생산성 하락을 겪은 것은 농업의 노동과정 특성과 관련이 깊었다.[78] 공장에서는 관리자가 제한된 공간을 통제하면서 기계의 작동속도를 높이면 노동생산성이 올라간다. 하지만 농업에서는 넓은 농지에서 각자가 성심성의껏 벼와 잡초를 잘 구분해 제초작업을 해야 생산성이 올라간다. 농업에서는 관리 면적이 커질수록 관리가 어려워지고, 그래서 자발성이 그만큼 더 중요하다. 정부 당국은 농민의 자발성을 선정적 정치구호로써 이끌어내려 했다. 하지만 정치 구호로 생산성을 올린다는 것은 순진한 발상이었다. 결국 관리 실패와 현장의 도덕적 해이가 결합해 처참한 농업 위기가 발발했다. 대약진운동 과정에서 대기근이 발생해 3,000만 명이 굶어 죽었다.

1970년대까지 중국의 성장 속도는 다른 개발도상국과 비교해도 낮았다. 1960~1980년까지 연평균 경제성장률(1인당 GDP)은 3퍼센트에 불과했다.[79] 한국이 같은 기간 연 7퍼센트 성장한 것과 비교해봐도 한참 낮았다. 중국은 1960년대에 핵실험을 했고, 1970년대에 인공위성을 쏠 정도로 군수산업에서는 비약적으로 발전했다. 그러나 국민경제 성장과 직결된 생산적 공업은 그다지 발전하지 못했다. 이러다 보니 1970년대까지도 전체 인구의 70퍼센트가 농촌에 있을 정도로 도시화 속도도 더딜 수밖에 없었다. 중국은 이때까지 추격성장에 실패하고 있었다.

인민공사의 도전이 실패한 뒤 문화대혁명의 혼란을 거쳐 덩샤오핑으로 대표되는 새 지도부가 1970년대 말에 출범했다. 대위기 속에서 덩샤오핑은 점진적 개혁·개방이라는 당시 사회주의 진영이 가보지 않은 길을 선택했다. 1970년대 소련이 국가자본주의의 강화로 위기를 극복하려 했다면, 1980년대 중국은 국가자본주의의 개혁으로 위기를 돌파하려 한 것이다.

중국의 개혁 방향은 농업, 공업, 국방, 과학기술의 현대화 전략으로 집약됐다. 특히 농업과 공업의 현대화가 핵심이었는데, 덩샤오핑은 시장 제도를 도입해 두 부분의 현대화를 추진하려 했다. 참고로 중국의 이런 시장 정책은 앞서 본 1920년대 러시아의 신경제정책과는 완전히 다른 것이었다. 신경제정책이 시장과 일시적으로는 타협하지만 궁극적으로는 협동조합의 성장을 통해 시장을 점진적으로 지양해나가자는 포부였다면, 덩샤오핑의 개혁은 반대로 농민과 국유기업들이 지속해서 시장에 적응해야 한다는 목표를 내세웠다.

중국의 개혁은 농촌인민공사의 아웃소싱(생산청부제) 정책과 농산물 시장 판매 허용으로 시작했다. 생산청부제는 인민공사에서 생산 위탁을 받은 개별 농가가 계약 이상의 생산물에 대해 시장가격으로 처분할 수 있도록 허용한 제도다. 경제적 인센티브를 제공해 개별 농가가 자발적으로 생산성을 올리도록 유도한 것이다. 개혁은 곧바로 효과를 발휘해 농업 생산 증가율이 두 배 가까이 상승했다. 공업 개혁의 방향도 농업과 다르지 않았다. 정부는 국유기업에 경영관리의 자율권을 주고, 정해진 상납액 이상의 이윤에 대해 사내에 유보할 수 있도록 허용했다. 국유기업은 시장의 수요공급에 반응하면서 생산량과 가격을 조정했고, 남은 이익을 기업 내부에서 분배했다. 1990년대 공업 개혁이 확대됨에 따라 일부 국유기업은 아예 민간에 매각됐고, 대형 국유기업도 주식시장에 상장해 민간 자본을 받아들였다.

시장의 확대는 민간의 재산권으로 이어졌다. 특히 부동산의 재산권 보장이 국민의 경제활동 관념을 변화시키는 데 큰 역할을 했다. 정부는 1984년에 민간이 건설해 판매하는 분양주택(상품방)을, 1987년에 토지사용권 경매를 허용했다. 주택 매매가 허용되자 1980년대 말 광둥성 일대에서는 주택가격이 매년 두 배로 뛰는 부동산 투기도 일어났다. 재산권은 정부만 가지고 있고, 필요한 주택은 정부가 배급한다는 기존 사회주의적 관념이 국민 사이에서도 사라지기 시작한 것이었다. 1998년에는 정부가 공급하는 공공주택(복지방) 사업이 중단됐다. 2001년 세계무역기구WTO 가입 이후에는 정부가 앞장서서 부동산 경기 활성화 대책을 내놓기도 했다. 부동산 가격은 대도시를 중심으로 천정부지로 치솟았고, 이 과정에서 소수의 공산당 고위 관료만이 아니라 재산을 소유해 불로소득으로 부를 축적하는 대중적 자산가 계층이 형성됐다. '붉은 자본가' 계급이 이렇게 만들어졌다.

한편, 1980년대부터 향진기업으로 대표되는 비국유기업도 여럿 등장했다. 향진기업은 농촌 주민들이 상부상조 정신으로 만든 농기계 정비소 등의 사업체가 개혁 과정에서 발전한 것이다. 청부생산제가 확대되며 소득이 증가한 일부 농가들이 향진기업에 투자했다. 정부가 관여하지 않는 민간 기업이 우후죽순 이렇게 만들어졌다. 제조업에서 향진기업이 차지하는 비중은 1978년 9퍼센트에서 1994년 35퍼센트로 증가했다.

시장 확대 이후 외환 관리와 금융 시스템의 개혁 역시 중요해졌다. 상품화폐 경제에서는 화폐의 순환이 문제없이 이뤄져야 생산도 제대로 조직될 수 있다. 수출로 민간의 외환보유가 증가함에 따라 1994년 관리변동환율제도가 도입됐다. 외환시장에서 환율이 변동하는 것을 허용하되, 정부가 외환시장에 개입해 적정 수준으로 환율을 관리하는 제도다. 신용을 공급하는 금융기관도 크게 개혁됐다. 1979년 네 개의 국유상업은행(공상은행, 건설은행, 농업은행, 중국은행)이 만들어졌고, 1990년에는 상하이와 선전에 주식시장도 설립됐다. 다만, 중국의 금융시장은 상품시장보다 정부 통제가 상당히 많은 편이다. 뒤에서 좀 더 자세히 살펴볼 것인데, 중국은 국가자본주의의 본질적 부분을 금융통제로 유지하고 있다.

1970년대 말부터 시작된 중국의 국가자본주의 개혁은 저개발국의 추격성장 전략이라는 측면에서는 분명 성공적이었다. 2017년 중국의 GDP는 세계 경제의 15퍼센트를 차지해 미국 다음으로 크다. 2019년에는 1인당 GDP도 드디어 1만 불을 돌파했다. 2010년대 중국은 미국과 함께 G2로 불리며 세계 경제변화의 핵심 역할을 하고 있다.

하지만 중국의 국가자본주의가 앞으로도 성공할 것이라고 예단할 수는 없다. 화려한 겉모습과 달리 중국의 경제성장은 내부에 엄청난 문제들을 누적해서 쌓고 있기 때문이다. 현재의 중국은 선진국으로 가고 있는 것이 아니라 국민소득 1만 불에서 중진국 함정에 빠져 허우적대고 있는 것처럼 보인다. 중국 체제가 사회주의적 이상과는 전혀 상관이 없다는 점도 확인해두자. 중국은 경제적 불평등이라는 시장의 결함을 해결한 것이 아니라, 오히려 그 결함을 이용해 성장해왔다. 또한, 계급 경제를 지양한 것이 아니라 지배계급의 구성을 약간 바꿨을 뿐이다. 이는 진보가 아니라 퇴보다. 중국 경제는 당연히 임금노동의 철폐와는 하등의 상관도 없다.

┃ 중국 경제는 지속해서 성장할 수 있을까?

경제성장 과정에서 중국이 처한 문제는 크게 보면 세 가지로 요약된다. 우선 농촌 문제이다. 중국 농업은 기본적으로 노동집약적이라, 자본집약적 선진국 농업보다 생산성이 낮다. 개방으로 농산물 수입이 증가해 농촌의 수입은 오랫동안 정체 상태에 있다. 가난한 농촌 인구가 도시로 유입되면서 농민공으로 불리는 도시 빈곤층도 형성됐다. 중국의 지니계수는 0.6으로 미국 0.5보다 높다. 세계 최고 수준이다. 도시와 농촌의 소득 격차는 1985년 1.7배에서 2009년 3.3배로 급증했다.[80] 농촌은 거대한 빈곤의 저수지가 되어 언제 폭동이 터져도 이상하지 않을 만큼 분노로 가득하다.

다음으로, 국유기업 문제이다. 국유기업 생산성은 개혁 이전보다는 나아졌지만, 민간 기업보다는 여전히 한참 낮다. 국유기업이 상품 생산에서 차지하는 비중은 2000년대 20퍼센트 수준까지 하락했지만, 대형 국유기업은 여전히 경제의 가장 중요한 부분에 있다. 그런데 여기서 문제는 이 국유기업들이 엄청난 부채를 통해 성장하고 있다는 점이다. 경제의 20퍼센트를 차지하는 국유기업이 전체 기업부채의 80퍼센트(2018년 기준)를 차지하고 있다. 국유기업의 부채비율은 약 250퍼센트이며, 규모는 중국 GDP의 1.3배에 달할 정도로 거대하다. 참고로 선진국의 기업부채 규모는 GDP의 0.5~1.0배 수준이다. 비교해보면 중국 국유기업의 부채 성장은 외환위기 직전 한국 재벌들과 상당히 닮아 있다. 경제위기의 뇌관이 될 가능성이 크다는 것이다.

국유기업 부채는 1990년대 이후 빠르게 증가했다. 생산성 혁신이 되지 않다 보니 투자가 계속될수록 이윤율이 하락했다. 그래서 사업 확장 자금을 외부에서 조달할 수밖에 없었다. 특히 2009년 세계금융위기 이후 부채가 급증했다. 정부가 외형적 경제성장을 유지하기 위해 국유기업 주도로 투자를 많이 늘렸기 때문이다. 예로 내륙에 대규모의 철도, 도로, 교량을 건설하는 일대일로(一帶一路) 프로젝트는 건설 투자의 생산성도 낮았고 건설 이후 채산성도 확보하기 어려웠지만, 정부 당국의 계획에 따라 국유기업들이 투자를 퍼부었다. 1970년대 소련의 시베리아 자원개발사업처럼 말이다.

국유기업 부채는 말하자면 공산당의 권력 유지 비용이다. 중국은 세계에 개방되어 있음에도 정치, 사법, 언론 등에서 민주주의와는 거리가 먼, 정부 통제가 이뤄지는 나라다. 국민은 세계 곳곳을 여행하면서 자유를 만끽하지만, 정작 자기 나라에서는 거대 권력의 감시하에 있다. 불만이 크지 않을 리 없다. 그런데도 공산당이 독재를 이어갈 수 있는 이유는 경제성장으로 국민의 불만을 관리하는 데 성공하고 있기 때문이다. 당은 어떤 경우에도 고용과 소득증가를 포기할 수 없다. 국유기업의 부채는 당의 독재를 위한 비용인 셈이다.

국유기업 부채는 중국의 금융시장 부실로 이어진다. 대형 국유기업에 자금을 조달하는 것은 대형 국유상업은행들이다. 이 은행들은 중국이 수출로 벌어들인 달러를 자산으로 삼아 국유기업에 지속해서 대출을 제공하고 있다. 국유기업의 부실 채권을 튼실한 달러 자산으로 희석하는 식이다. 그리고 지방 국유기업에 자금을 제공하는 것은 금융당국 규제조차 받지 않는 그림자금융이다. 그림자금융은 지방정부가 경제성과를 내기 위해 당국의 관리를 피해 만든 일종의 관제 사채시장이다. 그런데 이런 그림자금융은 규제 사각지대에 있어 한순간에 파산할 수 있다. 현재 부실 규모가 너무 커 중앙정부조차 쉬쉬하면서 상황을 덮고 있는 상태라고 한다. 이런 이유로 세계 경제기관들은 중국의 기업부채와 금융 부실이 세계 경제를 위협하는 지뢰라고 경고한다.

마지막으로, 자본통제 문제이다. 중국이 막대한 부채를 유지할 수 있는 것은 막대한 규모의 달러 자산을 보유하고 있는 덕분이다. 중국은 무역흑자로 번 달러를 수입으로 소비하는 것이 아니라 미국 자산시장에 오랫동안 투자해왔다. 이 달러 자산 덕에 국내외 투자자들은 중국 정부가 지급불능 상태에 빠지지 않을 것이라 믿고 있다. 그래서 중국 경제는 달러 자산이 국외로 유출되지 않도록 통제하는 것이 매우 중요하다. 중국 당국은 중국의 외국인기업이 해외로 배당하는 것까지 통제할 정도로 달러 유출 문제에 민감하다. 따져보면 2019년 세계적 이슈가 된 홍콩 사태도 중국 경제의 이런 사정과 무관치 않았다. 홍콩은 중국 고위 관료와 사업가들이 차명으로 자산을 은닉하는 대표적인 곳이다. 중국이 국제사회의 우려에도 불구하고 홍콩 시민의 시위를 폭력적으로 탄압한 것은 홍콩을 통제하지 못하면 자본 유출이 확대될 수 있다는 우려가 중요한 이유 중 하나였다.

중국은 국가가 통제하는 자본을 통해 잉여노동을 착취하고 분배한다. 중국의 13억 노동자는 세계 경제의 거대한 잉여노동 저수지가 되어 2000년대 세계 경제성장에 큰 역할을 했다. 수출 과정에서 얻은 부는 중국의 붉은 자본가들이 취득하고 있다. 중국 수출제조업의 절반 이상을 차지하는 외국인기업들도 이런 착취의 한 부분을 차지한다. 중국 공산당은 경제성장으로 불평등과 독재에 대한 불만을 관리한다. 이 과정에서 비효율적인 국유기업의 부채가 기하급수적으로 증가하고 있다. 그런데 부채를 통한 성장은 결국에는 현재와 미래의 노동자가 책임져야 할 빚이다. 이 빚의 사슬이 지불의 사슬로 바뀌는 순간 중국 경제는 한순간에 주저앉을 수 있다.

| 의지와 현실의 간극, 차베스와 시리자의 실패

경제 사회 구조의 제약을 고려하지 않고 개혁을 주장하다 참혹한 실패를 경험한 사례도 있다. 베네수엘라의 차베스 정부와 그리스의 시리자 정부가 그런 사례였다.

1999년 대통령에 당선된 차베스는 석유수출로 번 돈으로 빈민 복지를 확대하려고 노력했다. 이런 차베스 정부에 대해 21세기 사회주의 모델이라고 환호한 사람들이 진보진영 내에 꽤 많았다. 하지만 베네수엘라는 세계금융위기 이후 국가 경제가 붕괴하며 역사상 최악의 사회적 혼란을 겪는 중이다. 차베스와 그의 후예들은 대안사회를 건설하기 위한 실체적 문제들을 진지하게 고민하지 않았던 것 같다.

베네수엘라가 개혁을 추진했던 경제적 토대는 2000년대의 금융세계화와 석유가격 상승이었다. 당시 베네수엘라는 자원가격 상승 덕에 높은 경제성장률을 달성할 수 있었다. 차베스는 석유 수출로 번 돈을 빈민 구제와 반미 공동체라는 구상에 사용했다. 하지만 2000년대 베네수엘라는 다른 산업은 물론이거니와 석유산업도 외국자본에 기술과 투자를 의존하고 있었다. 베네수엘라가 진정으로 변화에 나서려면 이런 종속 상태부터 벗어날 필요가 있었다. 초국적 기업들에 좌지우지되며, 심지어 석유 수출로 번 돈의 상당 부분이 해외로 유출되는 상황에서 경제를 개혁하는 것이 쉽지 않았기 때문이다.

물론 산업을 재건한다는 것은 상당히 고통스러운 과정이다. 빈민 구제 같은 소비보다 저축을 우선할 수밖에 없어서다. 자신의 기술과 자본으로 시추, 정유, 화학 등의 산업을 육성하려면, 원유 수출로 번 달러를 자본재 산업에 투자해야만 한다. 우리나라가 한국전쟁 직후 경제를 재건하기 위해 겪어야 했던 1960~1980년대의 고통, 러시아가 혁명 직후 현대적 경제를 만들기 위해 수천만 명을 희생해야 했던 고통을 떠올려보자.

하지만, 차베스와 그 후예들은 집권 내내 저축이 아니라 분배에만 집중했을 뿐이었다. 집권세력은 빈곤층 지지를 유지하기 위해 자본축적 대신 빈곤 구제에 대부분의 자원을 써버렸다. 2010년대 베네수엘라의 경제는 외국인기업 비중에서 중국 기업이 차지하는 비중이 높아졌다는 점을 제외하면 10년 동안 변한 것이 거의 없었다. 그리고 결국에는 세계금융위기 이후 석유 가격이 폭락하자 나라 경제가 통째로 붕괴해 버렸다.

그리스 시리자는 긴축반대를 핵심공약으로 내걸고 사회주의 정당으로서 집권에 성공했다. 하지만 시리자는 집권 이후 독일의 요구대로 긴축과 구조조정을 실시했다. 더구나 시리자 정부는 경제 재건에도 성공하지 못했는데, 2018년 그리스 GDP는 2008년보다 25퍼센트가 감소한 상태로 남아 있었다.

세계금융위기 이전까지 그리스는 유로존에서 금융세계화의 혜택을 가장 많이 본 나라 중 하나였다. 2002년에서 2007년까지 5년간 연평균 성장률이 5퍼센트 이상이었고, 강한 유로화 덕분에 달러로 평가한 GDP가 자그마치 두 배나 증가했다. 이런 성과에 취해 정부 재정지출도 빠르게 증가했다. 하지만 2008년 세계금융위기로 금융세계화가 몰락하자 단 3년 만에 GDP 대비 정부 부채가 100퍼센트에서 170퍼센트로 급증하고 말았다. 그리고 결국에는 국가가 부도나 버렸다.

채권국이었던 독일은 그리스에 긴축을 통해 빚을 갚으라고 요구했다. 독일은 균형재정을 유지하기 위해 일찌감치 정치적 난관을 무릅쓰고 복지를 조정했다. 하지만, 그리스는 생산성도 낮으면서 정부 지출을 조정하려는 노력을 그다지 기울이지 않았다. 물론 유로존 체계가 독일의 재정에 유리했던 것은 분명 사실이다. 독일은 유로존 출범 이후 역내 무역으로 엄청난 무역흑자를 기록하고 있었다. 공동 화폐를 사용하다 보니, 독일보다 생산성이 낮은 나라들은 화폐 평가절하를 이용할 수 없어 무역적자를 볼 수밖에 없었다. 그리스 역시 마찬가지였다. 그러나 독일이 주도하는 유로존 체계에서, 유로화의 혜택을 누리기로 선택한 것은 다름 아닌 그리스 자신이었다.

국가 부도 이후 그리스의 선택지는 두 가지밖에 없었다. 채무 불이행을 선언하고 유로존을 빠져나오거나, 독일의 요구대로 긴축을 통해 빚을 갚거나. 그런데 시리자는 총선에서 둘 중 아무것도 지지하지 않았다. 유로존 탈퇴를 감당하려면 국민이 뼈를 깎는 구조조정을 견뎌야 했는데 이런 정책은 인기가 없는 것이었다. 긴축 역시 저소득층과 복지 수혜를 입던 중산층 모두에게 큰 피해를 주는 정책이라 수용하기가 어려웠다. 시리자는 냉혹한 현실을 무시했다. 하지만 집권 후에는 진실을 마주할 수밖에 없었고, 결국 독일 요구대로 긴축을 실시한 후 정치적으로 몰락하고 말았다.

| 과장된 미래의 구빈법 기본소득

소련 사회주의의 실패와 중국 사회주의의 타락 이후 21세기에는 이전과는 전혀 다른 맥락의 대안들이 여럿 나오고 있다. 그중 대표적인 것이 기본소득이다.

정부가 국민 모두에게, 조건 없이, 개별적으로 정해진 현금을 지급하자는 것이 기본소득의 요지다. 이런 아이디어가 세간의 주목을 받는 것은 4차 산업혁명론과 관련이 깊다. 4차 산업혁명 주창자들은 하나같이 인공지능 기계의 확대로 일자리가 사라질 테니, 국민의 존엄과 권리를 위해 임금을 대체하는 새로운 소득이 필요하다고 이야기한다. 하지만 이런 기본소득 정책은 근거도, 방향도 잘못된 대안이다.

우선 기본소득 정책은 기술변화가 초래할 미래를 과장한다는 점에서 문제다.

인공지능 발전으로 자동화가 확대되는 것은 분명하다. 하지만 고실업을 지속해서 유지하는 산업혁명은 존재할 수 없다. 자본주의적 기술발전은 노동을 절약(노동생산성 향상)하면서 동시에 노동을 증대(생산량 증가)해야 지속할 수 있기 때문이다. 우리는 이를 1장에서 살펴본 바 있다.

다음으로, 기본소득은 생산과 소득의 관계를 무시한다는 점에서도 문제다.

신고전파는 소득을 생산에 대한 기여로 규정한다. 소득을 높이려면 생산에 더 많이 기여해야 한다. 이것이 생산을 자극하는 인센티브가 된다. 케인스주의는 생산적 투자를 자극하기 위한 소득을 이야기한다. 생산의 주체인 기업이 위험한 설비투자에 나서야 경제가 성장하는데, 정부는 기업이 설비투자에 집중하도록 금융소득을 규제한다. 마르크스주의는 이윤율 동역학을 통해 생산과 소득의 모순을 분석했다. 자본주의적 생산에서 이윤은 착취의 다른 이름일 뿐이다. 하지만 고용을 유발하는 기업 투자는 이 착취가 원천이다. 착취가 줄면 투자가 줄고, 고용이 줄면, 노동자 소득이 감소한다. 소득을 얻기 위해 착취를 수용해야 하는 것이 바로 자본주의의 모순이다.

이런 이론을 전제로 신고전파는 생산성에 비례하는 소득을, 케인스주의는 투자를 촉진할 수 있는 소득을, 마르크스주의는 임금소득의 모순을 혁파할 자본주의 변혁을 주장한다.

그런데 기본소득에는 어떤 생산이론도 없다. 오직 분배 정책만 있다. 이러한 정책은 사실 복지이론에도 미달하는 것이다. 복지이론은 노동시장의 생산성을 높이기 위한 사회임금(사회보장지출에서 사회보장세입을 공제한 것)제도를 설계한다. 하지만 기본소득은 묻지도 따지지도 않고 현금을 나눠주는 것이다. 분배의 대상과 방법만 있지, 시쳇말로 "소는 누가 키우냐?"는 질문에 답하지 못한다. 이론적으로도 불가능한 분배이론이라는 것이다. 만약 어떤 정부가 그럼에도 기본소득을 실시한다면, 결국 재정적자라는 딜레마에 부딪혀 파산할 수밖에 없을 것이다.

요컨대, 기본소득은 상상 속 4차 산업혁명의 구빈법이다. 거대한 실업의 공포를 만든 후 그들을 구제할 방법으로 기본소득이라는 정책을 제시하니 말이다. 4차 산업혁명을 주창하는 월스트리트의 엘리트들은 진보진영 이상으로 기본소득에 우호적이다. 이유는 그들이 지대추구로 독차지하는 사회적 부를 기본소득이 정당화해주기 때문이다. 기본소득은 현 엘리트들의 기득권을 전혀 침해하지 않으면서, 시장 경쟁에서 패배한 시민들이 급진적 저항에 나서는 것도 방지한다.

❙ 자유·평등·풍요의 대장정을 어떻게 다시 시작할 수 있을까?

"자유! 왜냐하면 상품 교환의 구매자와 판매자는 오로지 그들의 자유로운 의지에 따라 구매자와 판매자가 되었기 때문이다. 그들은 법적으로 자유롭고 대등한 인간으로서 계약을 맺는다. 계약은 이들의 의지가 공통된 법률적 표현으로 드러난 최종 결과물이다. 평등! 왜냐하면 이들은 오로지 상품소유자로서만 서로 관계하며 등가물을 서로 교환하기 때문이다. 소유! 왜냐하면 이들 각자는 모두 자신의 것만을 처분하기 때문이다. 벤담! 왜냐하면 양쪽 모두에게 중요한 것은 오로지 자기 자신뿐이기 때문이다. 그들을 하나의 관계로 묶어주는 유일한 힘은 그들 자신의 이익이 발휘하는 힘이다."[81]

현대 사회의 자유, 평등, 풍요는 위의 인용문처럼 불완전하다. 다수의 시민에게 자유는 임금노예를 선택하는 자유로, 평등은 시장에서 1원 사이의 평등으로, 풍요는 과잉인구의 확대라는 비참한 풍요로 귀결될 뿐이다.

《자본》에서 대안 세계는 "개인적 소유의 재건"이라는 말에 집약되어 있다. 여기서 개인은 섬에 고립된 로빈슨 크루소가 아니라 사회적 분업에 참여하는 사회적 개인이다. 개인적 소유는 타인을 배척하는 재산의 소유가 아니라 자기 자신의 인격과 노동능력을 소유하는 것을 의미한다. 요컨대, 대안 세계의 목표는 개인을 진정한 개인으로 만드는 것이다. 생산에서 소외되고 시장에서 물신숭배에 빠지는 개인이 아니라, 개인의 자아실현이 사회적 생산과정이 되고, 사회적 분업이 각 개인의 발전으로 이어지는 그런 사회가 바로 대안 세계이다.

사회주의의 '사회'는 실은 "개인의 자유로운 발전을 위한 평등한 사회"의 줄임말이다. 하지만 역사 속의 20세기 사회주의는 개인적 소유를 재건하는 데도, 심지어 사회를 유지하는 데도 실패했다. 개인을 완성하는 사회가 아니라 개인을 억압하는 사회로 타락했다. 한편 21세기 대안 정책들은 소득을 얻는 개인과 끝없이 퍼주는 사회라는 비과학적 생각에 기초해 있다. 개인적 소유의 재건과 거리가 먼 것은 물론이거니와 실현될 수도 없는 지향이다.

이제까지 살펴본 경험의 교훈을 정리해보자. 자본주의를 넘어서려는 도전은 어렵더라도 반드시 다음의 세 가지 문제를 해결해야 한다.

첫째, 시장의 결함과 한계를 어떻게 해결할 것인가? 경제학은 시장 경쟁을 희소한 자원을 할당해 최적의 생산물을 산출하는 최고의 수단으로 간주한다. 사회주의는 시장을 계획으로 대체하려 했다. 하지만 결과적으로 시장을 지양하는 자원 배분과 결과 분배에 성공하지 못했다. 시장의 결함인 생산 위기를 해결하지 못했고, 시장의 공백인 부와 소득의 평등을 채워 넣지도 못했다. 대안적 경제는 생산자의 직접적 관계 위에서 효율적 자원 배분과 공정한 결과 분배를 할 수 있어야 한다.

둘째, 계급 지배를 어떻게 지양할 것인가? 한 사회는 잉여가치를 누가 어떻게 취득하는지에 따라 그 특징이 결정된다. 자본주의는 이전 봉건제와 여러 점에서 다르지만, 한 계급이 잉여가치를 배타적으로 취득한다는 점에서 계급 경제의 특징을 봉건제와 공유한다. 현실의 사회주의는 계급 지배를 없앤 것이 아니라 조금 뒤틀어 유지했을 뿐이었다. 하지만 진정한 대안 세계는 계급 사회를 지양하고, 개인의 자유로운 공동체로서 '사회'를 만들자는 이념이다. 다만 여기서 곤란함은 사적 소유라는 유인 없이도 지적, 물리적 생산력을 충분하게 발전시키는 방법을 찾는 것이다. 또한, 특별 이윤 같은 유인 없이도 위험을 무릅쓰고 혁신에 나설 방법을 찾는 것이다.

셋째, 임금노동이 아닌 사회적 노동을 어떻게 만들어낼 것인가? 자본주의의 가장 중요한 특징은 시민 다수를 노동자로 재생산하는 것이다. 자본가는 시민의 노동능력을 구매해 노동을 추출한다. 현실 사회주의는 당의 명령과 선동으로 이 과정을 대신했다. 하지만 진정한 대안 세계는 노동하는 시민이 생산의 전 과정에서 소외되지 않는 것을 지향한다. 자신이 사회의 한 부분으로서 그리고 온전한 개인으로 노동하는 것이다. 어떻게 시민 모두가 분업을 조직하는 경영자인 동시에 생산과정에서 노력하는 노동자가 될 수 있을지 방법을 찾아야 한다.

아직 이 질문에 대한 답은 풀리지 않았다. 당분간 풀 수 없을지 모른다. 하지만 자본주의가 현대 사회의 이상을 실현할 수 없는 것 또한 명백하다. 오늘날 시민이 자본주의에서 태어났지만 반드시 자본주의에서 살아야 하는 건 아니다. 한 영화 포스터의 카피처럼 말해보자면, 우리는 반드시 답을 찾아낼 것이다. 지금껏 그랬듯이 말이다.

16장

코로나19 사태
이후의 세계

감염병이 드러낸 자본주의의 취약성

2020년, 코로나바이러스감염증-19(COVID-19, 이하 코로나19)가 세계를 강타했다. 단 1년 만에 1억 명이 감염됐고, 200만 명이 목숨을 잃었다.

감염병 확산은 시간이 흐르면서 심각한 경제 문제도 일으켰다. 방역에 이동 및 모임 제한, 도시 봉쇄 같은 경제활동에 파괴적 영향을 주는 조치들이 포함되어 있어서다. 2020년 경제침체는 2008년 이상이다. 고강도 방역이 시행된 미국에서는 단 3주 만에 실업수당 청구자가 1,600만 명 가까이 증가했다. 전국을 봉쇄한 이탈리아와 스페인은 국민경제가 말 그대로 녹아내렸다. 가장 먼저 감염이 확산한 중국은 개혁개방 40년 만에 처음으로 분기 성장률이 마이너스를 기록했다.

미증유의 위기 속에서 경제 제도의 취약성이 여지없이 드러났다. 보건의료 체계가 취약한 나라에서는 의료 시스템이 무너졌고, 해고 규제가 없는 나라에서는 실업자가 치솟았으며, 사회안전망이 부족한 나라에서는 빈민이 아사 직전 상태로 내몰렸고, 국가 부채를 관리하지 못했던 나라에서는 국가부도 위기가 카운트다운에 들어갔다. 바이러스가 기저질환이 있던 사람에게 치명적인 것처럼, 사회적 방역 조치는 기저질환이 있던 경제에 치명적이었다.

나는 애초 집필 계획에는 없었던 이번 장을 추가했다. 코로나19 사태가 분석을 요하는 엄중한 사태인 까닭도 있지만, 동시에 코로나19 사태를 분석하는 것이 이 책의 핵심을 잘 요약할 수 있다고 생각해서다. 《자본》에서 분석한 자본주의의 결함은 코로나19 사태로 나타나는 경제적 혼란과 일치한다. 이번 장에서는 코로나19 사태를 분석하며 이 책의 내용을 요약해볼 것이다.

| '잠시 멈춤'이 안 되는 자본

코로나19 방역의 핵심은 감염 전파를 억제하기 위해 모든 국민이 경제적, 사회적 활동을 잠시 멈추는 것이다. 치료제와 백신이 배포되기 전까지는 병원의 수용 능력 이하로 환자 숫자를 관리하는 것 말고는 대책이 없다.

그런데 이런 방역에서 문제는 경제다. 경제는 잠시 멈춤이 잘 안 되

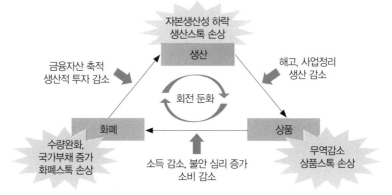

그림 17 • 코로나로 인한 자본순환의 교란과 스톡 변화

자본생산성 하락
생산스톡 손상

생산

금융자산 축적
생산적 투자 감소

해고, 사업정리
생산 감소

회전 둔화

화폐

상품

수량완화,
국가부채 증가
화폐스톡 손상

소득 감소, 불안 심리 증가
소비 감소

무역감소
상품스톡 손상

코로나19가 경제에 미치는 영향은 《자본》의 자본순환 모델을 통해 분명하게 이해할 수 있다. 특히 이 모델은 흐름과 스톡의 상호 관계가 코로나19 사태로 어떻게 변하는지 잘 보여준다.

기 때문이다. 물론 전염병으로 인구의 다수가 죽는 것도 아니고, 생산에 필요한 자원이 사라지는 것도 아니니, 사회가 결정하기에 따라서는 생산을 잠시 쉬었다가 재개해도 물리적 생산능력에는 문제가 생기지 않는다. 하지만 자본주의에서는 이런 사회적 결정을 내릴 수 없다. 왜일까? 우리가 12장에서 살펴본 자본순환의 법칙 때문이다. 상품화폐 경제에서는 필요에 따라 생산이 조직되는 것이 아니라, 끊임없이 '화폐−화폐'로 자본이 순환하며 생산이 조직된다. 자본순환이 없으면 생산도, 분배도 없다.

코로나19 방역이 자본순환에 미치는 영향은 위 그림을 통해 직관적으로 이해할 수 있다. 감염병 확산과 방역으로 경제가 불안정해지자

화폐에서 생산으로 향하는 흐름에서부터 급제동이 걸린다. 금융이 생산에 투자하는 대신 현금이나 국채 같은 안전자산으로 도피하기 때문이다. 심지어 금융기관들은 생산에 묶여 있는 채무 상환도 요구한다.

다음으로, 생산에서 상품으로 나아가는 흐름에도 문제가 발생한다. 투자자가 위축되고, 심지어 소비 감소로 재고도 증가하다 보니, 기업들이 신규투자를 취소하는 것은 물론 기존 설비도 처분하거나 가동을 중지하고 있기 때문이다. 이 과정에서 대규모 해고도 발생한다. 이윤율이 하락하면서 재무 사정이 안 좋았던 기업들은 부도 위기로 내몰린다. 마지막으로, 자본의 순환 둔화는 상품에서 화폐로 나아가는 과정에서도 문제를 일으킨다. 방역으로 이동이 제한되고 가계소득도 감소해 소비가 위축되기 때문이다. 당연히 기업의 설비 구매도 위축된다.

그렇다면, 방역이 어느 정도 종료되면 자본순환은 이전으로 복귀할 수 있을까? 주류 경제학은 그렇다고 답한다. 이른바 V자 경제회복론이다. 스프링을 아래로 강하게 누를수록 위로 더 높게 튀어 오르는 것과 같다는 것이다. 10장에서 본 시장 균형 모델에서는 외부 충격으로 균형이 교란됐을 때, 더 강한 힘으로 균형을 찾아간다.

하지만 자본순환 모델에서는 V자 회복이 중요한 것이 아니라 그 회복의 지속성이 쟁점이다. 12장에서 사용한 비유로 설명하자면, 관이 막혀 난방이 멈춘 온돌 보일러 시스템은 관을 뚫어주면 난방이 재개되지만, 문제는 관이 막혀 있는 동안 보일러 자체가 손상되었는지 여부라는 것이다. 자본은 스스로 순환하는 것이 아니다. 자본은 각 단계 스톡의 힘으로 순환한다. 그래서 스톡이 손상될수록 자본순환의 속도가 하락한다. 자본순환의 둔화가 화폐, 생산, 상품 각 단계의 스톡을 어떻게 변화시키는지 살펴봐야 한다. 《자본》은 항상 흐름과 스톡을 종합해 분석한다. 자본회로와 이윤율 하락 법칙은 그런 종합을 집약한 것이다.

화폐숭배와 재정중독

스톡의 변화는 화폐에서 가장 분명하게 나타난다. 순환이 둔화했을 때 경제 주체들이 가장 먼저 찾는 것이 다름 아닌 화폐이기 때문이다. 시장의 최후 도피처로 화폐가 이전보다 더 숭배되면, 중앙은행은 수요에 맞춰 화폐를 더 발행할 수밖에 없다. 그렇지 않으면 화폐를 갖기 위한 경쟁으로 말미암아 부채를 화폐로 회수하려는 지불의 사슬이 만들어진다. 화폐 기근이 나타나고 유동성 위기가 커진다.

미국연방준비은행(연준)은 코로나19 대유행 이후 급격하게 자산을 증가시켰다. 당연히 부채인 화폐도 그만큼 증가했다. 연준은 세계금융위기 때보다 더 공격적으로 화폐 공급에 나섰다. 그런데 3장에서 봤듯 중앙은행은 화수분이 아니다. 보편적 등가물인 화폐의 가치는 중앙은행이 보유한 자산의 가치, 또는 그 자산의 가치를 보장하는 정부의 지불능력으로 유지되어야 한다. 그래서 4장에서 본 것처럼, 중앙은행의 자산이 부실화되면 화폐의 가치도 불안정해진다. 물론 달러는 세계

경제의 최후 도피처인 만큼 쉽게 그 가치가 무너지지는 않을 것이다.

하지만 아무리 미국이라도, 연준이 보유한 가공자본이 계속 커지면 시장의 불안감은 커질 수밖에 없다. 저인플레이션을 유지시켜주는 화폐 가치의 거품도 언젠가는 꺼질 수밖에 없다. 세계 화폐 역할을 하는 달러의 위기는 세계 경제의 심각한 위기로 이어진다. 달러가 위기에 빠지면 이를 수습할 구원자도 없다. 참고로 20세기 초에는 세계 화폐 제도였던 금본위제가 무너진 후 세계대전이 발발했다. 전쟁으로 세계를 리셋시키고 나서야 새로운 세계 질서가 탄생할 수 있었다.

한국에서도 다양한 수단을 이용해 시중에 화폐를 공급했다. 그런데 한국의 중앙은행은 미국보다 제약이 많다. 4장에서 본 한국은행 대차대조표를 떠올려보자. 한국은행은 위험 자산을 희석하기 위해 더 많은 달러를 보유할 필요가 있는데, 세계 경제의 침체에 뒤이은 수출 감소로 달러 확보는 이전보다 더 어려워질 것이다.

정부 부채의 급증도 화폐스톡의 또 다른 변화이다. 방역으로 인한 경제침체를 완화하기 위해 선진국들은 유례없는 재정지출을 계획하고 있는데, 지출의 대부분이 빚으로 조달된다. 정부의 빚이 증가해 지불능력에 문제가 발생하면 화폐스톡의 가치가 영향을 받는다. 정부는 〈화폐→생산〉에서 기업에 직접 대출을 해주고 있고, 〈생산→상품〉에서도 지원금으로 해고와 사업 철수를 억제하고 있으며, 〈상품→화폐〉에서 공공사업을 늘리는 방식으로 소비와 투자를 보조하고 있다. 거의 모든 경제 주체들이 재정 지원을 요구하고 있어 재정중독이라는 말까지 나오는 실정이다.

정부가 빚을 늘리는 방법은 국내의 저축과 해외 자금을 이자를 주고 빌려오는 것이다. 경제를 금리 생활자와 노동 소득자로 단순화하면, 정부 빚은 금리 생활자에게 이자를 주고 자금을 빌린 뒤 노동자에게 세금을 거둬 이자와 원금을 지급하는 것이다. 금리 생활자의 자산을 수탈하지 않는 한, 정부 빚은 이렇게 국채를 매개로 한 착취의 연장선에 놓이게 된다. 그래서 정부 부채가 증가할수록 당연히 착취도 증가한다. 그렇지 않으면 정부가 파산해버린다. 정부 빚은 절대 공짜가 아니다.

▎세계 경제의 기저질환

재난으로 인한 생산과 투자 감소는 재난이 종식된 후 어느 정도 회복될 것이다. 그런데 문제는 미국을 비롯한 세계 경제가 코로나19 사태 이전부터 자본생산성 하락과 자본축적의 둔화라는 기저질환을 앓고 있었다는 점이다. 14장에서 본 것처럼 2010년대 세계자본주의는 자본축적 S자 곡선의 마지막 국면인 정체 부분에 있었다. 코로나19 사태로 자본축적은 더욱 그 속도가 느려질 것이다.

S자 곡선 정체 국면의 특징은 고정자본 증가율은 낮은데 기업부채는 오히려 증가한다는 점이다. 자본생산성 하락의 장기화로 자본투자를 빚으로 조달할 수밖에 없어서다. 기업들의 부채는 세계적으로 2007

년 37조 달러에서 2017년 66조 달러로 두 배 가까이 증가했다. 빚더미에 깔린 기업들이 2020년 코로나19 사태로 파산의 벼랑 끝으로 내몰렸다. 줄도산을 막기 위해 각국 정부가 천문학적 자금을 직접 대출해주고 있는 상황인데, 문제는 기업들이 이 빚을 갚을 가능성이 당분간은 없다는 점이다.

기업이 빚을 갚으려면 자본생산성이 다시 장기적으로 상승해야 한다. 그런데 1장에서 본 것처럼 장기적 자본생산성 상승은 자본과 노동을 동시에 절약할 수 있는 기술진보, 즉 산업혁명이 있어야만 가능하다. 현재 4차 산업혁명으로 불리는 기술혁신은 아직은 생산성 상승에서 별다른 성과를 보여주고 있지 못하다. 인공지능은 국한된 분야에서 자동화 수준을 약간 더 높였을 뿐이다. 디지털 기술은 2장에서 봤듯 소수 대기업의 지대추구에 더 효과적으로 이용되고 있다. 특히 디지털 기업의 지대추구는 코로나19 사태에서도 단적으로 드러났는데, 이들은 세계 경제의 회복에는 별다른 역할을 하지 않으면서도 수익을 독차지하는 데는 탁월한 역량을 보여주고 있다.

평등한 바이러스, 불평등한 사회

바이러스는 사람을 가리지 않는다. 인종이나 재산에 따라 전염 여부가 결정되는 것이 아니다. 그래서 거리두기와 봉쇄는 모든 국민이 동참해야 제대로 효과가 있다. 문제는 방역의 효과는 모두가 함께 누리는 데 반해, 방역의 비용을 모두가 똑같이 치르는 것은 아니라는 점이다. 방역의 부작용인 경제침체는 부자보다는 빈자에게 더욱 가혹하다. 거리두기로 피해를 보는 업종에는 대체로 가난한 노동자가 더 많이 일하고 있다. 즉, 방역이라는 공공재에 지불하는 비용이 평등하지 않다.

코로나19 사태의 경제적 타격은 일자리 문제로도 표현된다. 세계적으로 수천만 개의 일자리가 사라지고, 수억 명의 빈곤층이 새로 생길 것이라는 예측이 나온다. 물론 사라지는 일자리는 고소득 안정적 일자리가 아니다. 중간 이하의 소득을 받는 불안정한 일자리들이다. 한국에서는 자영업자와 그곳에 고용된 노동자들이 가장 먼저 대량 실업 위험에 노출된다. 또한, 실업이 증가하면 빈곤층이 증가하고, 일자리 경쟁이 격화되면 교섭력이 약한 노동자의 임금이 먼저 감소한다.

각국 정부는 일자리 유지를 위한 대책을 쏟아 놓고 있다. 그러나 실업과 빈부격차 문제를 제대로 해결하기는 어려워 보인다. 7장에서 봤듯 자본주의에서 고용과 임금은 이윤율 변화에 종속되어 있기 때문이다. 정부 지원으로 기업들이 파산을 면하더라도 이윤율이 상승하지는 않는다. 이윤율 하락은 투자와 고용의 감소를 야기한다. 고용의 주체가 이윤을 추구하는 기업인 한 이는 필연적이다. 물론 정부가 기업에 고용유지를 조건으로 지원금을 줄 수도 있다. 하지만, 정부 지원금은 결국에는 다시 취업자의 세금으로 채워져야만 한다. 밑돌 **빼서** 윗돌 괴는 식이라는 것이다.

민간을 대신해 정부가 최종 고용자_{employer of last resort}로서 역할을 해야 한다는 주장도 제기된다. 공공부문을 확장해 일자리를 마련하자는 것이다. 하지만 이런 대안은 5장에서 살펴본 임금노동제의 결함 탓에 정부의 실패로 이어질 수 있다. 최종 고용주로서 정부는 해고를 할 수 없는데, 생산과정에서 소외된 노동자는 해고의 위협이 없으면 도덕적 해이에 빠지기 쉽다. 최종고용자로 오랫동안 역할을 한 소련과 중국의 국유기업이 어떤 딜레마에 처했었는지 우리는 15장에서 살펴봤다. 임금노동제를 변혁하지 않은 채로 이뤄지는 공공부문의 대폭적 확장은 공공부문의 생산성 하락으로 이어지기 쉽고, 이런 생산성 하락은 정부 부채의 증가로 이어진다. 그리고 정부 부채는 다시 노동자의 어깨 위로 떨어진다.

경제침체가 길어지면 자본 간 생산성 격차도 벌어진다. 상대적으로 재무적 여유가 있는 기업은 코로나19 사태 이후 곧바로 필요한 투자를 진행하겠지만, 그렇지 않은 기업은 투자는 고사하고 사업 유지에도 허덕거릴 수밖에 없을 것이다. 특히 우리나라에서는 역사적으로 위기 이후에 항상 투자 격차가 심하게 벌어졌다. 그런데 이렇게 자본 간 격차가 벌어지면 6장에서 본 것처럼 노동자의 임금 격차도 커진다. 자본주의에서 임금은 노동조합의 투쟁에 영향을 받지만, 자본의 상태에 의해 정해지는 상한선을 넘어설 수는 없다. 더구나 8장에서도 확인했듯 우리나라의 노동조합은 기업별로 임금을 교섭하는 제도 탓에 자본의 격차에 효과적으로 대응하지도 못한다.

┃ 세계는 어디로?

이윤율이 하락하며 생산에 이용되지 못하는 자본과 인구가 증가한다. 《자본》의 결론은 자본축적의 필연적 결과로 과잉자본과 과잉인구가 증가한다는 것이다. 과잉자본은 금융화를 통해 경제를 혼란으로 이끈다. 과잉인구는 "빈곤, 노동의 고통, 노예 상태, 무지, 포악, 도덕적 타락"으로 이어져 시민을 비참하게 만든다. 이것이 바로 코로나19 사태에서 그대로 나타나는 바이기도 하다.

코로나19 사태가 터지자마자 기업단체들은 '규제완화'를 대책으로 제시했다. 그런데 혹시나 했더니 역시나, 이들이 요구한 규제완화 대상은 유통, 금융 등 생산보다는 가치 이전과 관련 있는 영역이 대부분이었다. 10장에서 본 것처럼 시장 안에 있는 개별 기업은 자신의 이익 극대화가 사회적 부의 생산과 관련이 없을 수도 있다는 점을 깨닫지 못한다. 경제학은 개별 기업의 합계로 국민경제의 성장을 파악해 기업들의 이런 오해를 정당화한다. 하지만 생산적 노동을 증가시키지 못하는 개별 기업의 이익 추구는 국민경제의 성장을 오히려 낮출 뿐이다.

개혁진영의 학자들과 정당들은 무차별적 가계소득 지원을 코로나19 대책으로 주장한다. 생존 위기에 빠진 시민을 돕는 것은 정부의 당연한 역할이다. 하지만 정부가 모든 국민에게 100만 원씩 50조 원을 일시에 주고, 필요하면 계속해서 더 주자는 식의 주장은 긴급한 구제의 필요성을 넘어서는 이야기다. 이들의 논리는 임금주도성장론과 비슷하게 소득을 주면 경제침체를 극복할 수 있다는 전제를 깔고 있다. 그러나 11장에서 본 것처럼 소득이 성장으로 바로 이어진다는 주장은 자본생산성 상승에 대한 비현실적 기대를 전제한다. 2018~2019년 최저임금의 급격한 인상이 저임금계층 임금총액의 감소로 귀결된 것에서도 볼 수 있듯, 적자재정을 통한 무차별적 소득 지원은 재정위기를 야기해 결과적으로 국민 모두의 소득을 줄일 수 있다.

한편 코로나19 사태 이후 수출 주도의 한국 경제가 더 어려워질 것은 불을 보듯 뻔하다. 더불어 외국자본과 국내자본이 달러 자산을 찾아 국외로 탈출할 경우 금융시장이 큰 혼란에 빠질 가능성도 있다. 2020년에 신흥시장에서는 엑소더스란 말이 과장이 아닐 정도로 세계금융위기 당시보다 몇 배나 큰 자본 유출이 발생했다. 코로나19 사태가 이어지면 이런 자본 도피가 한국 같은 기축통화를 사용하지 않는 나라로 더욱 확대될 것이다.

▎코로나19 이후의 세계

코로나19 사태 이후 세계가 새로운 BC, AD 시대로 나뉠 것이라는 이야기도 나온다. 기원전을 표현하는 BC before Christ가 이제 before coronavirus로, 서기를 표현하는 AD Anno Domini는 이제 after disease로 바뀐다는 것이다. 세계가 받은 충격이 시대 구분으로 표현될 만큼 어마어마하다.

농업 기반의 봉건제가 산업 기반의 자본주의로 변화한 이행기를 짧게 살펴보며, 시대가 변한다는 것이 어떤 것인지 상상해보자.

서유럽은 14세기부터 흑사병과 잦은 전쟁으로 농민이 감소했다. 토지의 생산성도 하락했다. 농민과 토지 생산성이 동시에 감소하면 당연히 지주가 토지에서 취득하는 잉여농산물도 크게 감소한다. 지주가 지대로 취득하는 토지당 잉여생산물, 즉 지대율이 폭락하자 지주인 귀족들은 농민을 쥐어짜 자신의 몫을 늘리려 했다. 농민은 가혹한 수탈을 견디지 못해 영지를 탈출하거나 반란을 일으켰다. 귀족들은 농민을 붙잡으려 군대를 이끌고 농촌 마을을 습격했고, 지대율 하락을 토지 확대로 상쇄하기 위해 주변 지역을 자주 침략했다. 이렇게 전쟁과 살육이 수백 년간 서유럽을 휩쓸었다.

서유럽 봉건제는 300년 가까운 긴 시간에 걸쳐 붕괴했다. 그리고 16세기부터 두 세기에 걸쳐 여러 혁명이 발발했다. 그리고 이 혁명들이 새로운 세계를 건설했다. 네덜란드 귀족과 상인들은 에스파냐의 과도한 세금징수에 맞서 싸우며 국가주권이라는 현대 사상을 만들었다. 새로운 사상으로 무장한 네덜란드는 독립 이후 무역에서 비약적 발전을 이뤘고, 주식시장과 동인도회사 같은 현대적 경제 제도도 만들었다. 왕의 막무가내 세금 징수에 저항한 영국 귀족들은 수차례의 내전을 거치며 의회를 강화해 왕의 권력을 통제했다. 의회주권이라는 관념이 이 과정에서 만들어졌고, 국가재정을 정비하며 현대적 화폐제도와 중앙은행도 설립했다. 화폐 유통의 경계로서 국가경제라는 범주는 이때 만들어진 것이다. 미국은 왕이 없는 세계에서 자신들의 이성으로 국가를 설계했다. 인류 최초의 작업이었다. 주권의 주체로서 국민이 탄생했고, 성문헌법, 삼권 분립 같은 현대적 정치 제도도 만들어졌다. 프랑스에서는 평등과 자유가 같다는 인권선언에 따라 평등하지 않았던 민중이 자유를 위해 봉건제 타파의 전면에 나섰다. 이 과정에서 재산 소유 중심의 자유를 주장하는 부르주아 혁명의 문제점이 드러났다. 프랑스 혁명을 거치며 모든 개인의 평등한 자유를 추구하는 사회주의 운동이 출현했다.

18세기 중반부터 영국에서는 새로운 발명들이 쏟아져 나왔다. 증기기관, 방적기, 방직기, 철강제련 같은 유명한 발명들이 이어졌고, 모자, 핀, 못 등 소소한 생산물도 이전과 다른 방식으로 생산되었다. 그리고 이런 기술들이 서유럽 대륙으로 전파되어 서유럽 전체의 고도성장을 이끌었다.[82] 영국이 18세기까지 만들어 놓은 경제·정치 제도들은 새로운 산업경제에 적합할 뿐 아니라 이를 발전시키는 데도 도움이 됐다. 입헌군주제는 왕가의 지대추구를 제한했고, 자본가들의 이해관계를 조세, 전쟁, 법률 제정 등에 반영했다. 토지에 묶여 있던 농민들을 노동능력의 판매자로 만든 것과 중앙은행권을 만들어 신용을 확대한 것 역시 산업 발전에 크게 기여했다.

봉건제 붕괴 이후 200년에 걸친 부단한 혁명이 새로운 세계를 이렇게 만들었다. 물론 한 계급이 다른 계급을 지배하는 계급 사회의 본질은 변하지 않았다. 15장에서 본 사회주의의 도전은 이런 계급 사회에 대한 도전이었다. 그러나 도전은 성공하지 못했다. 소련과 중국의 국가자본주의는 20세기 자본주의를 넘어서지 못했다.

오늘날 세계는 저 중세 말기의 모습과 많이 닮아 있다. 지대율 하락은 이윤율 하락으로, 농민의 몰락은 대규모 실업과 빈부격차로, 전쟁과 약탈은 반세계화와 인종주의 확대로, 흑사병은 코로나19로. 체제 붕괴의 형태는 달라도 잉여노동 추출과 그것을 재생산하는 제도의 위기라는 점에서 본질은 같다.

코로나19 사태 이후 자본주의는 이전 같은 활력을 보여주기 어려울 것이다. 자본주의를 혁신하자는 대안들이 나오겠지만, 자본주의 내적 결함은 정책 개혁 수준이 아니라 근본적 변화로 해결해야 한다. 14장에서 본 S자 곡선의 최종 단계에 있는 세계자본주의는 봉건제 말기와 비슷하다. 여기서 잠깐 1840년 중국의 딜레마도 생각해볼 필요가 있다. 중국 명나라, 청나라는 서유럽 봉건제가 몰락할 때 오히려 봉건제를 혁신해 봉건 국가를 400년 더 유지할 수 있었다. 하지만 구체제의 변혁 대신 혁신을 선택한 결과는 19세기 말의 반식민지로의 몰락이었을 뿐이다. 오늘날 우리에게 필요한 것은 혁신이 아니라 자본주의 내적 결함을 해결하는 변혁이다.

17장

에필로그
21세기의 변혁에 관한 몇 가지 단상

우리는 지금까지 《자본》을 따라 자본주의의 결함을 살펴봤다. 노동가치론을 통해 편향적 기술진보의 모순을 알아봤고, 화폐본질론을 이용해 현대 관리통화제도의 취약성을 분석했으며, 화폐 물신숭배 개념으로 왜 시민들이 시장에 자발적으로 참여하는지를 따져봤다. 또한, 착취론으로 임금노동제가 노동과정과 분배에서 어떻게 시민을 배제하는지를, 자본순환론으로 자본 흐름과 스톡의 상호 관계를, 자본축적론으로 경제가 작동중지 상태에 이르는 경로를 살펴봤다. 《자본》의 이론들은 코로나19 사태에서도 확인할 수 있듯, 현실 경제의 결함을 분석하는 데 탁월한 통찰력을 제공한다. 자본주의가 내적 결함으로 인해 작동중지 상태로 나아가는 모습은 코로나19 사태를 슬로우 모션으로 반복 재생하는 것과 비슷할 것이다. 우리는 《자본》에는 없었던 내용이지만, 20세기 사회주의의 실패와 21세기 새로운 대안들의 한계에 대해서도 분석해봤다.

그렇다면, 이 시대의 우리는 자본주의의 근본적 결함을 어떻게 해결해야 할까? 나는 책을 마무리하며, 21세기의 변혁에 관한 몇 가지 단상을 제시해보고자 한다. 이 단상들은 다소 거친 내용이다. 동시대의 동료 시민들과 함께 고민해보고 싶은 질문 정도로 이해해주길 바란다.

1. 세계를 재건하라!

경제학자들은 경제의 재시동reboot을 이야기한다. 하지만, 필요한 것은 이전 상태 그대로의 시동이 아니다. 가능하지도 않고, 바람직하지도 않다. 우리 시대에 필요한 것은 경제, 사회를 기초부터 새로 만드는 재건re-foundation이다. 보통 우리는 큰 규모의 경제적, 사회적 재건을 변혁이라고 부른다.

재건의 목표는 당연히 현대의 이상인 자유, 평등, 풍요의 증진이다. 자본주의가 멈춰선 곳에서 한발 더 나아가는 것이다. 《자본》은 이런 목표를 "개인적 소유의 재건"이라고 표현했다. 여기서 개인적 소유란 모든 개인이 자신의 정신과 육체를 온전히 소유한다는 의미다. 자신이 자신을 완전히 소유하는 것이야말로 자유의 궁극적 목적이고, 또한 모든 개인이 이러한 자유를 함께 누리는 것이 실질적 평등이다. 그리고 이런 평등한 자유를 보장하는 생산이야말로 진정한 풍요라 할 수 있다.

그런데 임금노동제 하에서는 임금 소득의 대가로 정신과 육체를 구속한다. 시장에서 구현되는 1원의 평등은 재산을 많이 소유한 시민에게만 자유를 보장할 뿐이다. 그리고 상품화폐 경제의 생산은 구조적 위기를 피할 수 없어 결과적으로 다수 시민을 비참한 상태에 빠뜨린다. 개인적 소유를 재건하려면 임금노동제와 이를 재생산하는 상품화폐 경제를 지양해야 한다.

《자본》에서는 상품화폐를 지양한 경제를 연합적association 생산양식이라고 불렀다.[83] 자본주의적 생산에서는 개별적 노동과 그 노동을 하는 개인이 시장의 화폐를 통해서만 사회적 노동과 사회적 개인이 될 수 있다. 하지만 연합적 생산양식에서는 화폐의 관계가 아닌 시민의 직접적 관계(이것이 바로 연합이다.)로 개별적인 것들이 사회적인 것들이 된다.

그렇다면 생산에서 시민의 직접적 관계는 어떻게 형성될 수 있을까? 우선 생산수단이 사회적으로 소유되어야 한다. 생산수단을 한 사람이 사적으로 소유하면, 나머지 사람은 그 생산수단에 고용되는 임금노동자가 될 수밖에 없어서다. 다음으로, 협동조합 같은 생산자들의 자주적 조직을 통해 자원 배분과 생산물 분배가 결정되어야 한다. 상품화폐 시장을 통한 생산은 경제적 불평등과 편향적 기술진보의 딜레마를 피할 수 없다. 협동조합이 고도의 지적 능력과 공동체 윤리를 가지면 '필요에 따른 생산'을 조직할 수 있을 것이다.

2. 속도보다 방향이 중요하다

변혁은 변화의 속도 이전에 방향에 관한 것이며, 구체적 정책 이전에 변화를 추동하는 주체에 관한 것이다.

화폐 물신숭배에서 이야기한 것처럼, 사적 소유와 상품 시장은 강제가 아니라 시민의 자발적 참여로 유지된다. 이러한 경제를 지양한다는 의미는 소유를 통한 동기부여와 시장을 통한 분배 체계 없이도 경제 활동에 적극적으로 참여하고, 효율적이며 공정한 분배를 이뤄낼 수 있는 새로운 관습과 제도를 만들어낸다는 것이다. 그런데 이러한 변화는 한 번의 급격한 단절로 이뤄질 수 없다. 시민 모두가 오랜 기간에 걸쳐 새로운 관습을 만들어야 가능하다.

예로 사람들의 봉건적 태도가 바뀌는 데는 수백 년의 시간이 걸렸다. 기독교적 절욕을 속세적 욕구 추구로, 신의 종이었던 인간을 재산을 소유할 수 있는 독립된 개인으로, 귀족의 무위도식하는 삶을 부르주아의 근면한 삶으로, 중상주의적 교역을 자유무역으로, 토지에 얽매인 농민을 자본가에게 고용된 노동자로 바꾸는 데 걸린 시간은 짧게 잡아도 200년이 넘는다. 이런 자본주의를 향한 긴 시간의 개혁은 우리가 알고 있는 수많은 자유주의 사상가와 운동 덕에 방향을 잃지 않았다. 반면, 소련과 중국의 사회주의 혁명은 속도는 빨랐지만 오랫동안 지속하지 못했고, 중간에 방향도 잃었던 사례였다.

3. 상품화폐 경제를 지양하는 사회운동

변화를 지속해서 끌고 나가는 주체가 불명확하면, 변혁은 일장춘몽으로 끝날 수밖에 없다. 사회의 제도들은 체제를 유지하고 복원하는 쪽으로 작동하기 때문이다. 《자본》에서 변화의 주체는 '프롤레타리아트', 즉 변혁을 추구하는 노동자계급이었다. 참고로, 봉건제를 변혁한 주체는 신과 왕의 지배에 수백 년간 도전한 신흥 유산자 계급, 즉 '부르주아지'였다.

그런데 여기서 중요한 점은 프롤레타리아트든 부르주아지든, 소득과 재산의 형태가 어떤 선험적 역할을 부여하지는 않는다는 것이다. 마르크스가 변혁의 주체로서 프롤레타리아트에 주목했던 것은 자본을 소유하지 않아서 좀 더 수월하게 "사적 이해라는 복수의 여신"으로부터 벗어날 수 있다는 의미였다. 임금으로 소득을 얻으면 특별한 의식이 생긴다는 의미는 아니었다.

그렇다면 변혁의 주체는 어떻게 형성될까? 사회운동을 통해서다. 생산자의 연합을 지향하며, 다양한 계기마다 목소리를 내고, 시민을 모아서 연합적 생산에 친화적인 제도 개혁을 이루는 조직과 행동이 사회운동이다. 이것이 체제를 재생산하는 제도 안팎에서 시민의 생각과 관습을 바꿔나간다. 사회운동은 평등을 지향하는 노동조합, 진보적 법을 만드는 정당, 부당한 현실을 폭로하는 시민단체, 틈새 영역에서 협동조합의 경험을 쌓는 자주관리 기업, 역사와 사회에 대한 과학을 탐구하는 연구집단 등 다양한 형태로 존재한다. 사회운동의 핵심은 그 형태나 운동 대상이 아니라, 연합적 생산에 필요한 시민의 소양을 키워내는 것이다.

4. 모두가 어느 정도는 지식인, 경영인이 되어야 한다

현대 사회가 봉건적 세계와 단절할 수 있었던 것은 실제 세계에 대한 종교적 상상을 과학적 이성으로 대체할 수 있었기 때문이다. 인쇄혁명으로 지식의 전파 속도가 빨라졌고, 물리학, 의학 같은 자연과학이 급속도로 발전했으며, 역사와 사회에 관한 과학이 등장했다. 사람들이 신이 지배하는 세계에 계속 머물러 있었다면 상업과 산업의 발전은 물론이거니와 자유와 평등 같은 관념도 등장할 수 없었을 것이다. 어둠을 몰아내는 빛처럼, 인간의 지혜로 새로운 세계를 건설한다는 지식 운동이 현대를 만든 분기점이 되었다.

연합적 생산양식을 만드는 과정도 이전의 변혁과 크게 다르지 않을 것이다. 작동중지에 이른 자본주의가 이제 봉건제가 있었던 어둠의 자리에 있다. 시민들은 사적 소유와 시장을 정당화하는 경제학을 비판할 수 있어야 하고, 더 나아가 고위 경영자에게 맡겨둔 노동과정 조직과 시장에 맡겨둔 분배도 스스로 할 수 있어야 한다. 즉 시민 모두가 자본주의 사회를 비판할 수 있는 지식인이 어느 정도는 되어야 하고, 노동과정과 분배를 조직할 수 있는 경영인이 어느 정도는 되어야 한다.

개인적 소유의 재건이라는 지향은 지식에 대한 권리를 중요한 쟁점으로 제시한다.[84] 자신을 소유하는 것이 무지한 상태로 가능할 리 없기 때문이다.

명령과 통제의 계급 지배 사회에서는 시민이 정해진 일을 하는 데 필요한 만큼의 지식만 주어진다. 예로 기업은 자동차를 조립하는 노동자에게 그 공정의 작업지시서 외에는 다른 지식을 주지 않는다. 연구개발을 하는 노동자에게도 세세하게 나누어진 작은 부품에 대해서만 정보를 줄 뿐이다. 자동차를 만드는 노동자 그 누구도 자동차 전체를 알지 못한다.

하지만 노동하는 사람이 생산에 관한 지식이 없으면, 그의 노동은 자신의 소유물이 아니라 외부로 지출하는 육체적, 정신적 에너지가 될 뿐이다. 외부로 지출되는 에너지는 당연히 내부로 향하는 다른 보상을 요구한다. 그래서 지식에 대한 권리가 없으면 사적 소유를 통한 보상은 사라지기 어렵다. 개인적 소유의 재건은 시민 사이의 지식 차이를 최소화하는 문명의 새로운 단계이다.

5. 정부의 파산을 막아야 한다

진보로 불리는 세력은 보통 큰 정부를 선호하는 경향이 있다. 시장을 비판하다 보니, 정부의 역할을 강조한다. 특히 코로나19 사태 이후 정부 역할이 커지면서 큰 정부론이 이전보다 더 힘을 얻고 있다. 하지만 시장이 답이 아니라고 해서 정부의 확장이 해답인 것은 아니다.

《자본》에서 정부는 자본순환의 조건으로서 분석된다. 정부는 경찰, 군대, 사법기관 같은 공권력, 학교로 대표되는 다양한 교육기관, 화폐를 발행하고 시장을 규제하며 사회복지를 제공하는 경제기관 등을 포괄한다. 경제가 사회의 토대인 만큼 정부의 핵심도 경제를 유지하는 역할이다. 정부는 다양한 기관을 이용해 시장이 생산할 수 없는 화폐와 노동능력이라는 특수한 상품을 만들고, 신용, 매매, 소유 등에 관한 규칙을 수립하며, 개별 기업이 하기 어렵거나, 독점할 경우 전체 기업에 손해가 나는 사업들을 직접 수행한다. 경제에서 창출된 잉여노동의 큰 부분이 정부의 이런 역할을 위해 사용된다.

큰 정부의 극단적 사례는 국가자본주의이다. 물론 최근 선진국에서는 국가자본주의를 하자는 요구는 없다. 주로 사회보험, 빈곤층, 보건의료 등에 대한 정부 지원을 북유럽 복지국가처럼 키우자는 요구가 많다.

그런데 여기서 문제는 정부의 확장이 공짜가 아니라는 점이다. 정부는 시장에서 창출한 잉여노동을 조세로 거둬 비용을 조달한다. 정부지출이 증가하려면 노동생산성이 상승해 시장에서 잉여노동이 증가하거나, 무역흑자로 해외에서 잉여노동을 가져와야 한다는 이야기다. 국민경제의 잉여노동이 증가하지 않으면서 정부 지출이 증가하면, 이는 고스란히 정부의 빚으로 남는다. 독일과 북유럽 국가들은 높은 복지지출과 낮은 국가 부채비율을 동시에 달성한 사례다. 반대로 그리스, 이탈리아, 스페인 등의 남부유럽 국가들은 복지지출만큼 정부 부채비율도 높아진 사례다. 그런데 정부 빚이 세계 금융시장이 허용하는 한계치를 넘어서면 그리스처럼 국가 부도 사태를 겪는다. 후세대는 이 빚을 갚기 위해 기존의 복지를 축소해야 한다.

세계 경제가 작동중지 상태로 빠르게 나아가고 있는 상황을 고려하면, 정부의 확장이 잉여노동의 증가를 동반하지 않을 가능성이 크다.

실제로 봐도 세계금융위기와 코로나19 위기에 정부가 대응하면서 선진국 대부분에서는 정부 부채비율이 크게 상승했다. 자칫 선진국 대부분이 남부유럽처럼 될 수도 있는 상황이다. 빚더미에 깔린 정부는 장기간의 위기에 대처할 수 없다. 예로 코로나19 확산 과정에서 남부유럽이 유독 많은 희생을 치른 것도 정부 부채비율과 무관치 않다.

자본주의 위기가 정부의 빚으로 나타나는 가운데, 21세기의 급진적 변화는 이 빚의 처리 과정을 둘러싼 갈등 과정에서 나타날 가능성이 크다. 무분별한 정부 확장 요구를 합리적으로 조정할 수 있는 세력, 다음 세대보다는 현재 세대가, 가난한 시민보다는 부자인 시민이 빚의 부담을 더 지도록 만들 수 있는 세력, 정부 파산을 막고 지속 가능한 제도를 설계할 수 있는 세력이 변화를 주도할 것이다.

6. 포퓰리즘을 경계해야 한다

코로나19 사태에서도 볼 수 있듯 작동중지 상태의 경제에서는 시민 다수가 큰 고통을 겪는다. 더구나 대안을 자처한 정치세력이 정부의 빚으로 사태를 적당히 봉합하거나, 급격하게 증가하는 과잉자본과 과잉인구를 정치적으로 동원할 경우 그 고통은 더 크고 오랫동안 이어질 수 있다. 우리가 흔히 포퓰리즘이라고 부르는 정치 행태는 오늘의 결함을 내일로 미루면서, 자본과 인구를 정치적으로 동원하는 데 최적화되어 있다.

포퓰리즘은 메시아의 지위에 올라선 지도자가 가상의 적을 만들어 대중의 정념을 극대화하고, 대중 선호도가 높은 정책을 합리성 여부와 상관없이 전면에 내세우는 정치이다. 이런 정치는 사태 해결에 도움이 되지 않는 허구적 쟁점을 둘러싸고 사회적 갈등을 키운다는 점에서 그리고 나쁜 결과를 만드는 비합리적 정책도 인기투표를 거쳐 시행할 수 있다는 점에서 문제가 된다. 과잉자본과 과잉인구를 정념의 해소를 위한 비생산적 활동에 쏟아붓는 것이 포퓰리즘 경제의 특징이다.

기존 정치가 경제적, 사회적 위기를 해결하는 데 실패했을 때 포퓰리즘이 확산한다. 독일은 제1차 세계대전 패전 이후 군주정을 완전히 폐지하고 공화국을 수립했다. 하지만 공화국은 전쟁 직후 하이퍼인플레이션, 대공황 이후 실업 대란을 관리하지 못했다. 심지어 대통령이 계엄령을 남발하며 스스로 민주주의를 파괴했다. 히틀러는 이런 상황에서 국민이 선택한 대안이었다. 20세기 중반 아르헨티나와 21세기 초 이탈리아는 여러 정치세력의 반복된 실패와 부패로 말미암아 포퓰리즘이 정치 풍토로 아예 뿌리를 내린 사례였다. 미국은 2007~2009년 세계금융위기를 겪으며 중산층 몰락이 가속화했는데, 미국 자유주의 전통의 적통자라 평가받을 수 있는 오바마는 금융위기를 관리하는 데는 성공했지만 극심한 빈부격차를 해결하지는 못했다. 트럼프는 민생 정책에 실패한 자유주의의 대안으로 대통령에 당선됐다.

코로나19 사태 이후 포퓰리즘의 위험성은 더욱 커졌다. 이윤율 하락이라는 구조적 위기에 사회적 거리두기 방역으로 인한 정부 부채 급증이 더해졌다. 보수 세력이 선호하는 공급 측 접근도, 진보 세력이 선호하는 수요 측 접근도 이 상황을 해결할 수는 없다. 변혁의 대안이 필요한 때이다. 근본적 결함을 해결하자는 대안이 시민에게 수용되지 않는다면, 포퓰리즘 정치는 이전보다 심화할 것이다.

7. 세계적 변화와 함께 가야 한다

세계화된 시장에서 한 나라의 변혁은 그 한계가 정해져 있다. 한 나라에서 세계적 자본주의의 규칙에 어긋나는 개혁이 진행되면, 당장 자본의 엑소더스부터 발생할 것이다. 예로 브라질 노동당PT 대선 후보 룰라는 자본 유출을 방지하기 위해 대통령 당선 직전에 월스트리트를 방문해 각서를 써야 했다. 그리스 급진 좌파 정당 시리자Syriza는 총선에서 승리했지만, 자본 유입을 보장받기 위해 독일의 지시에 따라 재정긴축을 실시해야 했다. 변혁의 의지는 한 국가에서 만들어질 수 있지만, 변혁의 실현은 세계에서 인정받아야만 가능하다.

2000년대 초반 왕성하게 활동했던 세계사회포럼World Social Forum은 '대안세계화'라는 슬로건을 내걸고 국제적 수준에서 변화의 표준을 만들어보려 시도했다. 브라질 노동당, 이탈리아 재건공산당, 프랑스 사회단체인 아탁ATTAC 등이 주축이 되어 120여 나라의 사회운동 대표들을 모았다. 이라크 전쟁, 기후변화, 여성 차별, 노조 탄압, 민영화, 자유무역 등의 다양한 쟁점이 토론됐고, 이라크 전쟁 이슈의 경우 국제적 수준에서 여론을 조성할 만큼 활발하게 대중시위가 조직됐다. 하지만 세계사회포럼은 2007~2009년 세계금융위기 이후 별다른 활동을 펴지 못했다. 금융위기를 분석하지 못했고, 대안도 내지 못했기 때문이다. 자본주의의 근본적 결함이 드러났지만, 동시에 사회운동의 무능함도 드러났다. 세계를 변혁하기 위한 컨센서스가 없었으니, 각국의 사회운동은 각자의 급한 사정을 해결하는 데 주력할 수밖에 없었다.

코로나19 사태 이후에도 세계적 수준의 사회운동은 출현하지 못하고 있다. 자유, 평등, 풍요를 세계적 수준에서 재건하려는 새로운 대안세계화 운동이 시급히 재건되어야 한다. 단, 세계사회포럼의 교훈에서도 알 수 있듯, 새로운 대안세계화 운동은《자본》이 던져준 통찰을 함께 공유하는 것이 전제되어야 할 것이다.

| 보론 |

이윤율의 계산과 자료

《자본》에서 이윤율은 총자본 대비 이윤으로 정의된다. 총자본은 고정자본과 유동자본의 합계이다. 고정자본은 자본회로에 묶여 있는 스톡이고, 유동자본은 자본회로를 순환하는 자본이다. 유동자본은 자본이 회전할 때마다 기업에 회수된다. 단적인 예로 기업의 매출원가에는 인건비가 당연히 포함된다. 회전 이후에도 남는 것은 감가상각비로도 회수하지 못한 고정자본이다. 이런 식으로 생각해볼 때 회전이 지속한다는 전제에서 중요한 것은 회수하는 자본이 아니라 회로 안에 남아 지속해서 노동을 추출하는 고정자본의 능력이다. 즉 고정자본이 얼마나 많은 잉여노동을 추출할 수 있느냐가 기업의 이윤율에 핵심이 될 수밖에 없다는 것이다. 기업 경영의 핵심이 고정자본 투자인 것도 이런 이유에서이다. 자본회로에서 이윤율은 생산에서 고정자본이 얼마나 효율적으로 잉여가치를 추출하는지에 달려 있다.

이런 이유로 마르크스주의 경제학자들은 이윤율을 고정자본스톡 대비 이윤으로 정의하고 계산한다. 《자본》의 정의와는 약간 다르지만, 마르크스가 이윤율을 규정하는 관점과는 일치한다. 본 책에서도 이윤율은 국민경제의 고정자본스톡을 이용해 계산했다.

이윤율 계산에 필요한 변수는 자본생산성과 이윤분배율이다. 자본생산성은 순생산을 고정자본스톡으로 나누어 계산하고, 이윤분배율은 이윤을 순생산으로 나누어 계산한다. 순생산은 한국은행 〈국민계정〉의 요소국민소득을 이용했다. 요소국민소득은 국내총부가가치에서 고정자본소모를 제외한 것으로 피용자보수와 영업잉여를 합한 것과 같다. 고정자본스톡은 〈국민대차대조표〉의 순자본스톡을 이용했다. 자본생산성 계산에는 모두 명목액을 이용했고, 자본스톡과 순생산의 증가율을 계산할 때는 2015년 기준으로 측정된 실질액을 사용했다.

본문에서 설명했듯 이윤율과 관련한 계산에는 경제활동별 자료에서 도소매·음식업, 부동산업, 금융업, 행정·국방·사회보장업을 요소소득, 고정자본스톡에서 제외했다.

미국 이윤율 분석은 제라르 뒤메닐과 도미니크 레비의 자료를 이용했다. 이들의 자료는 http://www.cepremap.fr/membres/dlevy/uslt.txt에서 구할 수 있다.

| 감사의 말 |

나는 이 책을 사회진보연대 회원들과 활동을 함께하며 집필했다. 사회진보연대는 1998년 창립했고, 마르크스주의 혁신과 사회의 진보적 변화를 위해 끊임없이 도전해온 단체이다. 세상을 떠들썩하게 만들 만큼 유명하거나 영향력이 큰 단체는 아니지만, 나는 사회진보연대가 변혁을 위한 "미래 세대를 위한 비상식량" 같은 존재라고 생각한다. 이 책이 나오기까지 토론을 함께해준 이유미 사무처장 이하 회원들에게 감사한 마음을 전한다.

《자본》의 해석과 관련해 가장 많이 참고한 책은 윤소영 선생님의 《마르크스의 자본》이었다. 자본축적의 로지스틱 모델을 비롯해 내가 응용한 마르크스 경제이론 대부분은 윤소영 선생님이 쌓아 올린 성과에 기반하고 있다. 혹시라도 잘못 이해한 것이 있다면, 이는 전적으로 나의 책임이다. 《자본》의 심화 학습을 원하는 독자들은 《마르크스의 자본》을 꼭 읽어보기를 권한다.

전국학생행진의 회원들은 이 책의 원고를 먼저 읽고 설명이 더 필요한 부분을 꼼꼼하게 지적해주었다. 나 역시 20대 중반까지 학생운동을 했다. 학생운동을 하는 후배들에게 감사의 마음을 전하며 이 책이 도움이 될 수 있기를 기원한다. 내가 이 책을 집필한 것은 2015년 사회진보연대의 《자본》 강독 세미나가 계기였다. 세미나 내내 현실의 경제와 《자본》을 이어줄 매개가 있어야 한다고 생각했다. 당시 세미나 간사를 맡아주신 백승욱 교수님에게도 감사의 말을 전하고 싶다.

이 책을 집필하면서 내용의 난이도를 조정할 수 있었던 것은 노동조합 조합원들을 상대로 여러 차례 교육할 수 있었던 덕분이다. 조합원들의 질문이 이 책에서 사용한 예시를 만드는 데 도움이 되었다. 민주노총, 금속노조, 공공운수노조, 건설노조 등에서 활동하고 있는 간부들에게 감사하다. 노동조합 운동의 발전 없이 마르크스주의가 스스로 앞으로 나아가기는 쉽지 않다. 이 책이 노동조합 운동의 혁신에 작은 도움이라도 될 수 있기를 희망해본다.

마르크스주의라는 어쩌면 부담스러울 수도 있는 주제의 책을 흔쾌히 출판해주신 한빛비즈 관계자분들께도 감사드린다. 유소영 팀장님 덕에 내 인생의 첫 책을 정말 수월하게 출판할 수 있었다. 편집을 맡아주신 임지선 과장님은 '운동권'스러울 수도 있었던 이 책을 좀 더 대중적인 책으로 바꿔주었다.

아내 박정미가 없었다면 이 책은 아예 세상에 나올 수조차 없었을 것이다. 책의 최초 방향부터 심지어 맞춤법까지, 아내는 가족이면서 동시에 최고의 동지이고, 또한 이 책의 공저자였다. 아들 한수현은 내가 이 책을 마무리할 수 있게 이끌어줬다. 아들이 살아갈 시대를 생각하면 우리 세대 책임이 무겁다. 매일 하는 이야기이지만, 다시 한번 감사하고 사랑한다는 말을 전한다.

1 《자본》 1권의 초판 서문에서 마르크스가 이야기한 것이다.

2 보통 근대로 번역하지만, 현대가 더 적합한 번역이다. 이 책에서는 현대로 번역해 사용한다. 다만 관용적으로 근대로 익숙해진 단어들은 근대로 번역해 사용한다.

3 AEIdeas, "Will technology enable workers or replace them? A long-read Q&A with Daron Acemoglu", http://www.aei.org/publication/will-technology-enable-workers-or-replace-them-a-long-read-qa-with-daron-acemoglu/

4 에릭 브린욜프슨·앤드루 맥아피, 2014, 《제2의 기계시대》, 청림출판.

5 Gérard Duménil and Dominique Lévy, 2016, "Technology and distribution in managerial capitalism: The chain of historical trajectories à la Marx and countertendential traverses", http://www.cepremap.fr/membres/dlevy/dle2016c.htm

6 로버트 J. 고든, 2017, 〈17장 혁신: 미래의 발명은 과거 위대한 발명의 맞수가 될 수 있을까〉, 《미국의 성장은 끝났는가》, 생각의 힘.

7 앞의 책, 850~852쪽.

8 Hatzius, Jan and Kris Dawsey. 2015. "Doing the Sums on Productivity Paradox v2.0." Goldman Sachs U.S. Economics Analyst, No. 15/30.

9 다음과 같은 언론보도가 그 내심을 잘 보여준다. The Wall Street Journal, July 16, 2015, "Silicon Valley Doesn't Believe U.S. Productivity Is Down",

10 Leonard Nakamura, Jon Samuels and Rachel Soloveichik, 2016, "Valuing 'Free' Media in GDP: An Experimental Approach", BEA Working Papers 0133

11 Martine Durand, 2016, "MEASURING GDP IN A DIGITALISEDECONOMY", IMF Statistics Forum.

12 한국은행은 주거서비스 전체 부가가치는 발표하지만, 귀속임대료를 따로 발표하지는 않는다. 2017년 가계의 영업잉여 118조 원 중 자영업 소득이 67조 원이니 나머지 51조 원이 귀속임대료일 것으로 추정된다.

13 Duncan K. Foley, 2013, "Rethinking Financial Capitalism and the"Information" Economy", Review of Radical Political Economics.

14 PWC, 2015, "Global Top 100 Companies by market capitalisation",www.pwc.co.uk, pp. 37~50.

15 밀턴 프리드먼, 2009, 《밀턴프리드먼 화폐경제학》, 한국경제신문, 25쪽.

16 그레고리 맨큐, 2013, 《맨큐의 경제학 6th Edition》, 센게이지러닝, 762쪽.

17 Bill Mitchell - billy blog, http://bilbo.economicoutlook.net/blog/?p=3773

18 찰스 페인스틴 외, 2008, 《대공황 전후 세계경제》, 동서문화사, 67~69쪽.

19 L.랜덜 레이, 2017, 《균형재정론은 틀렸다-화폐의 비밀과 현대화폐이론》, 책담, 521~522쪽.

20 백승욱, 2017, 《생각하는 마르크스》, 북콤마, 254~270쪽.

21 L.랜덜 레이, 앞의 책, 47~59쪽.

22 Quantitative easing의 정확한 번역은 수량완화이다. 하지만 국내에서 양적완화라고 일반적으로 부르고 있어, 이 책에서는 양적완화로 쓴다.

23 윤소영, 2013, 《2010-12년 정세분석》, 공감, 77~89쪽.

24 새뮤얼 보울스 · 리처드 에드워즈 · 프랭크, 2009, 〈12장 임금과 노동〉, 《자본주의 이해하기》, 후마니타스.

25 https://ko.wikipedia.org/wiki/갑질

26 모듈화에 대한 자세한 이해를 원한다면 다음을 참조. 김철식, 2011, 《대기업 성장과 노동의 불안정화》, 백산서당.

27 노민선, 2017, 〈기업규모별 임금 격차 국제비교 및 시사점〉, 《중소기업 포커스 제17-13호》.

28 http://biz.khan.co.kr/khan_art_view.html?code=920100&artid=201710100600065

29 https://newstapa.org/39670

30 이하의 글은 한지원, 2019, 〈저임금·임금 격차에 대한 노동자운동의 접근방향−최저임금·소득주도성장의 한계와 대안〉, 《노동자운동연구소 이슈페이퍼》에서 인용한 것이다.

31 정규직/비정규직은 고용노동부 고용형태별근로실태조사, 산업별, 사업체규모별은 고용노동부 사업체노동력조사.

32 이강국, 2019, 〈한국경제의 노동생산성과 임금, 그리고 노동소득분배율〉, 《한국경제포럼 제12권 제2호》.

33 ILO−OECD, 2015, "The Labour Share in G20 Economies".

34 Gérard DUMÉNIL, Dominique LÉVY, 2016, "The historical trends of technology and distribution in the U.S. economy since 1869. Data and gures"

35 구해근, 2002, 《한국 노동계급의 형성》, 창작과비평 172쪽.

36 김성훈, 2018년 3월, 〈'귀족노조' 민노총 향한 2030세대의 싸늘한 시선〉, 《월간조선》.

37 한지원, 2019, 〈연대고용·연대임금 정책의 현 시기 조건과 쟁점〉, 《계간 사회진보연대 2019년 가을호》, 사회진보연대.

38 홍민기, 2019, 〈자영업자 경영실태조사〉, 《노동리뷰 2019년 6월호》.

39 한지원, 2019년 10월 31일, 〈비정규직 증가와 민주노총 정책의 문제점〉, 《매일노동뉴스》.

40 한지원, 2019년 4월 18일, 〈만약 임금 격차가 없는 사회라면〉, 《매일노동뉴스》.

41 한지원, 2019, 〈연대고용·연대임금 정책의 현 시기 조건과 쟁점〉, 《계간 사회진보연대 2019년 가을호》, 사회진보연대.

42 데이비드 하비, 2017, 〈2장 자본주의적 축적의 지리학:맑스 이론의 재구성〉, 《데이비드 하비의 세계를 보는 눈》, 창작과비평.

43 아래 인용구들은 모두 《자본 III−2》(강신준 옮김, 2008, 도서출판 길)의 제48장 삼위일체 정식, 제52장 계급에서 따온 것이다.

44 https://www.hankyung.com/economy/article/2019060326271

45 〈통계로 바라본 '치킨공화국'의 그늘〉, 《한국일보》.

46 베리 아이켄그린 · 드와이트 퍼킨스 · 신관호 공저, 2013, 《기적에서 성숙으로 : 한국경제의 성장》, 121쪽.

47 베리 아이켄그린 외 앞의 책, 321쪽.

48 한지원, 2018, 〈중화학공업 위기와 한국경제 추격성장의 한계〉, 《오늘보다 6월호》, 사회진보연대.

49 Robert J Gordon, 2012, Is US economic growth over? Faltering innovation confronts the six headwinds, CEPR Policy Insight No.63.

50 미국 인터넷쇼핑업체인 아마존이 성장한 만큼 소형 소매업자들이 망하고 있다는 것은 익히 알려진 사실이다. 최근 정보 http://www.visualcapitalist.com/retail-apocalypse-everything-need-know/

51 이 부분은 한지원, 2019, 〈저임금 · 임금 격차에 대한 노동자운동의 접근방향―최저임금 · 소득주도성장의 한계와 대안〉, 《노동자운동연구소 이슈페이퍼》를 요약한 것이다.

52 수학적 모형은 던컨 K.폴리, 2015, 《자본의 이해》, 유비온 제5장을 참조하라.

53 엘프레드 챈들러, 2014, 《보이는 손》, 지식을 만드는 지식.

54 윤소영, 2006, 〈3강 역사동역학과 역사적 자본주의론〉, 《일반화된 마르크스주의 개론》, 공감.

55 이윤율 = 이윤분배율 × 자본생산성이다. 따라서 이윤율증가율 = 이윤분배율증가율 + 자본생산성증가율이고, 이윤분배율이 일정해 이윤분배율증가율이 0이라면 이윤율증가율=자본생산성증가율이 된다.

56 $$자본스톡증가율 = \frac{새자본스톡 - 기존\ 자본스톡}{기존\ 자본스톡} = \frac{신규투자}{기존\ 자본스톡}$$

$$= \frac{이윤 \times 이윤\ 중\ 생산으로\ 소비되는\ 비율(축적률)}{기존\ 자본스톡}$$

$$= \frac{이윤}{기존\ 자본스톡} = 축적률 = 이윤율 \times 축적률$$

57 윤소영, 2011, 〈5강 현대경제학 비판〉, 《현대경제학 비판》, 공감.

58 윤소영, 2001, 《이윤율의 경제학과 신자유주의 비판》, 공감.

59 김석웅, 2014, 《회계학의 비판적 방법론》, 교육과학사, 191~200쪽.

60 한국은행은 생산계정, 소득계정, 자본계정을 묶어 국민소득통계로, 자본계정과 금융계정을 묶어 자금순환표로, 국외계정을 국제수지표로, 대차대조표계정을 국민대차대조표로 발표한다.

61 한국은행은 아파트 같은 주거용 건물도 건설자산에 포함한다. 하지만 주거용 건물은 기업이 생산활동과 연계가 적고, 자본순환의 생산적 목적보다 부동산 시장에서 거래되는 재산증식의 목적이 상당히 크다. 따라서 생산단계의 스톡에서는 제외해야 한다.

62 브랑코 밀라노비치, 2017, 《왜 우리는 더 불평등해졌는가》, 21세기북스.

63 토마 피케티, 2014, 《21세기 자본》, 글항아리.

64 피케티의 자본주의 제1, 제2법칙을 수식으로 요약하면 다음과 같다.

$$\frac{\Pi}{Y} = \frac{\Pi}{C} \times \frac{C}{Y}$$

참고로, $\frac{\Pi}{Y} = \alpha$(자본소득분배율), $\frac{\Pi}{C} = r$(자본수익률), $\frac{C}{Y} = \beta$(자본/소득비율)

즉 $\frac{dY/dY}{Y} = \frac{dC/dt}{C}$, 이때 저축 S와 투자 I가 성립하면, $\frac{dC}{dt} = s$(s는 저축률)

$C = \frac{dC/dt}{dY/dt} = \frac{s}{g}$ (g는 경제성장률) 따라서, $\alpha = r \times \beta = r \times \frac{s}{g} = s \times \frac{r}{g}$

65 Daron Acemoglu, 2010, "SKILLS, TASKS AND TECHNOLOGIES: IMPLICATIONS FOR EMPLOYMENT AND EARNINGS", NBER working paper.

66 노동사회학자인 정이환은 우리나라가 선진국과 비교해 유달리 임금 격차가 큰 원인을 노동시장 제도의 특수성에서 찾는다.(정이환, 2012, 《한국의 고용체제》, 후마니타스) 보통 노동시장은 기업 내부의 관료적 규칙에 따라 임금과 근로조건이 정해지는 1차 노동시장과, 시장 원리가 별 규제 없이 관철되는 2차 노동시장으로 나뉘는데, 그에 따르면 한국적 노동시장 특징은 1차와 2차 노동시장의 차이가 너무나 큰 가운데, 신자유주의가 1차보다 2차에 집중되어 관철됐다는 것이다.

67 조지프 스티글리츠, 2013, 《불평등의 대가》, 열린책들.

68 피케티의 $\alpha = r \times \beta$는 자본 개념을 정정하면 $\pi = r \times \dfrac{1}{P\kappa}$이고, 독립변수와 종속 변수를 마르크스의 법칙에 따라 재정리하면 $r = \pi \times P\kappa$로 바뀐다.

69 윤소영, 2011, 〈5강 현대경제학 비판〉, 《현대경제학비판》, 공감.

$$Y = \frac{Y}{K} \times K, \left(P\kappa = \frac{Y}{K}\right) = g_Y = g_{P_\kappa} + g_\kappa$$

70 (Y : 순생산, $P\kappa$: 자본생산성, g_Y : 순생산증가율, g_{P_κ} : 자본생산성 증가율, g_κ : 자본스톡증가율)

71 윤종희, 2011, 《현대의 경계에서》, 생각의 힘, 83~84쪽.

72 임필수, 2018, 〈로자 룩셈부르크와 칼 카우츠키의 러시아혁명 논쟁〉, 《오늘보다 제36호》.

73 서울사회과학연구소, 1991, 《사회주의의 이론 · 역사 · 현실》, 민맥.

74 Robert C. Allen, 2003, Farm to Factory: A Reassessment of the Soviet Industrial Revolution, Princeton University Press.

75 앞의 책

76 앞의 책

77 앞의 책

78 린이푸, 2016, 《중국경제입문》, 도서출판 오래.

79 World Bank, https://data.worldbank.org/

80 린이푸, 앞의 책.

81 카를 마르크스, 강신준 옮김, 2008, 《자본 1-1》, 도서출판 길, 216쪽.

82 로버트 C. 앨런, 2017, 《세계경제사》, 문학동네.

83 윤소영, 2004, 《역사적 마르크스주의: 이념과 운동》, 공감.

84 자세한 내용은 다음을 참조. 윤소영, 2006, 〈4강 인권의 정치로서 이데올로기 비판〉, 《일반화된 마르크스주의 개론》, 공감.